Bali

Lombok • Komodo • Sulawesi

W0059682

Eine Übersichtskarte von Bali mit den eingezeichneten Reiseregionen finden Sie in der vorderen Umschlagklappe.

Michael Möbius und Annette Ster

Bali

Lombok · Komodo · Sulawesi

Bali

Indien und Südsee paradiesisch vereint

Moosbewachsene Steinskulpturen verleihen den Tempeln ein altes, ehrwürdiges Aussehen

Zeremonie in Balis »Tempel aller Tempel«: der Pura Panataran Agung Besakih

Künstler aus Europa und Amerika waren es, die auf ihrer Suche nach dem Shangri-la Bali »entdeckten«. 30 Jahre später nahmen andere den Weg auf die legendäre »Insel der Götter«, und auch ihnen, den »Blumenkindern«, die nach alternativen Lebensformen suchten, war Bali das ersehnte Land. Bald folgten die Bade- und Kulturhungrigen, und mittlerweile sind es über drei Millionen Touristen, die alljährlich die Kleine Sunda-Insel besuchen. Und ob sie nun begeistert sind von Sonne und Wellen, von Billigpreisen, einem überreichen Kulturleben oder von Menschen, Landschaft und Natur – alle stimmen darin überein, dass Bali ein einzigartiges Fleckchen Erde ist.

Dass auch Sie zu dieser Überzeugung kommen, dazu will unser Buch beitragen, das die schönsten Reiseregionen auf Bali mit ihren großen und kleinen Sehenswürdigkeiten beschreibt und Geschichten aus allen Bereichen des insularen Lebens erzählt, sodass sich ein facettenreiches Gesamtbild ergibt.

Und wir helfen ganz praktisch bei der Restaurantauswahl und geben Tipps zum Einkaufen. Auch bleibt genügend Raum für eigene Entdeckerlust durch Extratouren, Abstecher, Umwege und Zusatzangebote, die über Bali hinausführen. Zum Beispiel nach Lombok, Balis Nachbarinsel, die beherrscht wird vom zweithöchsten Vulkan des Archipels, dem 3726 Meter hohen Gunung Rinjani, und die mit vorgelagerten Koralleneilanden aufwartet, die Malediven-Träume wecken.

Oder nach Sulawesi, dem ehemaligen Celebes, wo das Volk der Toraja die weltberühmten »Hängenden Gräber« schuf. Und nicht zuletzt ins Reich der Riesenechsen auf der »Dracheninsel« Komodo – die Reise dorthin gleicht einem Zeitsprung über 60 Millionen Jahre zurück ins Eozän.

Die hier entworfenen Bilder wollen mit eigenen Eindrücken ergänzt werden, denn der Weg zum Verstehen dieses einzigartigen Reiseziels ist manchmal so schmal, dass er nicht vermittelt, sondern nur selbst begangen werden kann.

Vor zwölf Millionen Jahren faltete sich aus gigantischen Grabenbrüchen beidseits der rund zwei Millionen Quadratkilometer großen und unter dem Meer gelegenen Sunda-Scholle, einem Ausläufer des eurasischen Festlandsockels, ein über 5000 Kilometer langer und mit Vulkanen gespickter Gebirgszug auf. Das Rückgrat des Malaiischen Archipels, wie Indonesien in der geografischen Terminologie heißt, war geboren.

Jetzt nahm die Erosion ihre nagende Arbeit auf, und immer wieder brachen die tektonischen Kräfte hervor und spuckten Lava über das in Glutwolken gehüllte Land. Nach und nach wurde es so weit angehoben – während gleichzeitig der Pegel der Weltmeere sank –, dass es eine Brücke zwischen Asien und Australien bildete, die im Wesentlichen nur durch die östlich von Bali verlaufende Lombok-Straße, einen tiefen Meeresgraben, unterbrochen war.

Die Pflanzen- und Tierwelt beider Kontinente machte sich diese Landverbindung, die erst nach den Eiszeiten wieder im Meer versank, zunutze und »wanderte ein«. Das erklärt, warum Flora und Fauna hier älter sind als das Land selbst: Im Westen so alt und hoch stehend wie die der Malaiischen Halbinsel (die sich heute Thailand, Malaysia und Singapur teilen), im Osten so alt und urtümlich wie die Australiens. In Indonesien, dem mit über 13 600 Inseln größten Archipelstaat der Erde, kommen rund zehn Prozent aller bekannten Pflanzen vor (über 40 000 verschiedene Arten), während die Fauna mit über 350 Säugetier-, fast 1000 Reptilien-, rund 2000 Vogel- und mehr als 200 000 Insektenarten vertreten ist.

Kunstvoll angelegte Reisterrassen – ein lohnendes Fotomotiv

Bei großen Tempelfesten werden tropische Früchte und Blütenblätter von Balinesinnen als Opfergabe für die Götter auf ihren Köpfen zum Tempel getragen

Indien und Südsee paradiesisch vereint

Jede Maske ist dank ihrer Handarbeit ein Unikat

Die Verkörperung einer Himmelsnymphe: Legong-Tänzerin im prachtvollen Brokatgewand

Bali, auf 8° 45' südlicher Breite, 115° 10' östlicher Länge und knapp 1000 Kilometer südlich des Äquators im geografischen Zentrum des Inselbogens gelegen, hat eine Grenzstellung inne. Während asiatische Großtiere bis hierhin und nicht weiter gelangten, kamen die Vertreter der australischen Fauna (u. a. zahlreiche Beuteltier-, Vogel- und Echsenarten) nur bis Lombok. Gleiches betrifft die Pflanzenwelt.

In klimatischer Hinsicht wird die kleine Insel, deren Fläche mit rund 5600 Quadratkilometern der Größe des Saarlandes entspricht, von zwei Polen geprägt: einerseits von der relativen Trockenheit der Ostinseln, die einen fast regenfreien Sommer beschert, und andererseits vom tropischen Monsun Westindonesiens, dessen Niederschlagsmengen in Verbindung mit fruchtbaren vulkanischen Verwitterungsböden dazu geführt haben, dass sich Bali heute als ein grüner Paradiesgarten präsentiert.

Über 90 Prozent der insularen Bevölkerung sind daher auch in der Landwirtschaft tätig; und den Reisterrassen, die die Balinesen im Laufe der Jahrhunderte angelegt haben, gebührt ein Platz unter den Weltwundern dieses Planeten. Vom Meeresniveau im Süden, wo dichter Palmensaum hinter den weißen Stränden liegt, bis in über 500 Meter Höhe reichen sie als grün gestaffelte Kaskaden hinauf ins Inselinnere, das von einem fast 150 Kilometer langen, von Ost nach West verlaufenden Gebirgszug mit Regen-, Gebirgsregen- und Nebelwald gebildet wird. Über den Reisterrassen bestimmen die Konusformen der Vulkane das Landschaftsbild; der höchste »Feuerberg«, der Gunung Agung, ragt im Osten 3142 Meter in den Himmel. Im 1717 Meter hohen Massiv des Gunung Batur mitten in der im Durchschnitt 80 Kilometer breiten Insel tut sich eine der größten Calderen der Welt auf: Schwarz klaffen die Krater des aktiven Vulkans und schwarz ist auch die Farbe der Lavafelder, die das Blau des Batur-Sees einrahmen. Weiter westlich säumt

6

der Urwald drei ehemalige Kraterseen, und jenseits dieses Gebirgswalls stürzt das Land durch Dschungel und Plantagen steil nach Norden hin ab, wo vulkanischer Obsidian für schwarze Strände sorgt.

Auf Bali tritt die Natur in ihren spektakulärsten Erscheinungsformen auf – und die Kultur steht diesem Superlativ um nichts nach. Über die Jahrhunderte hinweg hat sich das indische Erbe ebenso erhalten wie das der ersten Einwanderer, die aus dem Bereich des heutigen Südchina stammten.

Vor über 2000 Jahren ließen sich die Deutero-Malaien, ein Volk paläomongolider Rasse und Träger der hoch entwickelten malaiischen Kultur, im Archipel nieder. Um die Jahrtausendwende, als auf Bali bereits eine blühende Zivilisation bestand, trugen indische Priester den Hinduismus über Sumatra und Java hierher, wo er mit der bestehenden Tradition – geprägt vom Glauben an die Allmacht und die Beseeltheit der Natur – verschmolz. Das Ergebnis dieses Synkretismus ist *Agama Hindu Dharma,* die auf der Welt einzigartige Religion der Balinesen, die sie auch beibehielten, als sich bald über ganz Indonesien der Islam ausbreitete. Rund 92 Prozent der 3,3 Millionen Balinesen gehören diesem Glauben heute noch an – während sich die restlichen 240 Millionen Indonesier zu 88 Prozent zum Islam bekennen. Ihr Glaube durchdringt das Leben der Insulaner, das dem Fremden so exotisch, fast irreal scheint und das sich eher erspüren als erfassen lässt. ❂

Surf- und Sonnenuntergangs-Spot: Ulu Watu

Silberreiher in freier Wildbahn

Chronik
Daten zur balinesischen Geschichte

Ganesha, der dickbäuchige hinduistische Elefantengott des Anfangs und des Gelingens, wird auch auf Bali verehrt

Tempelzeremonie vor der Fledermaushöhle Goa Lawah (Ostbali), einem hinduistischen Heiligtum seit dem 11. Jahrhundert

Mit Hilfe der Methode der Radiokohlenstoff-Zeitbestimmung konnte die Wissenschaft nachweisen, dass sich auf Java (und wahrscheinlich auch Bali) schon vor rund **500 000 Jahren** menschliches Leben regte. *Pithecanthropus erectus* lautet die wissenschaftliche Bezeichnung für den »aufgerichteten Affenmenschen«, von dem auf Java eine Schädeldecke gefunden wurde. So wichtig diese Entdeckung auch war, die Kontinuität des Anthropogeneseprozesses sowie Herkunft und Alter des »modernen Menschen« blieben ungeklärt, bis Archäologen in Sarawak/Borneo (Ost-Malaysia) auf den Schädel des bisher ältesten *Neanthropus* stießen: Er hat vor ca. **40 000 Jahren** gelebt, aber nicht nur auf Borneo, sondern auch im indonesischen Archipel, wo man dem *Homo sapiens* in einer Höhle auf Südjava auf die Spur kam.

Vor etwa **12 000 Jahren** soll auf Bali bereits eine erste steinzeitliche Kultur entstanden sein, deren Tradition sich bis ins **3. Jahrtausend** zurückverfolgen lässt, in eine Zeit, in der die Arier nach Indien einwandern und die ersten Proto- und Deutero-Malaien aus Yünnan (Südchina) auf den Malaiischen Archipel vordringen. Sie gelten als die ältesten Vorfahren des malaiischen Bevölkerungssubstrats und übernehmen spätestens gegen **300 v. Chr.** die aus dem Bereich des heutigen Vietnam kommende Dogson-Kultur und damit die Kunst der Bronzeverarbeitung, wovon der berühmte »Mond von Bali« (s. S. 67), der größte vorgeschichtliche Bronzegong der Welt, zeugt.

Eine kulturelle Revolution bringt erst die Eisenzeit, wahrscheinlich von indischen Kaufleuten in den Archipel getragen. Sie sollen dort – griechischen Aufzeichnungen zufolge! – bereits im **2. Jahrhun-**

dert v. Chr. erste Handelsplätze angelegt haben. Ab dem **1. Jahrhundert n. Chr.** ist indischer Einfluss nachgewiesen; im Gefolge der Kaufleute kommen Mönche und Priester ins Land, und ab **400 n. Chr.** entstehen zumindest auf Sumatra und Java erste buddhistische und hinduistische Fürstentümer. Im

7. Jahrhundert beginnt das buddhistische Großreich Srivijaya mit Sitz auf Sumatra seinen Einfluss auf ganz Südostasien auszudehnen und auch auf Bali hinterlässt der Buddhismus seine Spuren. Im **8. und 9. Jahrhundert** entstehen auf Java der gewaltige hinduistische Prambanan-Tempel sowie in direkter Nachbarschaft der buddhistische Borobodur. Auf dem Gunung Penulisan (s. S. 99) wird eine buddhistische Einsiedelei gegründet, wie die frühesten Inschriften aus dem 10./11. Jahrhundert in altbalinesischer Sprache beweisen. In dieser Zeit verlagert sich (aus bislang unbekannten Gründen) auch das Machtzentrum im Archipel nach Ostjava. Hindu-javanische Einflüsse sind in allen Bereichen des

Wayang-Malerei in der Kerta Gosa in Klungkung

balinesischen Lebens verstärkt festzustellen, das Altbalinesische wird durch das Altjavanische ersetzt. Die Goa Gajah und Goa Lawah (s. S. 67 und 40 f.) werden zu hinduistischen Heiligtümern ausgebaut; König Airlangga, Sohn einer javanischen Prinzessin und eines balinesischen Prinzen, eint beide Inseln zu einem Reich, in dem das balinesische Element dominiert.

Nach seinem Tod im Jahre **1049** wird Bali wieder autonom, die Königsgräber von Gunung Kawi (s. S. 63) werden errichtet, und etwa zur gleichen Zeit entstehen auf Sumatra, Java, Borneo und den Molukken erste muslimische Niederlassungen. Rund 200 Jahre währt Balis Unabhängigkeit. In dieser hinduistisch-buddhistischen Periode, die als »goldene Zeit« bezeichnet wird, bildet sich eine eigenständige indonesische Kultur, und das Land erlebt einen ungeheuren Aufschwung, bis das ostjavanische Majapahit-Reich wieder erstarkt und Bali im Jahre **1343** unterwirft.

Darstellung aus der »goldenen Zeit«: Tunggal als strahlender Sonnengott in Jimbaran

Um **1500** dringt der Islam machtvoll vor, und der letzte König von Majapahit flieht mit allen Angehörigen der javanischen Aristokratie sowie den Priestern und Künstlern nach Bali, wo er die Gelgel-Dynastie begründet, die die Insel bis **1651** von Klungkung aus regiert. In der Zwischenzeit ist der Archipel von portugiesischen Seefahrern entdeckt worden, und Portugiesen sind es auch, die **1511** – auf den Molukken – die Kolonialära einleiten. Bereits **1596** errichten ihre Konkurrenten im »Gewürzrennen«, die Niederländer, erste Stützpunkte auf Java. Im Jahre **1602** wird die Vereinigte Ostindische Kompanie (VOC) gegründet, die ab **1619** von Batavia aus, dem späteren Jakarta und Sitz des Generalgouverneurs, Niederlassungen im gesamten Archipel anlegt. Sumatra und Java unterliegen schon bald ihrer Kontrolle.

Amstelredam *Maurilius* *Hollandia*
Duifken

Mehr und mehr Reiche werden von den militärisch überlegenen Europäern aufgesogen oder durch Bündnisse abhängig gemacht; zu **Beginn des 18. Jahrhunderts** verfügt die Handelsgesellschaft über einen der größten Territorialbesitze auf dem Planeten. Der Verlust des Handelsmonopols und die politischen Wirren im Mutterland, das im Verlauf der Französischen Revolution seine Selbstständigkeit verliert, lassen das System der VOC **1799** zusammenbrechen. Während dieser Krise gerät der Archipel erst unter französische, dann unter britische Herrschaft, bis die Niederländer **1814** erneut in Batavia einziehen, um gemäß der Londoner Konvention ihre Kolonie wieder zu übernehmen. Unter Anwendung höchst despotischer Mittel wird im Laufe des 19. Jahrhunderts das komplette Inselreich von den »Pfeffersäcken« in Besitz genommen. Schätzungen gehen davon aus, dass allein der Java-Krieg (1825–30), der erste belegte antikoloniale Massenaufstand, über 200 000 Tote unter den Javanern fordert.

Auf Bali, wo sich in der Zwischenzeit das Reich von Gianyar zum Beherrscher der Insel aufgeworfen hat, bemühen sich die Niederländer **1817** um erste Bündnisverträge, die nicht zustande kommen; 1843 landen sie auf Lombok, **1846** erfolgt ihr erster Angriff auf Bali, wo sie aber erst 1848 Fuß fassen und bald darauf auch einen eigenen Residenten in Singaraja einsetzen können. Weitere Expeditionen folgen. **1863** wird das Königreich von Gianyar zerschlagen, **1882** erhält Singaraja den Status der Hauptstadt von ganz Nusa Tenggara (dem Inselreich zwischen Bali und Timor), doch noch immer gelingt es den Invasoren nicht, die Insel vollständig zu unterwerfen. Insbesondere die Rajas von Klungkung und Badung (dem späteren Denpasar) weigern sich, die Kolonialherrschaft anzuerkennen. Den Haag rüstet zum Krieg. **1906** kommt es in Badung zum *pupu-*

tan (s. S. 19), der größten rituellen Selbstvernichtungsschlacht der Geschichte. **1908** fällt, ebenfalls nach einem *puputan,* auch Klungkung in holländische Hände, doch erst **1913** gilt Bali als völlig kolonialisiert. Schon ein Jahr später kommen die ersten Touristen. **1918** beschließt die Kolonialregierung, Bali – das selbst ihr als Paradies erscheint – vor äußeren Einflüssen und vor wirtschaftlicher Ausbeutung zu bewahren.

So bleibt auf der »Insel der Götter« fast alles beim Alten, bis **1942** die Japaner im Archipel landen und Indonesien innerhalb weniger Wochen okkupieren. Es folgen drei Jahre brutalster Schreckensherrschaft des »Brudervolkes«; Hunderttausende Indonesier sterben an Hunger und durch Massenexekutionen.

Als sich die Söhne Nippons am **15. August 1945** den Alliierten ergeben, erfasst ein Freudentaumel das Land, der zwei Tage später seinen Höhepunkt erreicht: Sukarno, der schon 1927 die *Partai Nasional Indonesia* gegründet und seitdem für die Autonomie gekämpft hat, verkündet zusammen mit seinem Freund Dr. Hatta die »Unabhängigkeit der einheitlichen, demokratischen und sozialistischen Republik Indonesien«. Doch die Holländer wollen die Zeichen der Zeit noch immer nicht verstehen, erkennen die neue Regierung mit Sukarno als Präsidenten und Dr. Hatta als Vizepräsidenten nicht an und landen drei Wochen später von Australien aus auf Java, um ihren »Besitz« zurückzufordern. Die indonesische Regierung flieht von Jakarta nach Yogyakarta (Zentraljava), auf Bali kommt es zu heftigen Kämpfen, aber im **Januar 1948** werden die Niederlande von der UNO an den Verhandlungstisch gezwungen und am **27. Dezember 1949** muss Den Haag Indonesien endlich als föderative Republik anerkennen.

Am **17. August 1950** löst Sukarno diese Struktur auf und ersetzt die Föderation durch den Einheitsstaat *Republik Indonesia,* der noch heute besteht. Aufgrund innerer Unruhen und unklarer Mehrheitsverhältnisse im Parlament kommt es **1957** zu Aufständen und Militärputschen, sodass Sukarno im Februar den Ausnahmezustand verhängt und sein Konzept der »Gelenkten Demokratie« verkündet. **1959** löst Denpasar Singaraja als Hauptstadt Balis ab. Sukarno versucht die drei stärksten politischen Kräfte des Landes – Nationalisten, Kommunisten und muslimische Fundamentalisten – in der Einheitsfront NASAKOM zu formieren. Das Land gerät an den Rand des wirtschaftlichen Zusammenbruchs. Sukarno macht dafür neokoloniale Kräfte verantwortlich, die Südostasien unter ihre Kontrolle bekommen wollen. Doch sein Vorgehen treibt Indonesien in die politische Isolation, und immer stärker muss sich der charismatische Herrscher an China, die UdSSR und andere Ostblock-

»Puputan« in Buleleng (Nordbali) gegen die holländischen Kolonialherren: Der Raja von Bali wählt mit 400 Untertanen den Freitod (1849)

staaten anlehnen. Die Kommunistische Partei entwickelt sich zur tragenden Kraft im Land.

Am **30. September 1965** werden in Jakarta bei einem Putschversuch linksgerichteter Offiziere sechs Generäle, die als Gegner der Kommunistischen Partei PKI galten, ermordet. Der Kommandeur der Strategischen Reserve der Streitkräfte, General Suharto, erklärt sich zum Oberbefehlshaber der Armee, zerschlägt die »Bewegung 30. September« und verbietet sofort die PKI, die mit über drei Millionen Mitgliedern und etwa 20 Millionen Sympathisanten die mächtigste politische Kraft im Land ist. Der Aufruf militanter Muslim-Gruppierungen zur Rache für den Putsch gerät zu einem entsetzlichen Pogrom, der sich über alle Inseln ausbreitet und dem Hunderttausende, nach Schätzungen von Amnesty International nahezu eine Million Menschen – Kommunisten, Gewerkschaftsführer, Sympathisanten und völlig Unbeteiligte, vor allem Chinesen – zum Opfer fallen. Etwa 750 000 Indonesier werden in »Umerziehungslager« gebracht. Sukarno ist noch Präsident mit einer breiten Anhängerschaft im Volk, aber er wird auch als Initiator des Putschversuches bezeichnet, weil sein Vertrauter die Ermordung der Generäle geleitet hat. Darüber hinaus beharrt er auf der Fortführung seines gescheiterten NASAKOM-Konzeptes.

Aufgrund heftiger Anti-Sukarno-Demonstrationen und auf militärischen Druck hin legt Sukarno **1966** sein Amt als »Präsident auf Lebenszeit« nieder und überträgt die Regierungsgewalt an General Suharto. Sukarno wird unter Hausarrest gestellt und stirbt am 21. Juni 1970. Suharto, stark aufs Militär gestützt, führt das Prinzip der »Gelenkten Demokratie« fort, leitet ansonsten jedoch eine politische Wende ein: Schon bald nach dem Umschwung werden alle verstaatlichten Betriebe zurückgegeben und zahlreiche Gesetze erlassen, um ausländische Investoren anzulocken. Der Konfrontationskurs gegen Malaysia, die USA, die Niederlande und alle westlichen Industrienationen wird ebenso beendet wie die enge Anlehnung an die UdSSR und China. Insgesamt beschert die »Ära Suharto«, die **1992** noch einmal durch die Wiederwahl des Präsidenten bestätigt wird, dem Land eine bis heute währende Periode der relativen Ruhe und Stabilität (wenn man von den Kriegen auf Osttimor und in Irian Jaya absieht, die seitdem wohl über 300 000 Menschen das Leben gekostet haben). Ungelöst bleiben die gewaltigen sozialen Probleme sowie auch die ökologischen und ökonomischen, die dem Inselstaat Ende **1997** eine ernsthafte Finanzkrise verschaffen. Diese führt am **21. Mai 1998** schließlich zum Rücktritt von Präsident Suharto.

Mitte **1999** werden die ersten freien Parlamentswahlen in Indonesien überhaupt abge-

halten. Ab dem Jahr **2000** steht das Land im Zeichen politisch wie auch religiös motivierter Unruhen. Vor allem die wohl auf Java beheimatete radikal-islamistische Organisation Jemaah Islamiyah (»Islamische Gemeinschaft«) sorgt immer wieder für Schlagzeilen. Ihr wird auch der Terroranschlag vom **12. Oktober 2002** auf zwei Diskotheken in Kuta Beach zur Last gelegt, bei dem 202 Menschen sterben.

Von dem verheerenden Tsunami, der im **Dezember 2004** weite Teile des asiatisch-pazifischen Raums heimsucht, bleiben die Küsten Balis verschont, auch Lombok und Sulawesi sind nicht direkt betroffen.

Am **1. Oktober 2005** explodieren drei Sprengsätze am Strand von Jimbaran und vor einem Restaurant in Kuta mit insgesamt 26 Todesopfern. Auch für diese Selbstmord-Anschläge machen die Sicherheitskräfte die Jemaah Islamiyah verantwortlich. In der Folge bricht der Tourismus auf Bali drastisch ein, und erst ab **2007** etwa, als in Nusa Dua auch die UN-Klimakonferenz stattfindet, werden wieder steigende Touristenzahlen verbucht. Daran ändert auch die Krise der Jahre 2008/2009 wenig.

Im **März 2010** werden die mutmaßlichen Hauptdrahtzieher der Jemaah Islamiyah dingfest gemacht, womit die Terrorgefahr fürs Erste gebannt zu sein scheint. ❖

In Nusa Dua fand 2007 die UN-Klimakonferenz statt

Sanfte Landung im
»Morgen der Welt«

*Bewohner des Korallen-
riffs: der Perlenseestern*

*Gezeiten-Pool am
Ulu-Watu-Riff*

Viermal 120 000 Pferdestärken tragen den Jumbo gen Osten, über den indischen Subkontinent, den Golf von Bengalen. Dann wendet er sich nach Süden, tangiert Burma und Thailand, Malaysia und Singapur, um schließlich erneut in Richtung aufgehende Sonne zu schwenken und knapp unterhalb des Äquators nach etwa 13 000 Flugkilometern und mehr als 17 Stunden jenen Ort zu erreichen, dem Nehru, der einstige indische Premier, den Namen »Morgen der Welt« gab.

Eine bis über 3000 Meter hohe Kraterkette wird sichtbar, die das versteinerte Rückgrat der Insel bildet. Bunte Dreieckssegel tauchen im Tiefblau des Indischen Ozeans auf, und hinter dem majestätischen Kegel des Gunung Agung, dem »Sitz der Götter«, erscheint im Landeanflug Kuta, der weltberühmte Strand und die Copacabana Indonesiens. Parallel im Meer erstreckt sich die Korallenkette des schützenden Riffs unter weiß schäumenden Wogen, die das Dunkel der Tiefsee vom gescheckten Malachit des Küstenwassers trennen.

Die druckfesten Türen öffnen sich. Tropisch warme Luft dringt sekundenschnell ein, treibt Schweiß auf übernächtigte Stirnen und zwingt dazu, die Pullover und Jacketts nun endgültig auszuziehen. Große Transparente verkünden ein farbenfrohes *Selamat datang* – »Herzlich Willkommen« – und freundlich schauende einheimische Augen vermitteln einem sofort das Gefühl, willkommen zu sein. Sogar die Beamten lächeln, es lächeln die Angestellten am Bankschalter, wo man Geld und Reiseschecks tauschen kann, aber auf Kreditkarten kein Bares bekommt (dafür stehen am Gepäckband sowie vor dem Terminal Geldautomaten bereit), am Zimmervermittlungskiosk (wo Prospekte und Preistabellen ausliegen und man direkt reservieren kann) und auch am

Stand des »Koperasi Taxi Service« vor dem Haupteingang, wo die Tarife angeschlagen sind, man sein Ziel nennt und auch bezahlt. Und dieses Lächeln unterscheidet, denn es ist einseitig, schmückt nur balinesische Gesichter. Die meisten Gäste, Vertreter der Alten Welt, schauen hier vor der Ankunftshalle verdrießlich drein, denn es herrscht gelindes Chaos, weil die Einrichtungen dem Andrang nicht gewachsen sind, man schon mal eine halbe Stunde Schlange stehen muss, bis man den Taxi-Coupon in den Händen hält.

In den balinesischen Dörfern leben die Menschen noch im traditionellen Familienverband

Asien hautnah, zum ersten Mal – das wird zumindest Verwunderung auslösen, weil die Einheimischen auch dann noch lächeln, wenn sie von aufgebrachten Fremden mit bösen Worten bedacht werden. In den Touristenzentren haben sich die Balinesen den Sitten ihrer Gäste angepasst, aber wer sich von diesen ausgetretenen Pfaden entfernen will, und darum geht es im vorliegenden Buch, der sollte diese erste und vielleicht wichtigste Lektion annehmen und selbst lächeln. – Aus Erheiterung, als Dank, zur Entschuldigung, um Unsicherheit oder Verlegenheit zu überspielen und um sein Gegenüber »das Gesicht wahren« zu lassen. Damit ist die Würde gemeint, und die verletzt jemand, der, wie in Europa üblich, unmissverständlich sagt oder mittels Körpersprache zeigt, was er gerade denkt.

So sollte man also lächeln, auch wenn es mitunter schwerfallen mag, und wird schnell herausfinden, dass man auf diese Weise eher sein Geld gewechselt, das Hotelzimmer reserviert bekommt.

Primaten (Makaken) im Monkey Forest in Ubud

Jetzt, wo sich die Zeit- und Klimaumstellung bemerkbar macht, man müde und wach zugleich ist, sich fallen lassen möchte – ins Bett, in den Pool oder ins warme Meer –, sollte man am besten zuerst ins Hotel nach Kuta, Sanur oder Nusa Dua, den ab Flughafen schnell und günstig erreichbaren Ferienzentren von Balis Süden, fahren. Nach einem Telefonat oder auch nur einem kurzen Hinweis an das Hotelpersonal, ein paar Formalitäten, steht zur vereinbarten Zeit ein Mietfahrzeug bereit, mit oder ohne Chauffeur, ganz wie gewünscht. ✲

*Balis Sonnenuntergänge
sind legendär: Einen der
schönsten Sonnenunter-
gangs-Logenplätze bietet
sich beim Pura Tanah
Lot an der Südwestküste*

Die schönsten
Reiseregionen Balis

Südbali

Sonne, Strand und Spaß

Bootsdrachen am Strand von Sanur

Sonne, Strand und Spaß – dieser Dreiklang lockt viele Besucher in den Süden von Bali, denn exotische Traumstrände und Surfreviere, luxuriöse Ferienzentren und ein üppiges Nachtleben sind Inbegriff dieser Inselregion, die jährlich über eine Million Touristen aus aller Welt zu ihrem Urlaubsziel auserwählen. Doch man muss differenzieren, denn steht die Drillingsstadt Kuta/Legian/Seminyak beispielsweise für Nachtleben und Amüsement, so präsentiert sich Sanur als mondänes Ferienzentrum, während Nusa Dua eine Resort-Stadt der Luxusklasse ist und Jimbaran eine friedliche Strandoase. Die Inselmetropole Denpasar sowie der internationale Flughafen sind nur wenige Kilometer von diesen Urlaubsorten entfernt, und als Abwechslung zum Strand- und Hotelleben bieten sich unter anderem Ausflüge zu den Meerestempeln von Tanah Lot sowie Ulu Watu an, die gleichzeitig die schönsten Sonnuntergangs-Logenplätze sind, die man sich nur vorstellen kann.

1 Denpasar

Bunte Auslegerboote am Sanur Beach

Rund zehn Kilometer beträgt die Entfernung von Kuta bis Denpasar, doch so kurz die Distanz, so offenbar ist der Gegensatz zwischen Balis größtem Ferienzentrum und der – mit mittlerweile über 600 000 Einwohnern – größten Stadt der Insel sowie Metropole der Provinz Bali. Deren Straßen sind eng und stickig, stets auch von qualmenden Autos und knatternden Mopeds verstopft, und von ein paar kulturhistorisch bedeutsamen Sehenswürdigkeiten abgesehen gibt es hier nichts, was zu einem Aufenthalt einladen würde. Touristen machen sich entsprechend rar und besuchen die Stadt in der Regel lediglich im Rahmen kurzer Abstecher von den Ferienzentren aus.

Nachdem man sich durch die Kehrseite des Fortschritts im Schritttempo hindurchgemüht und reichlich Elendsquartiere nebst maroden Betonhässlichkeiten zu sehen bekommen hat, liegt vor einem das Zentrum, markiert durch den **Tanah Lapang Puputan**. Am Nordrand des Wiesenplatzes mit einigen Bäumen ragt das aus einer stilisierten Lotosknospe herauswachsende **Puputan-Denkmal** auf. Die heroisch blickenden Menschen-Skulpturen wollen den Todesmut derer darstellen, die zur Selbsttötung bereit sind. Die Lanzen und heiligen *Krise* (Dolche, vgl. S. 39) erhoben, stehen sie hier stellvertretend für die (je nach Schätzung) zwei- bis viertausend Balinesen, die an eben dieser Stelle im Jahre 1906 den rituellen Amokangriff *puputan* gegen die Holländer praktizierten. »Stirb und werde«: Die gesamte Familie und das Gefolge des Raja von Badung, wie Denpasar damals noch hieß, sah angesichts der übermächtigen holländischen Kolonialarmee, angerückt zu einer Strafexpedition gegen den ungehorsamen Herrscher, nur diese Lösung.

Ein paar Meter weiter, am Schnittpunkt der Jalan Gajah Mada mit der Jalan Veteran, prallt die Tradition mit der Moderne zusammen. De facto, aber auch symbolisch, denn dort dröhnt der Verkehr auf mehrspurigen Straßen und mittendrin steht verloren die riesige **Götterstatue Batara Guru**. Dieser gilt als eine Erscheinungsform von *Shiva* und ist bekannt als der »große Lehrer«. Spaziert man von hier aus entlang der Jalan Surapati und der Nordseite des Pupu-

Leider kann man auf Bali mitunter auch Truckfahrer sehen, die den Lebensspender Wasser dazu missbrauchen, die Spuren eines Ölwechsels zu vertuschen. Poluti, Lehnwort für Umweltverschmutzung, ist zwar in die indonesische Sprache eingezogen, aber in den breiten Bevölkerungsschichten hat es noch keine Bewusstseinsänderung hinterlassen.

Verbrennungsschrein für die sterblichen Überreste eines Toten

Der Tod – ein Freudenfest

Denpasar ist eine ganz durchschnittliche Allerweltsstadt, absolut unbalinesisch, und man hält es kaum für möglich, dass hier Tradition und moderne Zivilisation koexistieren. Doch plötzlich kommt der Verkehr zum Erliegen, Leute steigen aus ihren Autos, Polizisten verlassen Verkehrsinseln, Schuhverkäuferinnen ihre Läden, Bankangestellte die Schalter. Unter frenetischem Geschrei und ausgelassenem Gelächter umringen sie zum lauten Rhythmus von Gongs und Trommeln den reich geschmückten und von vielen Männern getragenen Prunkturm einer Prozession. Auf dem Turm sitzt eine goldgekleidete lächelnde Schönheit und vorweg reitet auf einem schwarz gestrichenen Holztier, von Trägern wild hin und her geschaukelt, ein lachender junger Mann. Aus den Fenstern der umliegenden Häuser flattern bunte Papierschnipsel herab und eimerweise wird Wasser auf die ekstatische Menschenmenge geschüttet.

Ein Totenfest, das wichtigste Freudenfest der Balinesen, ist der Anlass für die Prozession. Die Freude der Teilnehmer kommt von Herzen, sonst hätte es die Seele des Verstorbenen schwer, unbekümmert ihren Weg in die jenseitige Welt zu nehmen. Getrauert wird auch auf Bali, und zwar direkt nach dem Tod, wenn der Verstorbene beerdigt wird. Monate gehen ins Land, mitunter auch Jahre, bis die astrologischen Zeichen günstig stehen und die erforderlichen finanziellen Mittel aufgebracht sind, um das Totenfest begehen zu können. Ist der Zeitpunkt gekommen, werden die sterblichen Überreste ausgegraben, ins Innere eines Prunkturmes gebettet und in einer Prozession zum »Krematorium« geführt. Dort wird ein hölzernes Verbrennungstier geöffnet – im konkreten Fall der Stier, auf dem wir den Sohn des Verstorbenen soeben reiten sahen –, die Gebeine werden hineingelegt und zusammen mit dem Prunkturm dem Feuer überlassen. Die Materie verwandelt sich zu Asche, die Seele aber, seit dem Tod des Körpers zur Fron in der Unterwelt verdammt, wird nun frei und geht über in eine andere, nichtmaterielle Form des Seins, aus der sie später wieder reinkarnieren wird.

Ein Totenfest ist das wichtigste Freudenfest der Balinesen

Tempelfest im Pura Jagatnatha in Denpasar

tan-Platzes gen Osten, ist bald der **Pura Jagatnatha** erreicht, ein dem Welten-herrscher geweihtes Heiligtum, das aber bei all dem Motorenlärm ringsum beim besten Willen keine sakrale Atmosphäre vermitteln kann. Man wirft einen Blick hinein und geht weiter, direkt auf das angrenzende **Bali-Museum** zu, das in einem 1932 von den holländischen Kolonialherren errichteten Palast unterge-bracht ist. Zu betrachten gibt es manches: Masken und Schattenspielfiguren, *Gamelan*-Instrumente und Tempelrequisiten, neolithische und andere Funde. Aber Balis Kultur ist hier europäisch-steril konserviert, der Fantasie bleibt kein Spielraum.

Viel mehr ist in Denpasar nicht zu besichtigen, es sei denn, man will wissen, wie es um die lebende Kultur der Stadt steht, die sich, wie es heißt, in der Kul-tiviertheit ihrer Läden zeigt. Dann folgt man der **Jalan Gajah Mada** nach Wes-ten und erkennt anhand der reich mit den üblichen Auslagen einer x-beliebigen Stadt bestückten Geschäfte, dass hier die traditionelle Kultur der üblichen Aller-weltsunkultur gewichen ist. Ein Mädchen erbettelt ein paar Rupiah, ein Vete-ran ohne Beine macht auf sein Elend aufmerksam, Menschen hetzen vorüber, es geht hektisch zu. »Zeit ist Geld« – hier weiß man es wieder.

Service & Tipps:

ⓘ Bali Tourism Board
Jl. Raya Puputan 41, Renon
80235 Denpasar
℡ (03 61) 23 56 00
Fax (03 61) 23 92 00
www.balitourismboard.org
Hier kann man Broschüren und Pros-pekte abrufen, doch die größte Hilfe-stellung bietet die Website dieses Haupt-Touristenbüros der Insel.

ⓘ Bali Denpasar Government Tourist Office
Jl. Surapati 7, 80235 Denpasar

℡ (03 61) 22 36 02 und 23 45 69
Fax (03 61) 22 36 02
www.balidenpasartourism.com
Mo–Do 8–15.30, Fr 8–11, Sa 8–12.30 Uhr
Informationen v. a. über die bedeu-tendsten Feste der Stadt und ihrer Umgebung sowie Hinweise zu Tanz-veranstaltungen und anderen kulturel-len Darbietungen.

👁 Tanah Lapang Puputan
Jl. Gajah Mada, 80235 Denpasar
Das geografische Zentrum von Balis Hauptstadt, die all das vereint, was man sich unter Bali nicht vorstellt, ist

REGION 1
Südbali

Zutaten der balinesischen Küche

auch ihr historisches: Hier, am großen Hauptplatz des damaligen Badung, stürzten sich im Jahre 1906 Tausende Balinesen in den rituellen Amokkampf gegen die Holländer. Von diesem dramatischen Ereignis, das Balis Unfreiheit besiegelte, zeugt heute ein mächtiges Denkmal.

Bali-Museum
Tanah Lapang Puputan, Ostseite
80235 Denpasar
Di–Do 9.30–14, Fr 9.30–12, Sa/So 9.30–12.30 Uhr
1932 von den Holländern in balinesischer Palastarchitektur errichtetes Museum, das als Kompendium balinesischer Kultur gilt und auch zahlreiche Funde aus allen Epochen der Insel

beherbergt. Wer freilich Balis lebende Kultur kennengelernt hat, der kann angesichts der steril konservierten Exponate schnell Langeweile empfinden.

Taman Budaya Art Center
Jl. Nusa Indah
80235 Denpasar
℅ (03 61) 22 71 76
Mo–Fr 8–14, Sa/So 8–12 Uhr
Hier werden auch *Barong-* und *Kris-*Tänze aufgeführt (Mo–Sa 9.30–10.30 Uhr). Dem Kulturkomplex angeschlossen ist ein Kunsthandwerksmuseum mit Verkaufsausstellung.

Auf der **Jl. Gajah Mada** findet sich die größte Ladendichte der Stadt.

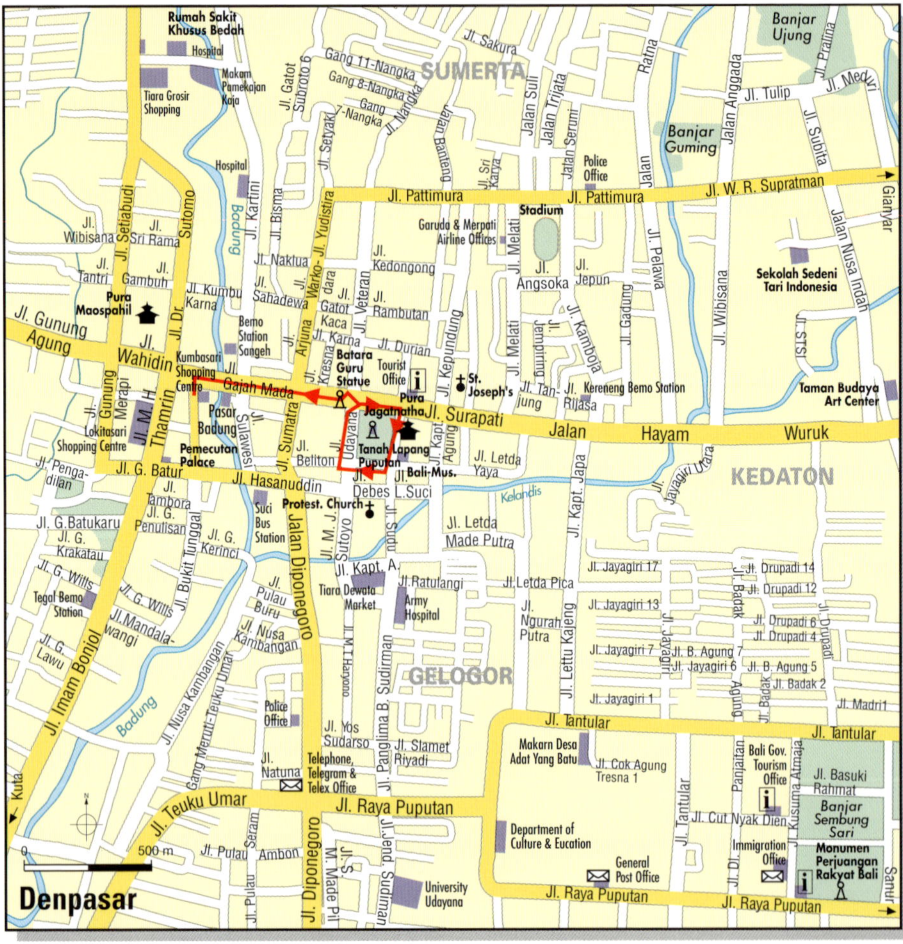

Map: Denpasar

Pasar Badung
Jl. Sulawesi, 80235 Denpasar
Tägl. 6/7–19 Uhr
In den drei Stockwerken des bedeu-
tendsten Markts von Stadt und Insel
wird all das feilgeboten, was Bali an
Lebensmitteln hervorbringt.

Sekolah Sedeni Tari Indonesia
Jl. Nusa Indah, 80235 Denpasar
℡ (03 61) 273 16
Mo–Fr 9–13 Uhr
In dieser Tanzakademie kann man den
Schülern kostenlos bei Tanz-, *Gamelan-*
und Schattenspielproben zuschauen.

*Gerade auch bei den
hochgewachsenen Pal-
men in Jimbaran sollte
man sich vergewissern,
ob Gefahr durch Kokos-
nüsse von oben droht*

2 Jimbaran

Der schmale Isthmus, der die Halbinsel Bukit Badung mit dem »Festland« verbindet, formt an seiner Westseite die halbmondförmige Jimbaran Bay, die nach
Norden zu auf den Flughafen von Bali blickt und in weiße Sandstrände gefasst
ist. Zum Baden herrschen perfekte Bedingungen, bunt bemalte Fischerboote
setzen malerische Akzente und landeinwärts schließt sich eine lange, nahezu
ununterbrochene Reihe von Restaurants und *warungs* an, die insbesondere
abends gut besucht sind, wenn die untergehende Sonne den Strand in den pracht-
vollsten Farben illuminiert. Im Hintergrund erstrecken sich auf Wellness und
Spa spezialisierte Luxushotels und edle Villenanlagen unter hochgewachsenen
Palmen, dazwischen finden sich zahlreiche Geschäfte, Boutiquen und Restaurants. Alles in allem geht es hier wesentlich ruhiger und relaxter zu als im nur
fünf Kilometer entfernten Kuta.

*Marlin-Fang am nörd-
lichen Strandende von
Jimbaran*

Service & Tipps:

Die **Open-Air-Restaurants** und
warungs, die zu Dutzenden den
Strand von Jimbaran säumen, sind
inselweit auch in Kreisen von Balinesen berühmt und füllen sich allabendlich ab etwa 18 Uhr, wenn
sich der Sonnenuntergang ankündigt.
Dann kann es schwierig werden,
in diesen ebenso schlichten wie
atmosphärischen Lokalen einen Platz
zu ergattern. Kulinarisch dreht sich
hier nahezu alles um Fisch und Meeresfrüchte, man zahlt nach Gewicht,
aber die Preise sind diskutierbar, und
wer nicht handelt, zahlt garantiert zu
viel.

Der am nördlichen Strandende
gelegene **Kedungan fish market**, vor dem die Fischer direkt
ihre Waren anlanden, ist durchaus eine Sehenswürdigkeit für sich.

Die Kokospalme – der Baum des Lebens

Die Kokospalme, Symbol für Tropen und Exotik, für Fernweh und Urlaubsglück, gehört zu Balis Markenzeichen wie Sonne, Strand und Meer. Für die Balinesen aber ist sie weit mehr als nur ein Spender von Assoziationen und Schatten. Aufgrund ihrer vielseitigen Nutzbarkeit gilt sie als wertvolles Geschenk der Natur. Kokospalmen gedeihen hier so problemlos wie Unkraut – in Feuchtgebieten ebenso wie direkt am Strand im Einflussbereich des Salzwassers. Schon nach kurzer Zeit tragen sie Früchte – bis zu 180 Stück jährlich – und können bis zu 100 Jahre alt werden.

Die bis zu fünf Kilogramm schweren Palmfrüchte sind vielseitig verwertbar

Fast jeder Teil der bis über 30 Meter hoch aufragenden holzigen Pflanzen kann verwendet werden. So wird der Stamm traditionell im Haus- und Schiffsbau eingesetzt. Die Palmblätter lassen als Dacheindeckung selbst bei heftigen Monsunregen kein Wasser durch, werden aber auch zu Besen zusammengebunden. Ihre Schösslinge geben ein gutes Gemüse ab.

Am vielfältigsten nutzbar sind die bis zu fünf Kilogramm schweren Palmfrüchte. Die Nussschalen dienen als Brennmaterial, das zudem Mücken und Sandflöhe vertreibt, aber auch als Pflanzensubstrat und Torfersatz. Die Fasern der Kokosnüsse können zu Seilen und Matten, Körben und Säcken, Teppichen und Hüten verarbeitet werden und sind als Wärmedämmung ebenso beliebt wie als Füllung in Matratzen. Selbst im Fahrzeugbau sind sie verwendbar. Das leicht mineralhaltige Kokoswasser ist ein ebenso wohlschmeckendes wie erfrischendes und nahrhaftes Getränk, das darüber hinaus gegen Durchfall wirkt. Da es in der geschlossenen Nuss steril bleibt, kann es im Notfall sogar als Blutserumersatz direkt in die Vene injiziert werden. Obendrein kann es zu Kokoswein vergoren werden. Das Fruchtfleisch enthält eine Vielzahl an Mineralien, Vitaminen und Spurenelementen sowie ungesättigte Fettsäuren. Ge-

Kokosnussernte durch Palmenklettern

trocknet dient es als Ausgangsstoff zur Gewinnung von Kokosflocken, Kokosfett und in erster Linie Kokosöl, das sich zum Braten und Backen ebenso wie als Basis für Sonnenschutzmittel, Cremes, Seifen und Shampoos eignet. Zunehmend soll es auch zu Biodiesel verarbeitet werden.

Die Kokosmilch – nicht zu verwechseln mit dem Wasser im Innern der Nuss – verleiht nicht nur der Piña Colada und anderen Cocktails ihren unvergleichlichen Geschmack, sondern auch den Currys der indonesischen Reistafel (s. S. 70). Die meisten balinesischen Süßspeisen werden ebenfalls aus Kokosmilch zubereitet oder mit ihr verfeinert. Die Kokosmilch entsteht erst, indem das Kokosfleisch mit heißem Wasser püriert und dann durch ein Tuch gepresst wird. Der Pressrückstand wiederum gibt ein reichhaltiges Tierfutter ab.

Aber Achtung, Kokosnüsse können auch töten! Ein vier Kilogramm schweres Exemplar erreicht beim Fall aus 25 Metern Höhe eine Geschwindigkeit von fast 80 Kilometern pro Stunde und übt beim Aufprall gut eine Tonne Druck aus. Jahr für Jahr werden etwa 150 Menschen Opfer des Fallobstes. Gerade bei Wind sollte man deshalb größtmögliche Vorsicht walten lassen und nicht in der Hängematte unter Kokosnüssen dösen!

3 Kuta/Legian/Seminyak

»Bali? – That's a great place near Kuta, and Kuta's a big-fucking-Aussie-city!«, so brachte es ein Surfer mal auf den australischen Nenner. In der Tat scheint Kuta/Legian/Seminyak, eine kilometerlange Urbanisation parallel zur Küste, die größte australische »Stadt« außerhalb des roten Kontinents zu sein.

Es gibt hier manche Hässlichkeit – baulich und auch sonst –, aber Tatsache ist auch, dass sich Kuta, in den 1960er-Jahren von den sogenannten Hippies entdeckt, bei Reisenden aus aller Herren und Frauen Länder allergrößter Beliebtheit erfreut. Das ist den teils ganz ausgezeichneten Hotels zu verdanken, den Restaurants und Discos, dem absolut gigantischen Einkaufsangebot, den – nach internationalem Standard – relativ günstigen Preisen, aber insbesondere dem schier unendlich langen und überbreiten Strand, der sich – teils im Promenaden-, teils im Palmensaum, teils proppenvoll, teils menschenleer – von Kuta über Legian und Seminyak gen Westen erstreckt.

Zum Baden sind die Strände aufgrund ihrer oft meterhohen Wellen allerdings nur sehr bedingt geeignet. Selbst an windstillen Tagen türmt sich oft eine gewaltige Brandung auf, die für Schwimmer genauso gefährlich sein kann wie der Sog des zurückströmenden Wassers. Jedes Jahr gibt es zahlreiche Todesfälle zu beklagen, und so sollte man nur dort baden, wo es durch Flaggen kenntlich gemacht ist: Grün steht für »Schwimmen ist erlaubt«, Gelb bedeutet, dass Baden möglich, aber riskant ist, bei Rot ist es verboten. Zum Sonnen hingegen reicht der Strand allemal und Wellenreiter erfreuen sich hier an den besten Surfbedingungen ganz Asiens, und das ganzjährig.

Kulinarisch kommt hier jeder auf seine Kosten: Das Angebot an Restaurants ist riesig und vielfältig. Zu jedem Hotel, jeder Bungalowanlage und noch jedem Losmen gehört ein Restaurant, zusätzlich gibt es noch mehrere hundert, die keinem Übernachtungsbetrieb angeschlossen sind. Wer edel speisen möchte, bekommt in den internationalen Top-Hotels erstklassige Gerichte der indonesischen, chinesischen, indischen, europäisch-amerikanisch-australischen und japanischen Küche in erlesenem Interieur und »typisch balinesischem« Ambiente serviert. Die Preise sind hoch, fast mitteleuropäisch, aber das versteht sich von selbst. Typisch balinesische Gerichte zu günstigen Preisen bieten hingegen die zahlreichen Essstände – allerdings in weniger idyllischer Umgebung.

Auch wer das Nachtleben schätzt, ist hier richtig. Was Torremolinos oder Playa del Inglés für die Europäer, das ist Kuta für die Australier: das Vergnügungszentrum »vor der Haustür«. Entsprechend herrscht allnächtlich auch »Saturday Night Fever« und aus gigantischen Soundmaschinen dröhnt Videoclip-unterstützt, was zurzeit auf dem Musikmarkt »in« ist.

Nicht zuletzt lockt viele das unglaubliche Einkaufsangebot in Kuta, das längst nicht nur einheimische Waren umfasst. Ob nun Blasrohre aus Irian Jaya, *Ikat*-Webarbeiten aus Flores, Megalithskulpturen aus Sumba, Zauberstäbe aus Sumatra, Raubkassetten aus Jakarta, Batiken aus Java: In den Tausenden Geschäften von Kuta und Legian ist neben dem, was auf Bali selbst produziert wird, auch all das wohlfeil, was der Archipel insgesamt an diesen Artikeln zu bieten hat. Aber auch aus Hongkong und Thailand, Macao und Indien, China und Japan werden Waren importiert, und die Haute Couture aus Paris und Rom

Den feinen, süßlichen Duft der Frangipani-Blüten nimmt man fast überall auf Bali wahr

Souvenirverkäufer am Strand von Kuta

No money, no honey – Am Strand von Kuta

Das Licht ist gleißend und ohne Sonnenbrille fast nicht zu ertragen; auf der Promenadenstraße dröhnt der Verkehr und der Sand ist so heiß, dass man wie in der Coke-Reklame lostänzelt, auf den Schatten eines Baumes zu. »Hot, hot, hot …« – der Werbeslogan ist wirklich aus dem Leben gegriffen, und kaum haben wir unser Handtuch ausgebreitet, um uns ein wenig der kollektiven Lust auf Selbstverbrennung hinzugeben, da hält uns jemand, ganz wie im Spot, den eiskalten Softdrink vor die Nase.

»You want?« – Wir wollen, aber dann auch unsere Ruhe haben. Doch diese Chance ist nun vertan, denn kaum haben wir die Flasche an die Lippen gesetzt, da sehen wir ein gutes Dutzend weiterer Verkäufer auf uns zukommen, weil allen hier klar ist, dass, wer Cola mag, auch andere Dinge möchte.

»You want Sarong, very good Sarong?« – »No, thank you very much.«

»Icecream, newscream, everybody loves icecream! You want?« – »No, thank you.«

»No money, no honey, T-Shirt is funny. You want? « – »No!«

»What's about woodcarving, nice rings, necklace and diamonds. You want?« – »Nooo …!«

Solche Konversation ist hier täglich ab etwa zehn Uhr tausendfach zu hören und das Ende der Geschichte ist immer das gleiche: Entweder man springt auf und flieht ins Meer – denn nur da hat man wirklich Ruhe – oder man ergibt sich ins Schicksal. Falls man sowieso noch das ein oder andere Souvenir erstehen will, muss das auch gar nicht mal ein Fehler sein, denn die Waren der Strandverkäufer sind gut, nach Handeln auch relativ preiswert. Und ganz nebenbei erkauft man sich so auch seine Ruhe, denn sind erst ein paar Geschäfte getätigt, wird man fairerweise auch (meist) sich selbst überlassen.

Zwar fliegt der »Bumsbomber« bekanntlich nach Bangkok, um dann als »Tripperclipper« zurückzukehren, aber der Sextourismus jedweder Couleur ist drauf und dran, sich auch auf Bali ein käufliches Paradies zu schaffen. Eingeleitet wurde der Trend aber mal nicht vom liebestollen Reisemann aus europäischen Landen, sondern von australischen Schönen, die dem Charme der balinesischen Beachboys erlagen. Abgesehen von allen anderen Aspekten ist zu diesem heiklen Thema zu sagen, dass neun von zehn Prostituierten (jedweden Geschlechts) mit AIDS infiziert sein sollen.

ist ebenso vertreten wie der bonbonbunte Firlefanz, der hier von Alt-Hippies aus Ibiza kreiert wird und wie warme Semmeln weggeht.

Wen Kutas Schattenseiten abschrecken – und so geht es vielen ruhebedürftigen Reisenden –, der kann nach Jimbaran, Sanur oder Nusa Dua ausweichen, aber auch nach Candi Dasa im Osten der Insel oder nach Lovina im Norden oder – falls der Wunsch nach Strand nicht im Vordergrund steht – nach Ubud.

Service & Tipps:

(i) **Bali Government Tourism Information Centre**
Jl. Bana Sari 7, 80361 Kuta/Legian
✆ (03 61) 75 40 92
Mo–Sa 8–18 Uhr
Bunte Broschüren zu Bali, ein Festtagskalender, sonst nicht viel.

(i) **Tourist Information Center**
Ecke Jl. Bakung Sari/Jl. Raya Kuta, 80361 Kuta/Legian
✆ (03 61) 75 61 76
Mo–Sa 8–18 Uhr

✗ Erlesen, aber teuer speist man in den **Restaurants der internationalen Top-Hotels** entlang der Strandpromenade Jl. Pantai Kuta.

✗ Typisch balinesische Gerichte zu günstigen Preisen in schlichter Umgebung bieten die **Essstände**, die außer an der Strandpromenade allgegenwärtig sind.

Ansonsten haben sich über Jahre hinweg folgende Restaurationsbetriebe als beständig erwiesen:

✗ **Legian Garden**
Jl. Melasti
80361 Kuta/Legian
Gute und günstige indonesische Gerichte in auf romantisch getrimmter Atmosphäre.

✗ **Poppies**
Poppies Lane
80361 Kuta/Legian

Stilvolles Gartenrestaurant mit großer Vielfalt an mittelteuren Gerichten aus den Küchen der Welt.

✗ Seafood
Ecke Strandpromenade/Jl. Melasti, 80361 Kuta/Legian
Frische Meeresfrüchte zu saftigen Preisen.

✗ Swiss Restaurant
Jl. Legian
80361 Kuta/Legian
Treffpunkt heimwehkranker Eidgenossen, in dem balinesische und Schweizer Küche in Symbiose leben.

✗ TJ's
Poppies Lane
80361 Kuta/Legian
Mexikanisches vom Feinsten in komfortabler Rattanumgebung; herrliche Salate.

🍸 Schmelztiegel der Lust am Tanzen und Sich-Bedröhnen-Lassen 🎵 sind u. a. das **Hard Rock Café** (Jl. Pantai Kuta, tägl. ab 11 Uhr, auch Livemusik), der **Peanuts Club** (Jl. Legian, ab 21 Uhr, größte und flippigste Disco auf Bali) und das **66** (Jl. Melasti, ab 22 Uhr, »der« Szenetreff

auf Bali, mehrmals wöchentlich werden hier regelrechte Beachpartys organisiert), wohingegen das **Chez Gado Gado** (nahe Oberoi-Hotel), in dem mehrmals wöchentlich Partys veranstaltet werden, schon einen exklusiven Ruf genießt.

🎭 **Tanzdramen** werden auf zahlreichen Touristenbühnen in und um Kuta allabendlich aufgeführt. Da die Darbietungen in qualitativer Hinsicht zwar durchweg gut, aber wenig stimmungsvoll sind, empfiehlt es sich, bei einer lokalen Reiseagentur (Büros findet man überall) Tickets für außerhalb stattfindende Veranstaltungen zu kaufen, wobei der Preis in der Regel auch die Fahrt einschließt.

🏃 In Kuta, Legian sowie Seminyak vermieten zahlreiche **Surfshops** die für diesen Sport erforderliche Ausrüstung. Bei den Wachttürmen/Flaggen der »Baywatch« kann man ebenfalls Bretter mieten. Auch Kurse im Wellenreiten (6 Std. zu € 60) werden angeboten. Eine der profiliertesten Schulen ist:
Pro Surf
Jl. Pantai Kuta 21
80361 Kuta/Legian

Während der Saison – Juli/Aug. und Dez./Jan. – sollte man so früh wie möglich, mindestens aber ein bis zwei Tage vor Anreise, ein Zimmer reservieren. Dies ist auch telefonisch möglich.

Relaxtes Surf-Erleben in Kuta

4 Nusa Dua

In Nusa Dua, 25 Kilometer südlich von Sanur am Ostrand der mit feinen, fast weißen Sandstränden reich gesegneten Halbinsel Bukit Badung gelegen, hat sich der Exklusivtourismus ein abgeschirmtes Paradies geschaffen, und die supercoole Atmosphäre in diesem riesigen Touristenghetto (das u.a. auch als eines der sichersten der Welt gilt, eben drum auch bei Politikern sowie beim Jetset sehr beliebt ist) kann einem bei aller Tropenwärme schon mal das Frösteln lehren.

Motorisierte Sicherheitsbeamte wachen über die weit gezogenen Areale der Luxushotels, von denen keines weniger als fünf Sterne nach internationaler Klassifikation zählt. Straßen- und Strandhandel sind verboten, Balinesen sieht man nur als Statisten und auf wohlgetrimmten Rasenflächen verlustiert man sich beim Golfen. Doch was dem einen fade scheint, vermittelt anderen ein Höchstmaß an Urlaubslust.

Der Komplex ist aus einem Masterplan hervorgegangen, dessen Ziel es war, den Touristenstrom zu kanalisieren und gegen Bali abzugrenzen, und zwar nicht, um die Touristen zu schützen, sondern vielmehr die balinesische Tradition vor den Auswirkungen des Tourismus.

Service & Tipps:

 Bali Golf & Country Club
80363 Nusa Dua

✆ (03 61) 77 17 91
www.baligolfandcountryclub.com
Einer der drei 18-Loch-Plätze der Insel.

In Nusa Dua gibt es nur Hotel-Restaurants, weshalb es hier sinnvoll sein kann, gleich ein Komplett-Arrangement inklusive Vollpension zu buchen. Andernfalls kann man für Essen und Trinken schnell ein kleines Vermögen ausgeben. Unter etwa 15 Euro ist kein Frühstück zu bekommen, die Hauptmahlzeiten schlagen gar mit durchschnittlich über 30 Euro zu Buche, aber es ist auch kein Problem, 100 Euro und mehr pro Person für ein Abendessen auszugeben.

5 Sanur

So chaotisch, wie sich Kuta präsentiert, so abgehoben-elitär Nusa Dua wirkt, so mondän gibt sich Sanur, die – gemessen an den Besucherzahlen – Nummer zwei der balinesischen Ferienzentren.

Den sechs Kilometer langen Strand säumen eine durchgehende Strandpromenade sowie edle Hotelanlagen, deren teils sehr ästhetische Gebäude sich harmonisch in üppige Tropenparks einfügen. Zwar ist es hier nicht perfekt zum Baden, da der schmale Strand stark gezeitenabhängig ist, sehr wohl aber zum Schnorcheln am vorgelagerten Korallenriff. Viele der meist pauschal angereisten Touristen nutzen die Swimmingpools der Hotels zum Entspannen. Ein wenig Nachtleben gibt es auch, aber dezent; der Besuch von kulturellen Darbietungen wird bevorzugt.

Service & Tipps:

 Museum Le Mayeur
Jl. Hang Tuah, 80228 Sanur
℃ (03 61) 28 60 01
Sa–Do 8–15.15, Fr 8–13 Uhr
Am Nordende der Strandpromenade
gelegenes Kunstmuseum mit Bildern
des belgischen Malers Le Mayeur, der
1958 all seine Gemälde dem indonesischen Staat vermacht hat.

Lotus Pond
Jl. Danau Tamblingan 30
80228 Sanur
℃ (03 61) 28 93 98
Tägl. ab 11 Uhr
Wunderschönes Gartenrestaurant rings
um den namengebenden Lotosteich
mit ausgesuchten Spezialitäten der balinesischen, indonesischen und internationalen Küche. Ab 20 Uhr werden
Tanzveranstaltungen aufgeführt.

Penjor
Jl. Danau Tamblingan 140
80228 Sanur
℃ (03 61) 28 82 26
Tägl. ab 12 Uhr

Indonesische Speisen vom Feinsten
werden in diesem luftigen und stilvol-
len Terrassenrestaurant serviert.
Abends Tanzveranstaltungen.

Die größte Auswahl an Kunstge-
werbe, Kleidung, Antiquitäten
und Souvenirs schlechthin findet sich
auf der parallel zum Strand verlaufenden **Jl. Danau Tamblingan**. Günstiger kauft man auf dem **Sanur Beach
Market** an der Jl. Segara Ayu, wo sich
fast alles um Souvenirs und Strand-
bzw. Freizeitkleidung dreht.

Bali Surya Dive Center
Jl. Duyung 10B
80228 Sanur
℃ (03 61) 28 70 90
Fax (03 61) 28 79 56
www.balisuryadivecenter.com
Von den zahlreichen Wassersportzen-
tren am Strand ist das Surya Dive Center dasjenige mit der besten Ausstattung. Angeboten werden u. a. Tauchkurse und Tauch- sowie Schnorchel-
fahrten, Boots- und Angeltouren,
Windsurfing und Parasailing sowie der
Verleih von Jet-Skiern.

*Sanur: Bei Ebbe zieht
sich das Meer weit
zurück und gibt Koral-
lengestein frei*

*Fangfrisches auf Nusa
Lembongan*

Ausflugsziel:

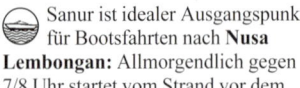 Sanur ist idealer Ausgangspunkt für Bootsfahrten nach **Nusa Lembongan:** Allmorgendlich gegen 7/8 Uhr startet vom Strand vor dem Inna Grand Bali Beach Hotel ein Auslegerboot dorthin (ca. 2 ½ Std.). Die zahlreichen Reisebüros der Stadt organisieren geführte Inseltouren und täglich gegen 10 Uhr legt ein Boot von Perama Tours (Jl. Hang Tuah 31, ✆ 081-23 66 53 17) nach Nusa Lembongan ab.

6 Tanah Lot

Der etwa 20 Kilometer nördlich von Kuta an Balis Südküste gelegene Tempel **Pura Tanah Lot** wurde im 16. Jahrhundert als Meditationsstätte gegründet. Er erhebt sich auf einem bei Flut vom Meer umschlossenen Felsenriff und hat gemäß dem Glauben der Balinesen die Aufgabe, die Mächte der Unterwelt zu bannen. »Land im Meer« bedeutet sein Name, und wegen der ungemein reizvollen Lage steht er im Ruf, das meistbesuchte und auch meistfotografierte Heiligtum der Insel zu sein.

Leider ist er auch das am meisten kommerzialisierte und vom Parkplatz bis hin zum Aussichtspunkt am Meer läuft man an nahtlos aneinandergereihten Souvenirgeschäften vorüber. Auch Restaurants sind angeschlossen, sogar ein Geldautomat wurde nun aufgestellt, und Jahr für Jahr entwickelt sich das Umfeld des Tempels mehr und mehr in Richtung Jahrmarkt.

Am extremsten geht es gegen Sonnenuntergang zu, der von hier aus in Perfektion zu genießen ist und allabendlich Tausende von Besuchern anzieht. Dann hallt der Ort von begeisterten »Aahhs« und »Oohhs« wider, zum Eintauchen der Sonne wird Applaus geklatscht … Doch auch wer Menschenmassen nicht mag, sollte sich den Besuch nicht nehmen lassen, denn vom Tempel aus verlaufen gen Osten und Westen entlang spektakulärer Klippen wenig begangene Pfade zu atemberaubenden Aussichtspunkten und versteckten Buchten.

Ausgangspunkt für eine Fahrt mit dem Auslegerboot nach Nusa Lembongan ist Sanur

Service & Tipps:

 **Tanah Lot Tourist Office**
Parkplatz, 82171 Tanah Lot

✆ und Fax (03 61) 88 03 61
www.tanahlot.net

7 Ulu Watu

Viele Plätze gibt es auf Bali, die berühmt sind für ihre Sonnenuntergänge. Kuta und Jimbaran gehören dazu, insbesondere auch Tanah Lot, aber keiner, wirklich keiner kann auch nur annähernd mit dem Pura Luhur Ulu Watu konkurrieren. Rund 25 Kilometer misst die Distanz von Kuta oder Sanur via Bualu und Pecatu dorthin. Auf dem Weg quert man die Halbinsel **Bukit Badung** und taucht damit wieder in eine ganz andere Welt ein. Kurz hinter den Ferienzentren beginnt ein menschenleeres Hügelland von fast steppenartigem Charakter. Vollkommen ausgetrocknet liegt hier alles neben einem der nassesten Flecken auf Erden und Schuld daran ist der poröse Karstboden der Landschaft, in dem jeder Niederschlag sofort spurlos versickert. Bei der gesamten Halbinsel, mit dem Rest von Bali nur durch einen schmalen Isthmus verbunden, handelt es sich um ein aus dem Meer gehobenes Korallenkalkplateau, während die Mutterinsel ihren Ursprung dem Vulkanismus verdankt.

Vom Parkplatz sind noch ein paar Stufen zu erklimmen und dann liegt der **Pura Luhur Ulu Watu**, das Felsheiligtum der Schutzgöttin des Meeres, das 76 Meter hoch über dem Südkap der Insel thront, vor einem. Von drei Seiten rollt der Indische Ozean heran. Die bis über zehn Meter hohen Wellen bauen sich auf und »schälen« sich, anstatt zu brechen, von einem Ende zum anderen, weshalb sie zu den besten, aber wegen der nahen Klippen auch zu den gefährlichsten *ridable surfs* Asiens zählen.

Der Surfspot von Ulu Watu ist weltweit berühmt und doch nur eines von zahlreichen Wellenreit-Revieren, die die Küste der Halbinsel Bukit Badung zu bieten hat. Die Straße von Kuta/Sanur nach Ulu Watu passiert die populärsten, und schon seit Jahren »in« ist der **Pantai Balangan**, der sechs Kilometer von der Hauptstraße entfernt und dort ausgeschildert ist. Er bietet auch zum Baden und Sonnenbaden gute Gelegenheit und präsentiert sich als eine Ansammlung kleiner Sandstrände. Weitere Surf- und auch Badespots sind **Bingin**, **Padang Padang** sowie **Pecatu** nebst **Suluban**, die allesamt an der Zufahrtsstraße nach Ulu Watu ausgeschildert sind. ✳

Jeder Tag ist ein (Tempel-)Festtag

Die Chancen, auf Bali während der Urlaubszeit einen reich geschmückten Tempel zu sehen, in dem gerade ein *Odalan*-Fest gefeiert wird, stehen gut, denn jeder der schätzungsweise 20 000 Tempel der Insel hat einmal pro *Uku*-Jahr (gleich 210 Tage) »Geburtstag«, und zwar am *Odalan*-Tag, also zu dem Datum, an dem der Geist des jeweiligen Schutzgottes dereinst den Tempel betrat. Zum Anlass dieses Jahrestages der Tempelgründung werden riesige Arrangements von Früchten und Blüten zwischen Räucherstäbchen als Opferspeise für die Götter aufgebaut. Männer, Frauen und Kinder ziehen ihre besten Kleidungsstücke an, meist golddurchwirkte *sarongs* (Wickel-röcke; s. S. 61), und wer das Glück hat, zu solch einer Feier eingeladen zu werden, der wird ebenfalls einen Sarong tragen. Dann gehört er quasi dazu und kann in Ruhe die Zeremonien beobachten, in denen die Priester unter anderem die Opfergaben mit Wasser segnen und mit Weihrauch befächeln, wodurch die geistige Essenz der symbolischen Speisen den Göttern zukom-men soll. Die Götter werden aufgefordert, sich in heilige Bilder hineinzu-

Tempelfest Odalan am Tahah Lot

begeben, die sodann in großer und feierlicher Prozession zum Strand, nächsten See oder Fluss getragen und dort rituell gebadet werden.

Diese Tempelfeste, von denen es auf Bali im Durchschnitt über 90 Stück pro Tag gibt, atmen Gemein-schaftsgeist, und kaum ein ausländischer Besucher ist gegen die Sehnsucht gefeit, ebenso im Kollektiv aufzugehen, das Ich angesichts des großen Wir vergessen zu können. Aber es wird kaum gelingen, denn wir sind Kinder einer diametral entgegengesetzten Welt. Der Osten verwandelt die Natur in Geist, sodass sie mit dem Geist des Menschen eins wird, der Westen aber enthüllt den Geist des Menschen als Natur. Zwei völlig unterschiedliche Wege zu – theoretisch – wohl einem Ziel. Aber während sich der Westen in unendlich kleinen Mikrostrukturen verzettelt und nichts findet als immer wieder erneut noch Teilba-res, versucht der Osten das unzerstückelte Ganze zu erfassen.

Der Westen könnte viel von den fernöstlichen Philosophien lernen, wie auch der Orient vom Okzi-dent befruchtet werden könnte. Aber leider trachtet der Osten zurzeit nur danach, den Westen nachzu-ahmen. Was der Menschheitsentwicklung im Sinne eines geistigen Fortschritts nottun würde, das wäre ein Akt der Assimilation, der das spaltende Denken des Westens und das ganzheitliche Erfassen des Ostens in Einklang brächte.

Opfergaben vor einem hinduistischen Tempel

Ostbali

Unter dem Vulkan

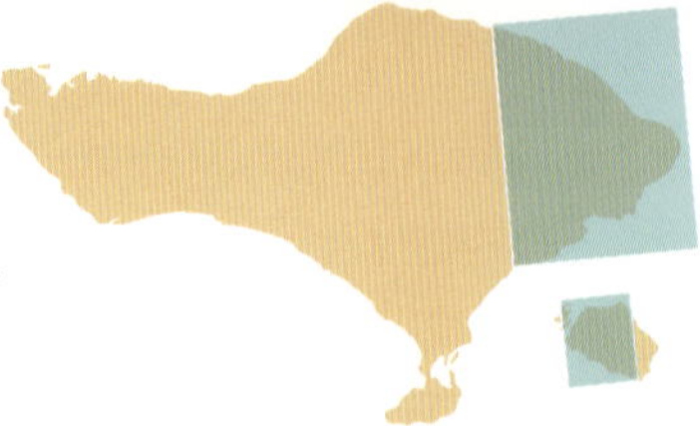

Die balinesischen Reisbauern legen an den Berghängen Terrassen an, um so ebene Flächen für den Reisanbau zu schaffen

Grüne Reisfeldteppiche und alte Wälder – die Naturkulisse im Osten der Insel

Die Naturkulisse im Osten der Insel bietet hinter jeder Kurve neue Eindrücke. Ist das Land hier mit einem grünen Reisfeldteppich ausgelegt, so schlängelt sich die Straße dort durch alte Wälder hindurch. Lianen hängen von den Zweigen, Farne, Bambus und Orchideen wuchern und immer gewährt das große Grün einen Ausblick auf die imposante Rundpyramide des 3142 Meter hohen Gunung Agung, in den das Regenwasser im Laufe der Jahrtausende radial angeordnete Kerben genagt hat. Kleine Dörfer schmiegen sich an steile Hänge und in ständigem Auf und Ab kurvt man durch Reisterrassen-Landschaften, die zu den schönsten der Welt zählen. In Vollendung sind sie bei Tista sowie dem Wasserschloss von Tirtagangga zu genießen, das nicht umsonst in dem Ruf steht, das schönste Refugium der Insel zu sein. Nahebei sind in Candi Dasa und Padang Bai alternative Strandzentren zu den Ferienorten des Südens entstanden. In Tenganan hat sich das Erbe der prähinduistischen Ureinwohner Balis über die Jahrhunderte hinweg erhalten, doch kulturelles Highlight des Inselostens ist der »Muttertempel« Pura Besakih, der sich als zentrales Heiligtum der hinduistisch-balinesischen Welt an der Flanke des Gunung Agung hinaufzieht.

1 Amlapura

Das rund 20 000 Einwohner zählende Verwaltungszentrum des gleichnamigen Distrikts hieß früher **Karangasem** und auch heute noch ist der alte Name für Stadt und Distrikt so geläufig, dass Amlapura zum Beispiel in Telefonbüchern unter »K« geführt wird. Schuld an diesem Nebeneinander hat der Gunung Agung, dessen letzter Ausbruch Karangasem, bis dato einer der prächtigsten Orte Balis, nahezu vollständig zerstörte. Wiederaufgebaut, brauchte die Stadt

Der 1717 Meter hohe Schichtvulkan Gunung Batur

Aus Feuer geboren

Wie die meisten Geologen heute glauben, besteht die äußere Schale der Erde, die bis zu 100 Kilometer dicke Lithosphäre, aus mehreren Platten, die sich gegenseitig bewegen und denen die Kontinente »aufsitzen«. Im indonesischen Großraum konvergieren nach diesem Modell der Plattentektonik drei Platten miteinander, nämlich die Eurasische mit ihrem Ausläufer Sunda-Scholle (der neben Bali auch Java und Sumatra aufsitzen), die Ozeanisch-Australische und die Pazifische Platte.

Die Sunda-Scholle gilt als das Kernstück des Landes, das vor etwa 25 Millionen Jahren entstanden sein soll, als die Ozeanisch-Australische Platte von Süden her unter Eurasiens Rand abtauchte. Als Folge dieser Plattenkollision entstanden überdimensionale Grabenbrüche oder Tiefseegräben (die etwa südlich von Bali bis über 7500 Meter abfallen) mit aufgewölbten Rändern, die durch starke vulkanische Aktivitäten charakterisiert sind und unter dem geologischen Begriff »jungtertiäre Faltenbogengürtel« das Rückgrat der Inselwelt bilden.

Auf diesem über 5000 Kilometer langen Bogen reiht sich Vulkan an Vulkan (insgesamt über 300), allein in geschichtlicher Zeit wurden über 200 Ausbrüche registriert und jährlich gibt es bis zu 1000 Erdbeben. Noch heute gelten in Indonesien 125 Vulkane als besonders gefährlich, davon 35 auf Java und zwei auf Bali.

Brachte der Gunung Batur im Jahr 1926 zum bisher letzten Mal Verheerung über das Land, so entfesselte der Agung noch 1963 seine todbringenden Gewalten. Und trotzdem befinden sich die größten agrarischen Bevölkerungsballungen auch auf Bali gerade um diese »Killerberge« – über 500 Menschen leben hier im Durchschnitt auf einem Quadratkilometer.

Rund 90 Prozent der Einwohner sind in der Landwirtschaft tätig, weil die Vulkane nicht nur vernichten, sondern durch mineralhaltige Ascheregen die Fruchtbarkeit der Böden, die hier zu den ertragreichsten der Erde zählen, erhöhen. Zwei bis drei Reisernten können pro Jahr eingebracht werden, weil auch außerhalb der Regenzeit ausreichend Niederschläge fallen, bedingt durch den Luftstau, den die hohen Berge bewirken und der zu Steigungsregen führt.

eine neue Bezeichnung, denn nach dem Glauben der Balinesen gibt es keinen wirklichen Neuanfang mit einem alten Namen.

Das einzig Sehenswerte an dem auf dem Reißbrett entstandenen Amlapura ist die ehemalige Residenz des Raja von Karangasem, der **Puri Agung Kanginan.**

REGION 2
Ostbali

Service & Tipps:

(i) Karangasem Government Tourism Office
Jl. Ngurah Rai, 80811 Karangasem
© (03 63) 210 02 und 210 03
Mo–Fr 9–15 Uhr

(•) Puri Agung Kanginan
Jl. Tan Agung, 80811 Karangasem
Tägl. 8–18 Uhr

Der im frühen 20. Jh. errichtete Königspalast verbindet balinesische, chinesische sowie auch europäische Stilelemente und ist in seiner Art ganz und gar einzigartig auf Bali.

Da hier auch heute noch Nachfahren des *raja* von Karangasem leben, kann leider nur der vordere Teil dieses auch innen außerordentlich sehenswerten Bauwerks besichtigt werden.

2 Candi Dasa

Zwischen Padang Bai und Amlapura wird die Ostküste Balis von Felshängen mit verschwiegenen, kleinen Buchten geprägt. Lediglich in der Nähe des Dorfes Candi Dasa erstreckt sich so etwas wie ein Sandstrand, aber dieser ist stark gezeitenabhängig, außerdem teils in Mauern eingefasst und von T-förmigen Beton-Wellenbrechern verunziert. Der einst weiße Sand ist heute von grauer Farbe – dank neuer, durch die Wellenbrecher hervorgerufener Strömungsverhältnisse. Was geblieben ist von dem noch vor wenigen Jahren als »Badeparadies« hochgepriesenen Ort, das sind seine romantisch über dem Meer gelegenen Bungalowanlagen, die dort mitunter familiäre Atmosphäre, die erlebenswerte Abendstimmung und natürlich das Hinterland, das für viele Wanderungen und Fahrradtouren geeignet ist.

Als Urlaubsort mag man Candi Dasa kaum empfehlen, aber als Etappenziel für ein, vielleicht auch zwei oder drei Tage bietet es sich an: Unterkünfte gibt es in allen Komfortstufen, die Preise sind erheblich niedriger als in den Ferienzentren des Südens und die Infrastruktur ist gut, aber nicht aufgebläht.

Candi Dasa, Strandort an der Amuk-Bucht

Sie leben in enger Symbiose mit Seeanemonen: Clownfisch-Pärchen

Service & Tipps:

⊗ Puri Pandan
Neben Candidasa Beach Bungalow, 80801 Candi Dasa
℃ (03 63) 415 51
Romantisch und direkt über Meer und Strand gelegenes Restaurant mit guter indonesischer, aber auch internationaler Küche. Hier kann man angenehmer und unvergleichlich billiger speisen als in den Restaurants der Hotels.

⊗ Restaurant Kubu Bali
80801 Candi Dasa
℃ (03 63) 415 32

Außerordentlich gute Gerichte der balinesischen, indonesischen, chinesischen und internationalen Küche; große Auswahl, typisch balinesisches Ambiente.

⚞ Vermietung von Schnorchel- und Tauchausrüstungen, Durchführung von Tauchkursen und Organisation von Tauchexkursionen (mit Begleitung) bieten zahlreiche **Tauchbasen**, wobei diejenigen, die den Candi Cottages, der Puri Bagus Villa sowie dem Alila Manggis angeschlossen sind, über das beste Material verfügen.

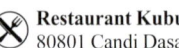

3 Klungkung

In Klungkung bieten sich unzählige einfache Esslokale für schlichte, aber geschmackvolle und hygienisch einwandfrei zubereitete Reisgerichte an.

Bale Kembang, der »Schwimmende Pavillon«, im Taman Gili in Klungkung

Klungkung, die auch als Semarapura bekannte Bezirkshauptstadt von Ostbali, blickt auf eine reiche Vergangenheit. Hier erwarten einen quirliges Leben, ein farbenprächtiger Markt (Durchgangsstraße) und insbesondere verführerische Düfte, die aus unzähligen einfachen Esslokalen kommen. Jeder dieser *warungs* bietet *nasi goreng* und *nasi campur*, keiner aber europäische Küche. Es ist durchaus ein Erlebnis, in einem solchen »Restaurant« zu sitzen, die Menschen zu betrachten (aber nicht anzustarren, denn das gilt als rüde) und einen gedanklichen Zeitsprung um 600 Jahre zurück zu unternehmen. In jene Zeit, als die hinduistischen Adeligen auf der Flucht vor dem grünen Banner des Propheten Mohammed von Java hierher flüchteten und den Grundstock der Gelgel-Dynastie legten, deren Potentaten von nun an und bis ins 18. Jahrhundert hinein unter dem Titel *Dewa Agung* (»Erhabener Gott«) über ganz Bali herrschten. Dann zerfiel das Reich in mehr als ein Dutzend Fürstentümer, aber am Hofe von Klungkung fanden die schönen Künste, in denen sich Bali noch immer authentisch mitteilt, eine beispiellose Blüte, und zwar bis zum Jahre 1908, als die nie-

derländischen Kolonialherren auf einer Strafexpedition gegen das rebellische Fürstentum den Palast, der als der schönste der Insel gepriesen wurde, in Schutt und Asche legten. Angesichts der Niederlage stürzten sich der letzte noch herrschende Regent Balis, seine Familie und all seine Anhänger in einem grauenvollen rituellen Amoklauf, dem *puputan*, in den Tod.

Die letzte Epoche balinesischer Geschichte ging hier zu Ende, und aus jener Zeit blieben im **Taman Gili**, einer Anlage mit künstlichen Seen direkt im Zentrum an der Durchgangsstraße, nur der **Bale Kembang**, der »Schwimmende Pavillon«, und die **Kerta Gosa**, die Gerichtshalle aus dem 18. Jahrhundert, erhalten. Als sehenswert gelten nicht die Gebäude selbst, sondern die mehrfach restaurierten, in Ocker, Schwarz und Rot gehaltenen Wayang-Malereien, die die Innenflächen der offenen Dachstühle vollständig bedecken.

Über die Deckenmalereien in der Kerta Gosa, wo einst die höchsten Brahmanen-Priester Recht sprachen, existieren die unterschiedlichsten Interpretationen. Viele Experten meinen, dass die Szenen darstellen, welche Strafen ein Frevler zu erleiden hat. Wäre dem so, dann wäre ein Marquis de Sade gegen die Balinesen ein Waisenknabe gewesen, denn das in Zeilen zu lesende Werk setzt, zumindest in den unteren Reihen, grauenhafte Folterqualen in Szene, die sich jeder Beschreibung entziehen. Sie wollen die Qualen der »Hölle« symbolisieren. Aber nicht, um abzuschrecken (denn kein Normalsterblicher fand einst

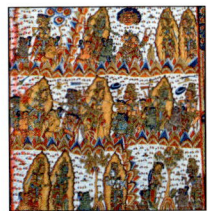

Auf fein designten Stoffen wird in Klungkung die Tradition der höfischen Wayang-Malereien fortgesetzt

---

Der Kris

Noch fast jede balinesische (und auch javanische) Familie besitzt einen *Kris* und hält ihn als Erbstück in Ehren. Aber eine kulturtragende Rolle spielt er nicht mehr, der traditionelle Dolch der Balinesen, Javaner (und Malaien), der noch Anfang des 20. Jahrhunderts von fast jedem Mann getragen wurde, der auf eine magische Art mit seinem Besitzer identisch war, ja seinen Besitzer bei wichtigen Anlässen sogar vertreten konnte. Doch *Kris* konnte früher noch mehr. Etwa die Verbindung zu den Ahnen herstellen, zaubern, reden, fliegen, schwimmen, Dämonen und Unglück fernhalten, gebärende Frauen vom Schmerz befreien. Doch nicht jeder *Kris* konnte solches vollbringen. Seine Macht wuchs zwar mit der Anzahl der Gelegenheiten, bei denen er mit Blut in Berührung kam, aber ob er zum Guten oder Bösen wuchs und wie stark er wuchs, dafür waren Charakter und Glaube seines Trägers verantwortlich: Stets war er nur so stark wie jener, war quasi dessen ideelles, anderes Ich.

Dem Ganzen lag der Glaube an psychometrische Eigenschaften der Materie zugrunde (Transsubstantiation), das heißt an die Möglichkeit ihrer Beeinflussung (mit gewissen psychischen Qualitäten) durch bewusste Konzentration. »Der Geist ist der Vorläufer aller Dinge« ist schon in den frühesten hinduistischen (und buddhistischen) Schriften zu lesen. Nimmt man den Geist nicht bloß als ein Produkt chemischer Reaktionen, sondern als das primäre Gestaltungselement des Lebens (Mentalismus), dann kommt uns dieser Glaube schon viel weniger lächerlich vor – zumal den Christen unter uns, die ja die Idee der Transsubstantiation als Grundlage der Eucharistie und aller Konsekrationsriten durchaus anerkennen.

Der älteste erhaltene *Kris* stammt aus dem Jahr 1342, aber wie die Wissenschaft heute glaubt, war er schon seit der frühen Bronzezeit in ganz Südostasien bekannt. Sein charakteristisches Merkmal ist, dass Griff und Klinge aus einem einzigen Stück Metall geschmiedet sind. Dabei kann die 30 bis 40 Zentimeter lange (Damaszener-)Klinge entweder gerade oder schlangenförmig gebogen sein – dann immer mit einer ungeraden Zahl an Wellen versehen. Diese Formen gehen zurück auf die Gestalt der mythischen indischen Schlange, der *Naga*, die entweder gerade abgebildet wird (Zustand der Meditation) oder gewellt (Zustand der Bewegung). Der Schmied galt als Magier, der vor und während der Arbeit besondere Rituale ausführen musste; seine Werkstatt wurde als ein »Ort der Macht« angesehen. Schmiedemeister gibt es auch heute noch auf Bali (und auf Java), aber wie dem *Kris* nur noch wenig Bedeutung beikommt, so auch den Schmieden, die sich mehr und mehr darauf spezialisiert haben, Dolche für den Touristenmarkt zu produzieren. Lediglich auf Hochzeiten und bei bestimmten wichtigen Zeremonien spielt der *Kris* heute noch eine symbolische Rolle.

Balinesischer Kris aus dem 19. Jahrhundert

Zugang zu dieser Halle), sondern, wie der Indonesien-Experte Rüdiger Siebert es nennt, um »im übertragenen Sinn den Ausgleich zwischen Verfehlung und Vergeltung darzustellen«. Ausgleich, Erholung für das Auge, bieten auch die oberen, in der Mitte der Decke befindlichen Bildreihen, die zeigen, wie die reine »Seele« von den Göttern aufgenommen wird und welche Wonnen dort auf sie warten.

Ein Baum, den man in Balis Regenwald nicht findet: der Weltenbaum aus dem Wayang Kulit

Service & Tipps:

 Klungkung Government Tourism Office
Jl. Surapati 3, 80714 Klungkung
℡ (03 66) 214 48

👁 **Kerta Gosa**
Rechts der Durchgangsstraße

im Zentrum
80714 Klungkung
Tägl. 7–18 Uhr
Gerichtshalle aus dem 18. Jh. mit sehenswerten Wayang-Malereien, die die Qualen der Hölle und die Wonnen des Himmels darstellen; kostbarstes Zeugnis der balinesischen Feudalepoche.

4 Kusamba

Die Strände bei diesem kleinen Fischerdorf im Osten von Klungkung sind von schwarzer Farbe, am Ufer liegen bunte Auslegerboote unter Palmblattdächern und überall sieht man Männer, Frauen und Kinder bei der mühsamen Arbeit der Salzgewinnung aus feuchtem Sand. Der wird erst ausgebreitet und später in Behältnisse gefüllt, aus denen dann das stark salzhaltige Wasser heraustropft, das aufgefangen und in lange Tröge geleitet wird, wo es verdunstet.

Gewinnung von Salz aus feuchtem Sand

An der Straße in Richtung Padang Bai erstreckt sich linker Hand ein großer Parkplatz. Reisebus steht neben Reisebus, wir schwenken ein und werden sogleich von aufdringlichen Souvenirverkäufern umringt. Aber dann erinnern wir uns an die erste Bali-Lektion, lächeln also, werden nun ein wenig in Ruhe gelassen und gehen zum Eingang der **Goa Lawah**, der Fledermaushöhle, die sich in einem angrenzenden Kalksteinkliff öffnet. Spitze Schreie dringen aus der Grotte heraus, in ihrem Innern riecht es stark nach Ammoniak und die Wände glänzen schwarz. Zum Teil, weil sie mit Kot überzogen sind, vor allem aber und erst auf den zweiten Blick zu sehen, weil Millionen von Fledermäusen, mit den Köpfen nach unten an die Wände gekrallt, hier schlafen. Sie gelten als heilig, wie auch die Höhle selber, die, so der Glaube, bis zum Fuße des fernen Gunung Agung führt, wo sie im »Höhlentempel« des Besakih-Komplexes (s. S. 44 ff.) endet und somit die Antipoden Meer und Berg oder Dämonen- und Götterwelt verbindet.

Service & Tipps:

(👁) **Goa Lawah**
3 km außerhalb Kusamba,
Küstenstraße Kusamba – Padang Bai
Tägl. 8–18 Uhr
Heilige Höhle mit Millionen kopfunter an der Decke hängenden Fledermäusen.

Bewohner der Fledermaushöhle Goa Lawah nahe Kusamba

5 Padang Bai

Nur ein paar Kilometer südlich von Candi Dasa erstreckt sich in einer zu drei Vierteln geschlossenen Sandbucht das von Felsen und hügeligem Hinterland gesäumte Fischerdorf Padang Bai mit Fährhafen für die Insel Lombok (Verbindungen s. S. 107). Das Dorfzentrum ist von modernen Bauten geprägt, der sich nördlich anschließende Strand in der ersten Hälfte den Fischerhütten und bunten Auslegerbooten vorbehalten, in der zweiten den Touristen, die sich auf dem weißen und feinsandigen Strand bräunen. Zum Baden ist es okay, wenn auch nicht optimal (Muschelbänke im Wasser, gezeitenabhängig), doch nahebei finden sich ein paar sehr reizvolle Sandbuchten, die nur wandernd zu erreichen sind, allen voran die **Blue Lagoon**. Direkt nordöstlich der Halbmondbucht von Padang Bai am offenen Meer gelegen (Hinweisschilder), gilt sie vielen als eine der schönsten Strandbuchten der Insel. Der Sand ist nahezu weiß, das Meer von verführerischer Farbe und obendrein relativ reich an Korallen, die man schnorchelnd erreichen kann. – Doch Achtung: Mitunter herrschen hier beachtliche Unterwasserströmungen.

Die großen Vorteile von Padang Bai sind seine empfehlenswerten Bungalowanlagen, das zum Wandern geeignete Hinterland sowie die Tatsache, dass man hier nicht in einem Touristenghetto wohnt, sondern mitten in einem überaus lebendigen Dorf, dessen Fischerei-»Flotte« aus Hunderten farbenprächtig bemalter Auslegerbötchen besteht. Als störend kann man allerdings den Fährbetrieb empfinden, der außerdem für die zunehmende Verschmutzung des Strandes verantwortlich ist.

Im Korallenriff zuhause: das Dornige Seepferdchen

Service & Tipps:

(⚓) **Geko Dive**
Jl. Silayukti
80872 Padang Bai

℡ und Fax (03 63) 415 16
www.gekodive.com
Die Tauchreviere der »Lombok Strait« haben einen guten Ruf. Für geführte Tauch- sowie Schnorchelexkursionen

und auch Tauchkurse zuständig ist dieses gut geführte Tauchzentrum.

❌ Besser und billiger als in den Restaurants der Bungalow-

Lederkoralle in der Crystal Bay vor Nusa Penida

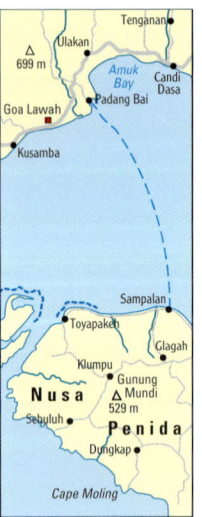

anlagen isst man in den kleinen, aber urgemütlichen **warungs** an der Jl. Segara sowie Jl. Silayukti, die auf den Hafen blicken.

Ausflugsziel:

Nusa Penida
Mit einem der zwischen 7 und 8 Uhr ab Padang-Bai-Strand verkehrenden »Speedboats« gelangt man für wenig Geld in rund 45 Min. zur vom Tourismus noch unbeleckten Insel Nusa Penida, an deren Südküste über 200 m hohe Steilklippen zum Meer und zu versteckten Sandstränden hin abfallen.
Nach der Ankunft im Hauptort der Insel, Sampalan, am besten gleich am Hafen fragen, wann das Boot nach Padang Bai zurückfährt (*Kapan ada kapal ke Padang Bai?*), und ein Fahrzeug mit Fahrer zum eine Fahrtstunde entfernten Sebuluh mieten (*Saya mau menyewa bemo ke Sebuluh*). Von dort gelangt man mit dem Fahrer oder einem im Ort in der Regel herbeieilenden Führer über eine luftige Bambuskonstruktion hinunter zum traumhaften Strand und zu reichen Schnorchelgründen (Maske etc. nicht vergessen, in Padang Bai über die Strandrestaurants und die Tauchbasis zu mieten).

6 Pura Besakih

Nun stehen wir also vor dem »Muttertempel«, einer monumentalen Ansammlung von rund 200 Bauwerken in fast 30 Einzelkomplexen, die sich über eine große Anzahl von Terrassen, durch Treppenfluchten miteinander verbunden, an der Flanke des Gunung Agung hinaufziehen. In diesem zentralen Heiligtum der balinesischen Welt, das der Überlieferung zufolge schon im achten Jahrhundert als hinduistische Kultstätte gegründet wurde, unterhält jedes der alten Fürstengeschlechter einen speziellen Bezirk, hat jedes Dorf und noch jede Sippe eigene Schreine und Altäre errichtet. Der Platz ist trefflich gewählt, denn nach dem Mythos war Bali einst eine flache und gänzlich unfruchtbare Insel, bis niemand anderer als *Shiva* persönlich den kosmischen Weltenberg *Mahameru* von Indien hierher trug und ihn dann in zwei Teile zerriss – nämlich in die Agung und den benachbarten Batur. Der Gunung Agung, fast doppelt so hoch wie der Batur, gilt den Balinesen als der »Nabel der Welt«, auf dem der Eine Allmächtige Gott thront: *Sanghyang Widhi Wasa* – Manifestation der Hindu-Göttertrinität *Brahma-Vishnu-Shiva*.
Dieser auch als *trimurti* (Göttertrinität) bekannten Erscheinungsform folgt die Gliederung des Komplexes in drei Haupttheiligtümer; vor dem wichtigsten steht man am Ende der Prozessionsallee. Es wird durch ein riesiges gespaltenes Eingangstor (das auch die Spaltung des Weltberges symbolisieren soll) dominiert und ist *Shiva* geweiht, dem Zerstörer; der östlich angrenzende Tempel dient *Brahma*, dem Schöpfer, der westliche schließlich *Vishnu*, dem Erhalter. Der Zutritt zu den Kultstätten ist nur Gläubigen gestattet. Touristen werden normalerweise sofort abgewiesen. Manchmal gelingt es jedoch das Tempelinnere zu

Tempel-Tipps

Balinesische Tempel darf nur betreten, wer entweder eine lange Hose trägt und zusätzlich eine Schärpe *(selendang)* um die Hüfte gebunden hat oder aber, wenn er schon in Shorts erscheint, ein Hüfttuch trägt, also einen *sarong* (s. S. 61); die Schuhe hingegen behält man an.

Eine besondere Kleiderregel gibt es nicht, aber wer im Stranddress erscheint, ist unten durch und wird in der Regel auch mit *sarong* nicht eingelassen. Gleiches geschieht dem, der in zerrissener oder verschmutzter Kleidung kommt oder – als Frau – allzu freizügig gekleidet ist.

Bei den meisten der häufig von Touristen frequentierten Tempeln und sonstigen Heiligtümern kann man Schärpen (Mietpreis: »up to you«, in der Regel um 3000 Rupiah) sowie Sarongs (in der Regel um 5000 Rupiah) mieten. Besser aber, man kauft selbst einen Sarong und führt ihn bei Besichtigungstouren stets mit sich.

Fotografieren ist in den Tempeln problemlos auch bei Tempelfesten erlaubt, aber nicht bei allen Zeremonien, weshalb man dann – sowie möglichst immer, wenn man Menschen ablichten will – um Erlaubnis bitten sollte: *Saya ingin memotrek disini. – Boleh?* (»Ich möchte hier ein Foto machen – ist das möglich?«).

Opferturm aus exotischen Früchten, Zweigen und Blumen für ein Tempelfest

Oft wird für das Betreten eines Tempels oder sonstigen Heiligtums kein fixes Eintrittsgeld verlangt, sondern eine freiwillige Spende erbeten. 1000 Rupiah ist eine ziemlich lausige Summe, 5000 Rupiah sind okay. Und nicht darauf reinfallen, wenn laut Spendenbuch, in dem man sich verewigen darf, scheinbar jeder Tourist 50 000, auch 100 000 oder 250 000 Rupiah, wenn nicht mehr, gegeben hat. Solcher Anschein wird durch das Hinzufügen diverser Nullen erzeugt ...

Tempel im ehemaligen Königspalast Puri Saren in Ubud

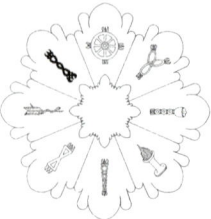

Der Gunung Agung ist in der Vorstellung der Balinesen das Zentrum der Welt. Auf ihm sind die acht Himmelsrichtungen, die hier durch die Waffen der jeweiligen Richtungsgottheit dargestellt sind, ausgerichtet

besichtigen, wenn man den Wunsch äußert, meditieren zu wollen. Bei einer Innenbesichtigung fallen die schwarz-weißen Tücher auf, die alle Götter- und Dämonenstatuen (nicht nur die in Besakih) um die Hüften tragen. Schwarz-weiß symbolisiert die ewig gegensätzlichen Kräfte von Gut und Böse, Tag und Nacht etc.

Ansonsten bleibt das Umwandern. Man folgt dem rechts der Tempelmauer verlaufenden Stiegenweg bis zur nördlichen Stirnseite, wo nach rechts ein Feldweg abzweigt, der bald zu einem kleinen Kiosk führt. Dort bekommt man eisgekühlte Getränke und kann – nun über 1000 Meter hoch – die Aussicht über die Gesamtanlage genießen. Aber der Blick umfasst auch das Kernland Balis und den weißen Brandungssaum bei Kuta und schweift schließlich über das unvorstellbar grüne Schelfwasser der Korallenriffe hinaus auf den Indischen Ozean, wo er von einem stets leicht dunstigen Horizont begrenzt wird.

Auf dem Spaziergang kann man hier und da durch kleine Einlasse in die Tempelbezirke hineinschauen, in denen weiß gekleidete Priester die uralten *mantras* (Beschwörungsformeln) sprechen und geweihtes Wasser versprengen. Auf der Westseite des Heiligtums zeugen schmale Bänder aus grau erstarrter Lava von der letzten Eruption des Agung, der im März 1963, nach 120 Jahre währendem Schweigen, wieder seine Götterstimme erschallen ließ und viele Teile des Inselparadieses verheerte. Tausende Menschen kamen in den glühenden Wolken und Lavaströmen um, die sich vom Weltenberg herabwälzten. Aber der Besakih-Tempel, in dem gerade *Eka Dasa Rudra* gefeiert wurde (das nur alle

Fest am Pura Besakih, dem Muttertempel am Hang des Gunung Agung

46

Der Pura Besakih im Südwesten des Gunung Agung

100 Jahre stattfindende Fest der Feste, bei dem das gesamte Universum symbolisch gereinigt wird) und die in ihm ausharrenden Gläubigen wurden verschont. Der Lavastrom teilte sich vor dem Komplex. Ein Wunder war geschehen.

Service & Tipps:

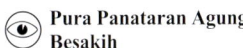 **Pura Panataran Agung Besakih**
80671 Besakih
Tägl. 8–17 Uhr
Balis Tempel aller Tempel, der sogenannte »Muttertempel«, zieht sich zwischen 900 und 1000 m Höhe an der Südflanke des Gunung Agung hinauf und wird täglich von Tausenden Pilgern und Touristen besucht. Ein »Muss«, nicht nur für kulturhistorisch Interessierte. Nur zu Fuß und mit einem Führer ist es Touristen erlaubt, den letzten Kilometer vom Parkplatz zum Pura Besakih zu bewältigen. Steil und flankiert von unzähligen Shops führt die Prozessionsallee hangaufwärts, doch bevor man sie beschreiten darf, kommt ein Wächter herbei und bittet um Spenden.

7 Putung

Nur wenige Plätze gibt es auf Bali, wo man panoramareicher zu Mittag essen kann als in der kleinen Bungalowanlage **Putung Hilltop Resort**, die an der Straße zwischen Besakih und Amlapura ausgeschildert ist und direkt über dem Dorf Putung über einem steil abfallenden Hang gelegen ist. Große Teile des Südens und Ostens der Insel liegen einem zu Füßen, stets weht ein kühler Wind, und auch wer keinen Hunger verspürt, sollte hier eine Rast einlegen, wenn er in der Nähe ist.

Service & Tipps:

 **Putung Hilltop Resort**
80813 Putung
℮ (03 66) 230 39
Südlich der Landstraße Rendang – Amlapura/Karangasem
Von der Terrasse des Restaurants eröffnet sich eins der schönsten Panoramen der Insel. Gute, wenn auch preislich völlig überzogene indonesische und chinesische Gerichte.

Filigrane Unterwasserwelten

»Wir sind erstaunt, wenn Reisende uns von den ungeheuren Ausmaßen der Pyramiden und ähnlicher Bauwerke berichten, doch die größten unter ihnen sind ohne Bedeutung, vergleicht man sie mit diesen Gebirgen aus Stein«, notierte Charles Darwin zu Beginn des 19. Jahrhunderts in seinem Tagebuch, als er zum ersten Mal in seinem Forscherleben ein Korallenriff erblickte. Den meisten Menschen ergeht es ähnlich, wenn sie, der Schwerkraft entronnen, Vögeln gleich in die geheimnisvolle blaue Tiefe hinabgleiten. Erweckt schon das Schnorcheln oder Tauchen an sich einen fast euphorischen Zustand, so wird es über einem Korallenriff zu einer ästhetischen Erfahrung ohnegleichen: Über bizarren Strukturen in Hirn- und Pilz-, Geweih- und Fächerform, über purpurroten Kalkalgen und gelben Schwämmen, glitzernden Röhrengeflechten und blau leuchtenden Ästen, über Grünalgen und Blumentieren, Tentakelspiralen und

Beeindruckend: Mit einem Riesenmanta unter Wasser dahinzugleiten

den filigran schwebenden Fangarmen der See-Anemonen schießen Heerscharen schillernder Meeresgeschöpfe umher, während Kaiserfische und Blaupunktrochen, Ammenhaie und Schildkröten, mächtige Mantas und drollige Kugelfische als elegante Schwimmer vorüberziehen.

Das Korallenriff stellt nach dem tropischen Regenwald das komplexeste Ökosystem auf Erden dar. Es wird belebt von mehr als 100 000 Spezies! Dabei fängt alles ganz und gar winzig und unscheinbar mit den mikroskopisch kleinen Larven der Korallenpolypen an, die auf geschlechtlichem Weg gezeugt werden. Sie treiben so lange im Meer dahin, bis sie sich an einem passenden Ort in bis zu 50 m Tiefe und in 20 bis 30 Grad warmem Wasser anheften können. Langsam entwickeln sie Tentakeln und wachsen zu zweieinhalb bis zehn Millimeter großen Korallenpolypen heran, während sich gleichzeitig ihr Kalksteingehäuse, ihr Skelett, bildet. Die Fortpflanzung kann aber auch durch Teilung erfolgen, indem die Korallen Äste oder Knospen hervorbringen, die zu Tochterpolypen werden und selbst Knospen treiben. Der Vorgang wiederholt sich in ständig wachsendem Tempo, sodass schnell eine Kolonie von Tausenden eng miteinander verbundenen Korallenpolypen entsteht. Alte Polypen sterben ab und hinterlassen die abgesonderten Kalkskelette, auf denen neue Polypen weiterbauen. Auf diese Weise wächst ein Korallenriff jährlich um durchschnittlich einen Zentimeter in die Höhe.

Achtsamkeit ist auch beim Schnorcheln geboten, um die feinen Korallenstrukturen nicht zu verstören

Und dann kommen Heerscharen ignoranter Touristen, latschen mit ihren Flossen wie der sprichwörtliche Elefant im Porzellanladen auf den feinen Korallenstrukturen herum, brechen hier ein Prachtexemplar ab, stochern dort mit ihrem Messer in einer Höhlung herum und zerstören in Sekunden, was Jahrzehnte des Wachstums bedarf. Die achtlos aufs Riff geworfenen Anker so mancher Ausflugsboote tun ein Übriges. Jahr für Jahr schreitet die Zerstörung dieses einzigartigen Ökosystems auf Bali, in Indonesien und auch überall sonst in den Tropen fort. So gilt leider auch unter Wasser der Ausspruch des Tourismusexperten Professor Torsten Kirstges, dass »der Tourist zerstört, was er sucht, indem er es findet«.

8 Sambirenteng

Dieses 25 Kilometer westlich von Tulamben gelegene Dorf ist vor allem für Taucher und Schnorchler interessant: Direkt vor dem wunderschön unter Palmen am Strand gelegenen Tauchzentrum Alam Anda erstreckt sich ein unter Naturschutz stehendes Riff, das zumindest hinsichtlich Flora und Fauna wesentlich interessanter ist als Tulamben und das sogar die Reviere von Lovina in den Schatten stellt.

Versteckt in den kleinen Höhlen des Riffs: der Zweifarbige Schleimfisch

9 Tenganan

Am Südrand von Candi Dasa führt die Straße nach Tenganan landeinwärts, und sofort drängt sich das Gefühl auf, die schmale Spur sei eine Art Wellssche Zeitmaschine. Sie führt durch das dunkle Grün eines dichten Palmenwaldes und vorbei an hölzernen Pfahlbaudörfern, an denen das 20. Jahrhundert spurlos vorübergegangen zu sein scheint. Hier beginnt das alte Bali, und das ganz alte, das noch in prähinduistischer Kultur verharrt, wird nach rund vier Kilometern am Ende der Straße erreicht.

Nur rund fünf Kilometer trennen das Ferienzentrum Candi Dasa von dem inseleinwärts gelegenen Tenganan, ein Dorf mit etwa 300 *Bali Aga*, den Ureinwohnern der Insel. Noch in den 1960er-Jahren durfte man diese sich selbst als »Gesellschaft der Auserwählten« bezeichnende Gemeinschaft nur mit einer Sondergenehmigung besuchen. Doch nun hat man sich dem Tourismus geöffnet. Die Folgen sind nicht zu übersehen: Auf einem Parkplatz wird zur Kasse gebeten, Souvenirstände bilden einen nahtlosen Saum und auch der Einlass ins Dorf ist spendenpflichtig (maximal 10 000 Rupiah). Innerhalb dieser Umfriedung herrscht Marktbetrieb, vor allen Häusern innerhalb des rechteckigen und von zwei parallel verlaufenden Straßen durchzogenen Ortskerns baumeln Andenken im Wind. An kleinen Ständen zeichnen Handwerker Miniaturillustrationen mit spitzen Messern auf Blätter der Lontar-Palme.

300 Bali Aga, die Ureinwohner der Insel, leben in Tenganan

Tenganan erinnert ein wenig an ein Freilichtmuseum. Dass es hier kein Privateigentum gibt und das Gebot der Endogamie, der Eheschließung nur innerhalb des Dorfes, herrscht, ist wohl eine Geschichte aus vergangenen Tagen. Die Kultur der Bali Aga, die sich gemäß ihrem Schöpfungsmythos als direkte Nachfahren der ersten beiden von Gott geschaffenen Menschen empfinden, verflacht zusehends – diesen Anschein hat es zumindest für uns, als wir in den für Rituale vorgesehenen Pavillons Kinder vor Fernsehapparaten sitzen sehen.

Service & Tipps:

In Tenganan kann man die weltweit nur hier hergestellten, kostbaren und teuren, aber auch wunderschönen **Geringsing-Stoffe** (gefertigt im Doppel-*Ikat*-Verfahren, s. S. 50) direkt bei den Webern erstehen.

Geringsing-Stoffe

Eine Besonderheit von Tenganan und daher ein begehrtes Souvenir sind die im »Doppel-*Ikat*«-Verfahren gemusterten Geringsing-Stoffe, die weltweit nur hier hergestellt werden. Die Preise spiegeln diese Einmaligkeit wider – manche Stücke kosten mehrere Tausend Dollar – und sie sind gerechtfertigt, wenn man den erforderlichen Arbeits- und Zeitaufwand in Betracht zieht. Das »Ikatten« gilt als ältestes und auch kompliziertestes Verfahren der Textilmusterung im indonesischen Raum und kam schon vor der Zeitenwende mit den altmalaiischen Einwanderern auf den Archipel, weshalb es auch heute noch hauptsächlich von den Altvölkern gepflegt wird. So von den Dayak auf Kalimantan, den Toraja (s. S. 128) auf Sulawesi, den Batak auf Sumatra und eben auch den Bali Aga auf Bali. Traditionell sind im *Ikat*-Verfahren hergestellte Textilien für sakrale und rituelle Zwecke bestimmt, sie spielten und spielen eine bedeutende Rolle zum Beispiel bei Geburt, Beschneidung, Heirat und Tod. Aber nicht nur die Bestimmung der Gewebe ist kultisch, auch ihre Herstellung selber ist an bestimmte Riten geknüpft und ist zudem ausschließlich Frauensache.

Ikat bedeutet übersetzt so viel wie »Binden«. Der Name bezieht sich auf das Prinzip der Webtechnik, denn im Hinblick auf ein bestimmtes Muster, das gewünscht ist, bindet die Weberin die Kett- und/oder Schlussfäden vor der Verwebung abschnittsweise zusammen. Danach werden die Fäden in Farbe getaucht, die von den abgebundenen Teilen natürlich nicht angenommen wird. Traditionell dominieren Blau (durch Indigo-Pflanzen) und Rot (durch Menduku-Wurzeln), mitunter auch Gelb (durch Verwendung des Gewürzes Kurkuma). Nach dem Trocknen werden die Fäden entsprechend dem gewünschten Muster sortiert, gespannt, gestärkt und schließlich verwebt.

Drei verschiedene Techniken sind in Indonesien bekannt: Beim »Ketten-*Ikat*« wird nur die Kette zuvor eingefärbt. Dann werden die Fäden auf einen Rahmen gespannt, gebündelt und gebunden, schließlich mitsamt Rahmen ins Farbbad getaucht. Das Ergebnis ist ein farbloses Muster auf einfarbigem Untergrund. Dieses Vorgehen wird so lange wiederholt, bis alle gewünschten Farben und Muster erzielt sind. Je größer die Vielfalt, desto wertvoller – weil mit mehr Arbeit verbunden – ist schließlich das Endprodukt. Diese Art des »Ikatten« wird in der Hauptsache von den Dayak, Batak und Toraja gepflegt.

Beim »Einschlag-*Ikat*« werden nicht die Kett-, sondern nur die Schlussfäden vorher eingefärbt, dann auf einen runden und um eine Achse drehbaren Rahmen gespannt. Die Schlussfäden werden nun gebündelt, abgebunden, eingefärbt und wie bei der Kett-Technik weiterverarbeitet.

Die dritte Technik heißt »Doppel-*Ikat*« und ist eine Kombination von Kett- und Einschlag-*Ikat*, bei der sowohl die Kett- als auch die Schlussfäden vor dem Weben eingefärbt werden. Dieses Verfahren gilt als das zeitaufwendigste – die Fäden müssen oft monatelang im Färbebad liegen, dann monatelang getrocknet werden – und auch als das schwierigste, denn die durch das Abbinden von Kett- und Schlussfäden vorgesehenen Muster müssen ja später beim Webvorgang wieder zusammentreffen. Fünf Jahre und länger kann es dauern, bis so ein Textil entsteht. Als die Meister dieser hohen Kunst, die von der Mutter stets an die Tochter weitergegeben wird, gelten die Bali Aga des Dorfes Tenganan, die allein dieses Verfahren noch pflegen.

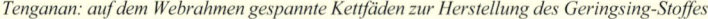

Tenganan: auf dem Webrahmen gespannte Kettfäden zur Herstellung des Geringsing-Stoffes

10 Tirtagangga

Tirtagangga gilt vielen als das schönste Refugium der Insel, denn so voller Poesie wie der Name, der »Wasser des Ganges« bedeutet, zeigt sich die Reisterrassen-Landschaft, die – in Sichtweite des Meeres und überragt vom Gunung Agung – von den Balinesen »Stufe zu den Göttern« genannt wird.

Tirtagangga bezeichnet keinen Ort, sondern das 1947 vom letzten Raja von Karangasem errichtete Wasserschloss, in dessen Umgebung einige Bungalowanlagen entstanden sind. Der größte Teil der Gebäude fiel 1963 bei dem letzten Ausbruch des Agung in Schutt und Asche, aber die Badebassins, die von einer heiligen Quelle gespeist werden, sowie die Springbrunnen und Wasserspeier inmitten der großzügigen und insbesondere am frühen Morgen atemberaubend schönen Parkanlage blieben erhalten bzw. wurden restauriert und sind der Öffentlichkeit zugänglich.

Quellwasserspeier in Tirtagangga, dem Wasserschloss des letzten Raja von Karangasem

Service & Tipps:

 Wasserpalast
Durchgangsstraße
 Amlapura/Karangasem –
Singaraja
 80852 Tirtagangga
Tägl. 7–18 Uhr
In unnachahmlich lieblicher Reisterrassen-Landschaft gelegenes Refugium mit Springbrunnen, Wasserspeiern und sauberen, mit heiligem Quellwasser gefüllten Badebassins.

 Kusumajaya
Auf dem Hügel über dem

Wasserpalast
80852 Tirtagangga
Von der Terrasse des Restaurants schweift der Blick über den ganzen Osten Balis und der Sonnenuntergang wird zur farbenprächtigen Dinner-Show.

Puri Sawah Rice Terrace
Inmitten von Reisfeldern zwischen Wasserpalast und Kusumajaya
80852 Tirtagangga
Sehr idyllisches Restaurant, in dem sowohl balinesische als auch internationale Spezialitäten günstig und stilvoll serviert werden.

11 Tista

Das Dörfchen Tista liegt an einer knapp 350 Meter hoch gelegenen Passhöhe, die in eine nahezu senkrecht abfallende Schlucht blickt, deren Hänge trotz ihrer Steile vollständig terrassiert wurden. Mancher Reisfeld-Absatz misst hier kaum einen halben Meter Breite und Abertausende solch schmaler Stufen staffeln sich vom schattigen Schluchtgrund auf Meeresniveau bis in 600 Meter Höhe übereinander. Diese Reisterrassen-Anlage gilt als eine der spektakulärsten des Landes und Südostasiens schlechthin. Sie stellt ein einziges, mühsam mit Hacke und Schaufel im Laufe der Jahrhunderte geschaffenes Kunstwerk dar.

12 Tulamben

Tulamben bietet schwarze Sandstrände, ein paar Bungalowanlagen mit kleinen Restaurants und gilt als Schnorchel- und Tauchparadies: Direkt vor der Küste liegt das Wrack der »U.S. Liberty« auf Grund. Schnorchelausrüstungen sind in den Anlagen zu mieten, für Gerätetauchen ist die Tauchbasis Alam Anda von Sambirenteng (s. S. 49) die beste Empfehlung. Von allen Ferienzentren der Insel aus werden zudem organisierte Tauchtouren nach Tulamben angeboten.

Reisterrassen-Land- ▷
schaft bei Tirtagangga

Vom Reis

Die balinesischen Reisbauern haben sich im Laufe der Jahrhunderte zu den kühnsten Landschaftsarchitekten der Welt entwickelt, entwickeln müssen, um zu überleben. Denn das Maß, das die Natur vorgab, reichte schon bald nicht mehr aus, die Bevölkerung zu ernähren, und so mussten die Anbauflächen durch Terrassenbau vervielfacht werden. Da kein einzelner ein solches Mammutwerk bewältigen kann, entstand auf Bali schon in grauer Vorzeit die *subak*, die Reisbauer-Vereinigung, ohne die auch heute noch kein Dorf auskommt. Jeder Mann ist Mitglied, und was in anderen Kulturen die Aufnahme eines Heranwachsenden in den Kreis der Krieger war, das ist hier das Eintreten des Knaben in die *subak*. Hier wird in ausgiebigen Beratungen und unter Berücksichtigung aller Einzelinteressen nach dem Prinzip der Harmonisierung der Gegensätze nicht nur entschieden, wo Felder anzulegen sind, sondern auch von wem und wann, wann sie zu bewässern sind und wann das Setzen der

Frisch gepflanzter Nassreis

Reispflanzen erfolgt, wann und nach wie vielen Arbeitsgängen schließlich zu ernten und wie die Ernte zu verteilen ist.

Aber auch die Zahl und die Daten der Opferriten werden in der *subak* festgelegt, denn Reis wird nicht nur als Nahrung verstanden, sondern als Symbol des Lebens schlechthin, als das, was das Irdische mit dem Himmlischen verbindet. Jede Pflanze gilt als beseelt von der Reisgöttin *Dewi Sri*. Die kleinen Opferhäuschen, die man überall auf den Terrassen sieht, sind ihr, der Gattin von *Vishnu*, dem Erhalter, geweiht. Um sie nicht zu erzürnen, darf während der Feldarbeit kein böses und in Bezug auf den Reis kein alltägliches Wort fallen. So gibt man ihm dort spezielle, heilige Namen und meidet die drei Bezeichnungen, die er ohnehin schon hat: Reis auf dem Feld wird *padi* genannt, ist er geerntet, spricht man von *beras*, und in gekochter Form schließlich heißt er *nasi*.

Reisanbau und -ernte werden in den Dörfern genossenschaftlich organisiert

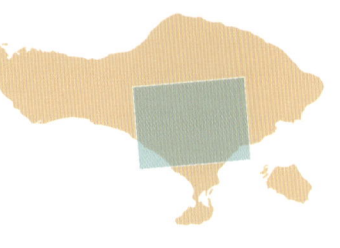

Zentralbali

Kunst und Kunst-
handwerk satt

Bäuerin in Zentralbali

Der Gamelan dient dazu, dem Gott oder Geist einen »Klangkörper« zu verleihen

Wer sich von den Ferienzentren des Südens aus auf den Weg ins Herz der Insel macht, lernt Bali als einen einzigen grünen und blühenden Garten kennen. Das hat seinen guten Grund, denn diese schon seit den Anfängen der Geschichte dicht besiedelte Region ist das landwirtschaftliche Zentrum der Insel. Zugleich ist sie auch ihr kultureller Mittelpunkt und insbesondere in den unteren, hügeligen Lagen zwischen Denpasar und Ubud reihen sich einige der renommiertesten Kunsthandwerkerdörfer Balis aneinander. Ist Batubulan für seine Steinmetzarbeiten bekannt, so Celuk für Gold- und Silberschmuck. Batuan ist als Holzschnitzerdorf und Sukawati für seine geflochtenen Körbe und Tempelschirme berühmt, während Ubud selbst Dreh- und Angelpunkt des balinesischen Kunst- und Kulturlebens ist. Hier finden sich Hunderte Ateliers und Werkstätten und allabendlich locken Tanzdramen, *Gamelan*-Orchester und Schattenspiel-Vorführungen auf die Bühnen der Stadt. Auch an Festen und religiösen Zeremonien herrscht kein Mangel, schon gar nicht an Tempeln und Schreinen, und da das ganze Zentralland obendrein ein hervorragendes Wandergebiet darstellt, kommt auch der aktive Reisende auf seine Kosten.

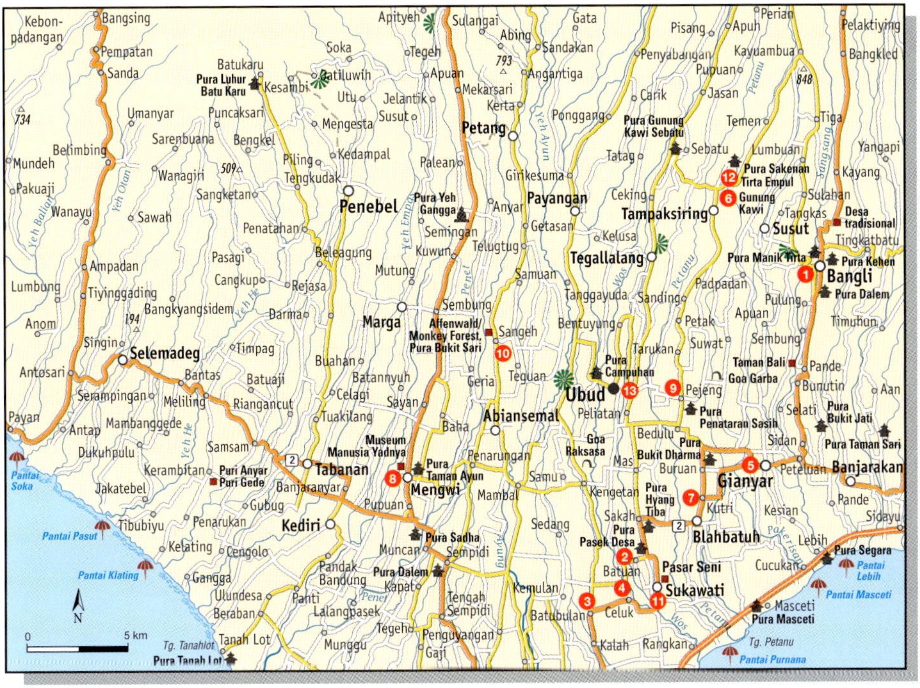

1 Bangli

Das auf etwa 500 Meter Höhe in den Ausläufern des Zentralmassivs gelegene Provinzstädtchen Bangli war ehemals die Metropole eines unabhängigen Königreiches und präsentiert sich als ein charmanter Marktfleck mit angenehm kühlen Temperaturen. Vor allem aber ist das Verwaltungszentrum des gleichnamigen Distrikts Standort des Tempels **Pura Kehen**.

Blumenkinder weisen einen Parkplatz an und verleihen auch die obligatorischen Schärpen. Zusammen mit vielen Gläubigen – der Tempel ist einer der heiligsten der Insel – geht es über eine steile Treppe hinauf zum mächtigen *candi bentar*, dem gespaltenen Tor, das von furchterregenden Wächterfiguren flankiert ist. Überall im dreiteiligen Komplex sind Balinesen dabei, den Göttern Blumen und Früchte zu opfern. Ganz hinten ragt ein elfstöckiger *meru* (Götterschrein) ins Grün der von Urwald üppig umwucherten Anlage, die von ihrer Gesamtwirkung her viel mehr beeindruckt als der Muttertempel Besakih.

Die faszinierendste Sehenswürdigkeit aber ist nicht von Menschenhand geschaffen, sondern, wie es heißt, von den Göttern selbst. Es ist der größte und monumentalste, schönste und erhabenste Baum, den man sich vorstellen kann. Den »Stamm« von etwa 15 Metern Durchmesser bilden Tausende von Luftwurzeln, er ragt vielleicht 50 Meter in die Höhe und bildet dort eine Krone, die den gesamten Mittelhof des Tempels überschattet. Unsere größten Eichen würden gegen diesen Koloss wie Ableger erscheinen, und jetzt wird einem klar, warum der Banyan als »Apotheose des Lebens« angesehen wird, warum man auch ihm Opfergaben bringt. Überwältigt setzt man sich, staunt in das Dickicht mannsdicker Äste, die wiederum unzähligen anderen Pflanzenarten als Nährboden dienen, und sieht erst jetzt, dass in luftiger Höhe ein Baumhaus thront, vor dem die mächtigen hölzernen *kul-kul*-Trommeln baumeln, die geschlagen werden, um die Gläubigen zu versammeln.

Von Moos überwucherte Tempelfigur

Ein balinesisches Dorf

Breit ist der Weg, gepflastert und von sorgsam gezogenen Gräben sowie mit Liebe gepflegten Blumenrabatten gesäumt, jenseits derer bemooste Mauern aufragen, die die einzelnen Familiengehöfte voneinander trennen. Und zwar nicht, um vor neugierigen Blicken oder gar vor Dieben zu schützen, sondern um die *butas* fernzuhalten – die Quälgeister, die einem das Leben zur Hölle machen und böse Träume bescheren können. Zu diesem Zweck werden auch abends auf allen Wegen vor den Toreingängen Reis und Blütenblätter als kleine Opfergaben abgelegt.

Hinter jeder Pforte und um einen Innenhof gruppiert, finden sich die Schlaf- und Wohnhäuser, und zwar so viele, wie verheiratete Paare innerhalb des *kampong* leben. Auch ein Haus für Gäste, ein anderes zum Kochen, Hütten für die Kinder und Schreine für die vergöttlichten Ahnen sind vorhanden. Analog dem nach balinesischem Verständnis in drei Sphären aufgeteilten Makrokosmos ist jedes Gehöft konzipiert. Jedem Bau kommt ein ganz bestimmter Platz zu, nichts bleibt dem Zufall überlassen, selbst die architektonischen Abmessungen der Anlage richten sich nach strengen Regeln, denen bestimmte Körpermaße des Familienoberhauptes zugrunde liegen.

Auch das Dorf selbst ist in seiner Anlage auf das kosmische System ausgerichtet: Die Hauptstraße erstreckt sich zwischen den Kardinalpunkten Berg und Meer, an ihrem unteren Ende liegt der Totentempel, am oberen der Ursprungstempel. Dazwischen aber, im Zentrum, und darauf läuft man zu, finden sich der Dorftempel und der Musikpavillon, die Signaltrommel, die Arena für den Hahnenkampf mit dem Markt und – überaus wichtig – die Versammlungshalle des *banjar*.

Im *banjar*, einer Kooperative – gewissermaßen dem »Exekutivrat« des Dorfes –, ist normalerweise jeder verheiratete Mann Mitglied. Dem *banjar* obliegt die Regelung aller wichtigen Dorfangelegenheiten mit Ausnahme von denen, die mit Reis zusammenhängen. Auch Ehen werden von ihm verbunden und geschieden, über Straftaten wird gerichtet, und zwar nach dem äußerst differenzierten, aber nicht kodifizierten Gewohnheitsrecht des *adat*, das man, regional wie auch lokal modifiziert, in jeder einzelnen ethnischen Gruppe Indonesiens antrifft. Seit Jahrtausenden steuert es das tägliche wie auch das nicht alltägliche Leben im ganzen Archipel, wohin es die ersten Einwanderungsgruppen, die altmalaiischen Völker, von ihrem Stammland Südchina trugen. Frei übersetzt kann *adat* als »Brauchtum« oder »Sitte« wiedergegeben werden. Doch es ist mehr, es sorgt dafür, dass alle Mitglieder den Charakter erwerben, der sie aus Überzeugung so handeln lässt, wie sie als Mitglied der Gesellschaft handeln müssen, damit diese optimal funktioniert. Und es definiert, wie die Gesellschaft beschaffen sein muss, damit der Einzelne in Harmonie mit ihr, mit sich, mit der Natur und auch mit der nicht stofflichen Welt lebt. Zwar kollidiert das *adat* in weltlichen Angelegenheiten mitunter mit den Staatsgesetzen (insbesondere dann, wenn es bei Verbrechen zur Anwendung kommt), aber noch immer geschieht es in traditionellen Gemeinschaften häufig, dass *adat*-Recht Staatsrecht bricht, auch wenn dies von offizieller Seite als ein eklatanter Verstoß gegen die staatliche Autorität angesehen wird.

Desa tradisional – ein typisches Balidorf nahe Bangli (Zentralbali)

So ist jedes Dorf ein kleiner Staat im Staat, geführt vom *adat* und getragen vom Kollektiv, in dem der soziale Status des Einzelnen nicht von seinem Besitz abhängig ist, sondern von seinem Einsatz zum Wohle aller. Diese Art der Freiheit in Verbindung mit dem von Europäern schwer nachvollziehbaren Altruismus hat die Balinesen nachhaltig geprägt und trug mehr als alles andere dazu bei, dass Generationen von ausländischen Besuchern die Insel mit dem Paradies identifiziert haben.

Ausmalen der Verzierungen an einem Himmelbett

Service & Tipps:

 Bangli Government Tourism Office
Jl. Brigjen Ngurah Rai
80612 Bangli
℃ (03 66) 915 37
Fax (03 66) 927 39
www.banglitourism.banglikab.go.id

 Pura Kehen
Am nördlichen Ortsrand von Bangli
80612 Bangli
Der – ganz persönlich beurteilt – vielleicht schönste und auch schönstgelegene Tempel der Insel, einer der heiligsten obendrein und Standort des wohl größten und sehenswertesten Banyan-Baumes von Bali. Ein »Muss« – auch für Tempelmuffel.

Ausflugsziel:

Das Dorf **Desa tradisional** ist eine zum »Traditionsdorf« ernannte Siedlung, die aber dennoch kein Freilichtmuseum darstellt, sondern einzig ein ganz normales, freilich wunderschönes Dorf, das man etwa 7 km nördlich von Bangli über die Durchgangsstraße von Bangli nach Penelokan erreicht.

2 Batuan

Zusammen mit Mas bei Ubud gilt das an Sukawati angrenzende Dorf als Balis Zentrum für Holzschnitzkunst. Während in Mas zumeist Masken und Statuen angefertigt werden, sind es hier traditionelle Möbelstücke. Und wer einen Sinn für das Ausgefallene hat, der kann beispielsweise Himmelbetten erstehen, denen man vor lauter Schmuckwerk kaum ihre Bestimmung ansieht. »Schlafen wie ein Fürst auf Bali« – dieses Motto ziert einen Laden am Straßenrand, doch wer schwach wird, sollte bedenken, dass Edelholz-Import nach Deutschland verboten ist und balinesische Betten außerdem oft viel zu kurz sind für normal gewachsene Mitteleuropäer.

Service & Tipps:

 Batuan steht im Zeichen der Holzschnitz-, insbesondere **Möbelschnitzkunst**: Truhen und Vitrinen, Schränke und Stühle, auch Himmelbetten, »Bali-Barock« verbrämt.

Er zählt zu den seltensten Vögeln der Erde: der auf Bali endemisch vorkommende amselgroße Balistar

Szene eines Barong-▷ Tanzdramas: Thema ist das Ringen um den Ausgleich zwischen den Dualitäten des Lebens

Kaufen sollte die in Batubulan so zahlreich hergestellten Steinmetzarbeiten nur, wer genug Geld für übergewichtiges Fluggepäck hat: Kaum eine Skulptur wiegt weniger als 20 Kilogramm.

Südliche Zierschildkröte

3 Batubulan

Das wenige Kilometer nordwestlich von Denpasar an der Hauptstraße Richtung Ostbali gelegene Dorf hat sich als Zentrum der Steinmetzkunst einen herausragenden Namen gemacht. Was hier an Formenvielfalt in Hunderten Geschäften, die die Durchgangsstraße säumen, ausgestellt wird, kann einem schon mal die Sprache verschlagen. Die Arbeiten spiegeln die überragende Bedeutung der Religion auch im Bali unserer Tage wider, denn der nur mit Hammer und Meißel aus vulkanischem Tuffstein geschaffene Zierrat steht hier bereit, um in den über 20 000 Tempeln der Insel als Schmuckwerk Verwendung zu finden. Nahezu jedes Haus in Batubulan präsentiert sich als eine Werkstatt, in der man das kreative Schaffen der Künstler beobachten kann, die streng genommen keine sind, weil die Balinesen, deren Sprache ohne Abstrakta auskommt, diesen Begriff nicht kennen.

Hier gibt es keine Kunst als Kunst, denn alles, was geschaffen wird, ist religiösen Ursprungs und in seiner Gestaltung an die kulturellen Traditionen gebunden. Das künstlerische Schaffen wird als Wirken im Auftrag der Götter zum Wohle der Menschheit verstanden. Lediglich bei der Produktion für den Touristenmarkt erkennt man eine deutliche Profanierung; hier haben die Künstler Balis ureigenen Stil kommerziellen Gesichtspunkten geopfert. Das heißt aber nicht, dass sie damit ihre Grundhaltung aufgegeben hätten, denn es gilt auch als wohlbringend, den Fremden das ersehnte Geld aus den Taschen zu locken.

Service & Tipps:

 Bali Bird Park
 Jl. Serma Cok Ngurah Gambir
 Singapadu
80237 Batubulan
✆ (03 61) 29 93 52
www.bali-bird-park.com
Tägl. 9–17.30 Uhr
Ein botanischer Tropengarten von rund zwei Hektar Größe bildet den exotischen Rahmen dieses wahrscheinlich schönsten und größten Vogelparks des indonesischen Archipels, in dem über 1000 Arten mehr als 250 verschiedener Spezies aus aller Welt teils frei herumfliegen, teils unter einer riesigen begehbaren Voliere gehalten werden.

 Rimba Reptile Park
Jl. Serma Cok Ngurah Gambir,
Singapadu
80237 Batubulan
✆ (03 61) 29 93 44
Tägl. 9–18 Uhr
Direkt an den Vogelpark angrenzender Tierpark mit mehr als 180 verschiedenen Reptilien rund 20 verschiedener Spezies. Darunter finden sich u. a. auch Krokodile, Schildkröten, Schlangen sowie ein Exemplar des Komodo-Warans (s. S. 116 f.).

🎭 **Vier Freilichtbühnen im Tempelstil**
Durchgangsstraße Denpasar – Gianyar
80237 Batubulan
Tägl. 9.30–10.30 Uhr Barong Tanzdrama, das man sich nicht entgehen lassen darf: eine äußerst farbenprächtige Touristenshow zwar, aber perfekt gemacht. Tickets ab 9 Uhr vor den Bühnen (direkt an der Straße). Plätze möglichst belegen, bevor um 9.15 Uhr die geführten Touristengruppen eintreffen.

Schmuckherstellung aus Silber

4 Celuk

Das mit Batubulan zusammengewachsene Celuk ist die Hochburg balinesischer Schmuckherstellung aus Gold und (meist) Silber. Entlang der Hauptstraße reihen sich nahtlos die Verkaufsausstellungen aneinander, denen in aller Regel auch die Werkstätten der Kunstschmiede angeschlossen sind. Man kann den Künstlern auf den Hammer schauen, auch nach eigenen Vorlagen anfertigen lassen, aber was das dann kostet, weiß man – wie generell auf Bali – niemals im Voraus: Kein Stück hat eine Preisangabe, kein Preis ist fix. Wer nicht erbarmungslos handelt, zahlt garantiert zu viel.

5 Gianyar

Das rund 30 000 Einwohner zählende Städtchen Gianyar ist Verwaltungssitz eines der acht Bezirke Balis (die wiederum in 50 Unterbezirke und rund 550 Dörfer zerfallen), doch der Ort, an der Peripherie von Regierungsgebäuden und in seinem geschäftigen Kern von mehrgeschossigen Betonbauten geprägt, bietet keinerlei Sehenswürdigkeiten. Zwar gilt er als Zentrum der balinesischen Textilindustrie, doch kann man die Batiken und die unter dem Namen *endek* bekannten, unaufdringlich gemusterten Stoffe ebenso gut in Ubud erstehen, wo man obendrein den Vorteil des Vergleichs mit anderen insularen Webarbeiten hat.

Die einzige Sehenswürdigkeit in diesem ehemaligen Sitz der Fürsten von Gianyar, der im Ortszentrum gelegene **Puri Agung Gianyar**, ist der Öffentlichkeit leider nicht zugänglich. Der Palast, angeblich einer der prächtigsten der Insel, wird noch heute von Mitgliedern der Fürstenfamilie bewohnt.

Die Kunst des Handelns

Den ersten Preis nennt stets der Händler. In unserem Fall, es geht um einen schlichten Silberring mit eingelassenem Mondstein, ist er utopisch hoch – »100 Dollar, very nice piece, very old« –, denn wir haben den gravierenden Fehler begangen, unverhohlenes Interesse zu zeigen, anstatt auf Mängel aufmerksam zu machen, Zweifel an der Echtheit des Silbers zu äußern, dieses Hin und Her der Prozedur eine kleine, gehaltvolle Ewigkeit andauern zu lassen und dann ganz nebenbei nach dem Preis zu fragen. Das Ungeschick müssen wir jetzt wettmachen, geben lächelnd »ten Dollar« zur Antwort und erzählen eine kleine Geschichte, kämpfen mit Beredsamkeit, malen Bilder einer traurigen Barschaft in den Raum, drücken so nach und nach sein Gebot über 50 Dollar auf 30 Dollar herunter, kommen ihm auf 15 entgegen und erhalten den Ring schließlich für 20 Dollar. Zweifellos ist auch dies noch zu viel, denn auf unser Nachgeben hin lächelt der Händler wie jemand, der ein gutes Geschäft gemacht hat. Aber der Ring ist uns den Preis wert, und so macht es nichts, dass ein ganz und gar identischer ein paar Läden weiter schon für 18 Dollar angeboten wird …

Handeln gehört auf Bali zum guten Ton

Die Batiktechnik

Die Diskussion darüber, woher die Batiktechnik stammt, ist kontrovers. Manches spricht dafür, dass die Kunst der Wachsmalerei mit dem indischen Kultureinfluss kam, anderes hingegen deutet darauf hin, dass ihre Ursprünge in Indonesien selbst zu finden sind. Ein hohes Niveau erreichte das Batiken von Stoffen um 1500 auf Java, von wo aus es zunächst auf Bali und schließlich auf nahezu allen Inseln des indonesischen Archipels Eingang fand. Traditionell wurden Batikstoffe zu Zeremoniengewändern für hohe Würdenträger verarbeitet oder dienten als Opfergaben für die Götter, doch heutzutage, wo die Textilfärbetechnik ein beachtlicher und aufstrebender Industriezweig ist, werden aus ihnen in erster Linie *sarongs* (Wickelröcke von zwei bis drei Metern Länge und einem Meter Breite) gefertigt sowie Hemden, Kleider, aber auch Tischwäsche und – insbesondere in Yogyakarta/Java sowie in Ubud/Bali – Gemälde, die sich nicht nur bei Touristen allergrößter Beliebtheit erfreuen.

Batik heißt übersetzt so viel wie »kleiner Punkt«, »Fleck« und – in der Umgangssprache – »Wachsdruck«. Das Batiken ist ein Aussparverfahren, bei dem diejenigen Stellen des vorgezeichneten Musters mit Wachs abgedeckt werden, die von Farbe frei bleiben sollen. Sodann kommt der Stoff ins Färbebad, wird getrocknet und von der Wachsschicht (meist durch Kochen) befreit. Dann ist er bereit für den nächsten Färbegang. Dieser Prozess wird so lange wiederholt, bis sämtliche gewünschten Farben aufgetragen sind. Werden alle Arbeiten manuell gemacht, spricht man von *Batik Tulis*, und sind die gängigsten Farben (Rot-, Gelb-, Grün- und Blautöne) alle vertreten, so kann die Fertigstellung einer solchen Batik durchaus mehrere Wochen in Anspruch nehmen. Aber reine Handarbeit ist immer seltener zu finden (und stets teuer zu bezahlen); in aller Regel werden die Wachsmuster gleich mit einem Stempel (dem *cap*) auf den Stoff aufgetragen, der dann dementsprechend als *Batik Cap* bezeichnet wird.

Batiktechnik: Stoff wird gefärbt, Wachs herausgewaschen (oben)

Farbenprächtige Batik-Sarongs (unten)

Wunderschöne Beispiele balinesischer Schnitzkunst: Furchterregende Wächterfiguren sollen den Dämonen den Zugang zum Tempel verwehren

Der balinesische Tempel

Nach dem dualistischen Weltbild von *Agama Hindu Dharma*, der weltweit einzigartigen Hindu-Dharma-Religion der Balinesen, stehen Makrokosmos (Universum) und Mikrokosmos (Mensch) in einem antagonistischen Verhältnis zueinander. Der Mensch lebt also in einem Kosmos der Gegensätze wie Himmel und Erde, Tag und Nacht, Sonne und Mond, Berg und Meer, Leben und Tod, Gut und Böse, und seine Existenz wird erst durch das Zusammenwirken dieser Antipoden möglich.

Eine Kraft ist damit so gut wie die entgegengesetzte und Bestreben des Menschen muss es sein, Harmonie zwischen diesen Gegensatzpaaren herzustellen. Das macht verständlich, warum die Balinesen den Göttern und ebenso den Dämonen huldigen oder – im Fall des Pura-Bukit-Dharma-Tempels (s. S. 64) – der Todesgöttin, die die chthonische Sphäre, das Prinzip des Zerstörerischen, symbolisiert. *Durga* selbst gilt als Erscheinungsform der wiederum ambivalenten *Parvati* (die gleichermaßen auch als *Dewi Uma*, Göttin der Schönheit und der Liebe, erscheinen kann), die als Gattin von *Shiva*, dem Zerstörer, verehrt wird.

Wir entrichten unseren Tempel-Obolus in Höhe von inselweit üblichen 3000 Rupiah, mieten für weitere 2000 bis 3000 Rupiah einen *selendang* (s. S. 45) und treten ein in die von einer Mauer umfriedete Anlage, die, hier, stellvertretend für all die anderen Kultstätten auf Bali, näher erläutert werden soll, denn hinsichtlich ihrer Ausstattung und Architektur gleichen sich die Tempel der Insel, weil sie alle symbolisch den gleichen Glauben darstellen.

Einlass gewährt nur ein einziges Tor. Es ist meerwärts ausgerichtet und nach oben hin geöffnet, somit gespalten, wodurch die Erkenntnis der komplementären Kräfte des Kosmos zum Ausdruck gebracht wird. Jenseits dieses *candi bentar* erstreckt sich ein lichtüberfluteter offener Platz, der unter dem Namen *jaba sisi* die irdische Welt repräsentiert, nicht viel mehr als ein paar Ruhepavillons für Gläubige enthält und als Vorbereitungsort für Feste sowie Rituale dient. Ein oben geschlossenes Tor *(kori agung)*, mit Flachreliefs und Schmuckornamenten überreich verziert, flankiert von Wächterfiguren und eindrucksvoller als alles andere im Tempel, versinnbildlicht den Übergang des Menschen von einer Existenz in eine andere und damit den Glauben an die Wiedergeburt.

Das gedeckte Tor führt, nach Umgehen einer Dämonenschutzmauer *(aling-aling)*, in den zweiten Hof, den *jaba tengah*. Hier stößt man auf mehrere *bales*, Versammlungspavillons, und ein letzter Durchlass führt ins Allerheiligste *(jeroan)*, wo sich, stets den Bergen zugerichtet, die Schreine befinden, die den hier gehuldigten Gottheiten während ihres Verweilens auf der Erde als Aufenthaltsorte dienen. Diese *merus* bestehen aus steinernen Sockeln mit pagodenähnlichen Dachkonstruktionen, wobei die Zahl der gestaffelten Dächer (maximal elf) den Rang einer Gottheit im balinesischen Pantheon ausdrückt.

6 Gunung Kawi

Eine tief eingeschnittene Schlucht von märchenhafter Schönheit bildet bei der Ortschaft Tampaksiring die Kulisse für neun megalithische Gedenkstätten, die aus den Anfängen des Bali-Hinduismus stammen, erst 1920 wiederentdeckt wurden und im sogenannten Candi-Stil der Nachbarinsel Java errichtet sind.

Die aufgrund des Namens – »Berg der Poesie« – erwartete Idylle findet man zunächst nicht, denn wo die Straße endet, beginnt ein nahtlos von Souvenirshops gesäumter Weg. Man sieht das Land vor Läden nicht. Aber dann wird der Weg zum Stufenpfad und führt hinab in die tief eingeschnittene Schlucht des Pakerisan. Auf deren Grund stehen Palmen, und an den Hängen staffeln sich grüne Reisterrassen übereinander. Deshalb also wurde *kawi*, das altjavanische Idiom für Poesie, verwendet, denn so, wie das Gedicht dank der Komposition profaner Worte einen hohen Stimmungsgehalt besitzen kann, erhält die Landschaft hier ihren märchenhaften Zauber aus der Komposition von Dingen, die für sich allein genommen nie diese Ausstrahlung hätten.

Vor mehr als 900 Jahren wurde der Name geprägt, nachdem unten am Fluss aus dem Tuffgestein von zwei Felswänden neun *candis* – Denkmäler für vergöttlichte Herrscher – im ostjavanischen Stil herausgemeißelt worden waren. Diese sind König Udayana und seiner Familie gewidmet. Ihm ist es zu verdanken, dass sich der hindu-javanische Einfluss, der noch heute das Leben auf Bali bestimmt, durchsetzen konnte.

Das bei Gunung Kawi gelegene Dorf Tampaksiring ist berühmt für seine Schnitzarbeiten aus Büffelhorn und -knochen sowie aus Elfenbein, aber von Letzterem sollte man die Finger lassen, denn Elfenbein-Einfuhr nach Europa ist in jeder Form verboten. Geschäfte finden sich zuhauf entlang der Durchgangsstraße sowie in den Stichstraßen.

Gunung Kawi: Die an den Hängen gestaffelten Reisterrassen in einer malerischen Schlucht des Pakerisan-Flusses zählen zu den schönsten auf Bali

Schattenspielfigur: Hexe mit Flammenhaar aus dem Gefolge der Todesgöttin Durga

Frauen und Kinder bringen Opfergaben zum Pura Taman Ayun in Mengwi

7 Kutri

Es gibt nur einen einzigen Grund, in diesem kleinen Dorf an der Hauptstraße von Denpasar nach Ostbali einen Stopover einzulegen: die Tempelanlage **Pura Bukit Dharma**, zu Deutsch der »geheiligte Hügeltempel«. Er gilt als das bedeutendste Heiligtum der Todesgöttin *Durga* auf Bali und stellt die Verbindung zu den Mächten der Unterwelt her, als deren Herrscherin *Durga* angesehen wird.

Den Tempel sollte man nicht verlassen, ohne über die 99 bemoosten Steinstufen an der rechten Seite der Anlage durch eine düster umwaldete Felswelt zu einem Pavillon in luftiger Höhe hinaufzusteigen. Das letzte Wegstück wird von den Luftwurzeln eines mächtigen Banyan-Baumes – heiliges Sinnbild des Lebens – überschattet, die hier einen regelrechten Vorhang aus Holz bilden. Am Pavillon selbst dann findet sich ein fast 1000 Jahre altes, verwittertes und nicht sonderlich spektakuläres Bildnis der achtarmigen *Durga*. Was den Besuch dennoch zu einem kleinen Höhepunkt werden lässt, sind die mystische, weltentrückte Atmosphäre des Ortes und eine einzigartig schöne Aussicht. Braune Erdwälle und silbern schimmernde Bäche teilen ein Schachbrett smaragdfarbener Reisfelder im Saum regengrüner Hügel und Berge. Bali als Augenweide, das Bali der Farbprospekte – hier kann man es in Vollkommenheit genießen.

Service & Tipps:

👁 **Pura Bukit Dharma**
Rechts der Durchgangsstraße
Denpasar – Gianyar, 80511 Kutri

Der Herrscherin der Unterwelt geweihtes Heiligtum, von dem aus ein 99 Stufen zählender Stiegenweg durch Urwald zu einem Pavillon und Aussichtspunkt führt.

8 Mengwi

Am Eingang der Stadt liegt der **Pura Taman Ayun**, der »Schwimmende Blumengarten«. Dieser Tempel, 1634 vom Mengwi-Raja errichtet, ist nach Besakih der zweitgrößte der Insel und zusammen mit dem Pura Kehen von Bangli vielleicht ihr schönster. Es ist ein unvergessliches Erlebnis, in diesem von Lotosseen umgebenen Refugium morgens in noch frischer Luft den Blütenduft zu atmen, metallisch tönendem Insektensummen zu lauschen und all die Steinfiguren, Schreine und *merus* zu betrachten, mit denen die Ahnen des Königsgeschlechts der Mengwi-Dynastie geehrt werden.

Anschließend lohnt ein Besuch im direkt links benachbarten **Museum Manusia Yadnya**, das mit Modellen und Fotos über *Manusia Yadnya*-Zeremonien informiert, die die einzelnen Lebensphasen der Balinesen markieren.

Manusia Yadnya – Riten zu Ehren des Menschen

Der erste Ritus zu Ehren des Menschen wird auf Bali bereits in seinem Embryonalstadium, nämlich im dritten Monat der Schwangerschaft, durchgeführt. Direkt nach der Geburt folgt der nächste und mit großer Feierlichkeit werden nun seine vier »Schutzgeister« Blut, Fruchtwasser, Nabelschnur und Plazenta beerdigt. 105 Tage nach der Niederkunft (nach dem Bali-Kalender genau ein halbes Jahr) darf der neue Erdenbürger zum ersten Mal den Boden berühren, wodurch er in die eigentliche menschliche Sphäre eintritt. Nach 210 Tagen (einem Bali-Jahr) erfolgt das Geburtstagsfest, während dem auch der Name verliehen wird. Für Mädchen ist die erste Menstruation Anlass einer weiteren Zeremonie, und die nächste große Übergangsphase beider Geschlechter wird durch den Ritus des Zahnfeilens markiert, nach der das Kind als heiratsfähiger Erwachsener gilt. Hierbei geht es um die symbolische Befreiung von den (nur Jugendlichen noch zugestandenen) Übeln Zorn, Habgier, Neid, Wollust, Berauschtheit und Verwirrtheit, weshalb die oberen (daher zum Göttlichen zu rechnenden) sechs Zähne geradegefeilt werden.

Es folgt die Hochzeitszeremonie und schließlich die des Todes und der Verbrennung (s. S. 20), die den Übergang des Menschen in die nichtstoffliche Welt markiert, aus der heraus er wiedergeboren wird.

Priester bei einer Verbrennungszeremonie

Mit dem Verbrennungstier werden die Gebeine des Verstorbenen dem Feuer überlassen

Wo immer man sich auf dem indischen Subkontinent, in Südostasien oder Fernost auch aufhält, dem <u>Lotos</u> begegnet man in jedem Land – sei es in der Natur oder der Kunst. Diese Beliebtheit liegt in dem begründet, was in der Botanik als »Lotoseffekt« bezeichnet wird: Die Fähigkeit der Lotosblätter, Schmutz von sich zu weisen, also selbst nicht befleckt zu werden, obwohl ihre Wurzeln im Schlamm stecken und sie oft im Trüben schwimmen.

Service & Tipps:

👁 **Pura Taman Ayun**
200 m vor dem Ortszentrum
Mengwi auf der rechten Seite
80351 Mengwi
Weitläufiger Tempelkomplex auf einer Insel, umrahmt von Lotosteichen; zweitgrößtes Heiligtum Balis.

🏛 **Museum Manusia Yadnya**
Links neben dem Pura Taman
✕ Ayun, 80351 Mengwi
✆ (03 61) 97 50 74
Tägl. außer an Feiertagen 9–15 Uhr

Sehr sehenswerte Ausstellung, die mittels Fotos und Modellen über die sogenannten Übergangsriten informiert: Zeremonien, die dem Menschen auf Bali helfen sollen, die einzelnen Phasen seines Lebens zu meistern. Insbesondere geht es um die Feierlichkeiten zum Anlass von Geburt, Namensverleihung, Zahnfeilung, Hochzeit und Tod.

Das dem Museum angeschlossene Café blickt über Lotosteiche hinweg auf den Pura Taman Ayun und bietet gute Speisen der balinesischen Küche für wenig Geld.

9 Pejeng

Zahllose Tempel und Schreine zeugen davon, dass das heute bedeutungslose Dorf Pejeng zwischen dem 10. und 14. Jahrhundert Sitz der *Warmadewa*-Dynastie war, deren Königreich ganz Südbali umfasste, bevor es im Jahre 1343

vom ostjavanischen *Majapahit*-Reich erobert wurde. Das bedeutendste Heiligtum aus dieser Zeit ist der Tempel **Pura Penataran Sasih**, in dem der größte erhaltene prähistorische Bronzegong der Welt aufbewahrt wird, der sogenannte »**Mond von Bali**«. Er wird auf das dritte Jahrhundert v. Chr. datiert, wurde wahrscheinlich mithilfe einer Steinform gegossen und gilt als Beweis dafür, dass sich schon zu jener Zeit jungmalaiisches Kulturgut vom asiatischen Festland aus über den Archipel verbreitet hat.

Der nahebei gelegene **Pura Pusering Jagat** wurde im 14. Jahrhundert rings um einen mit Reliefs bedeckten Steinzylinder errichtet und ist heute als Pilgerziel bei kinderlosen Paaren beliebt, die vor den zahlreich aufgestellten Phallus-Steinen um Nachwuchs beten.

Im Süden der Ortschaft macht der **Pura Kebo Edan** mit der Statue eines rund vier Meter hohen Riesen von sich sehen. Unter dessen Füßen windet sich eine menschliche Gestalt und obendrein ist die Skulptur mit einem enormen Phallus ausgestattet. Heute wird vermutet, dass diese Stätte einst ein Zentrum der *Shiva*-Verehrung sowie tantrischer Geheimkulte war.

Zwei Kilometer südlich, am ausgeschilderten Weg nach Ubud, trifft man am Ufer des Petanu-Flusses auf die **Goa Gajah**, die Elefantengrotte. Sie wurde erst 1923 von Europäern entdeckt und soll im elften Jahrhundert von Menschenhand geschaffen worden sein – wahrscheinlich als Meditationsstätte für Mönche. Das Imposanteste an der Grotte ist der Eingang, über dem ein riesenhaftes dämonisches Ungeheuer hockt. Im T förmigen und rund 13 Meter breiten Innern empfängt einen dann Gedränge und schwüldumpfe Hitze nebst spärlich erleuchteter Dunkelheit, in der man kaum erkennen kann, dass in der linken Nische der für den Namen der Grotte verantwortliche vierarmige *Ganesha* thront (Elefantengott, Sohn *Shivas*) und in der rechten ein dreifacher *lingam* (Phallussymbol), der die Trinität der Gottheiten darstellt.

Service & Tipps:

(◉) »**Mond von Bali**«
Pura Penataran Sasih
80571 Pejeng
Hinter dem malerischen Namen verbirgt sich der größte erhaltene prähistorische Bronzegong der Welt (3. Jh. v. Chr., rund 1,60 m Durchmesser), der aber leider so unglücklich präsentiert ist, dass man nur einen winzigen Ausschnitt und seine prachtvolle Zier (stilisierte Menschenköpfe) gar nicht zu sehen bekommt. Die Besichtigung scheint eine touristische Pflichtübung, ist aber nur für erklärte Bildungsbürger zwingend.

(◉) **Goa Gajah**
Links der Durchgangsstraße
Pejeng–Ubud
80571 Pejeng
Tägl. 8–17.30 Uhr

Ein weiteres bedeutendes Kulturdenkmal der altbalinesischen Epoche: die von Menschenhand geschaffene »Elefantengrotte«, deren Torwächter, ein Dämon, zweifellos zu den meistfotografierten Objekten Balis gehört. Innen sind – in der Dunkelheit und dem Andrang gerade so – zu sehen: ein Phallussymbol und eine Skulptur von Ganesha, dem Elefantengott.

(✗) **Pori Suling**
Direkt unterhalb des Parkplatzes von Goa Gajah links am Weg
80571 Pejeng
Überaus idyllisch unter Palmen an einem Reisterrassenhang gelegenes Restaurant mit offener Panoramafront, ansprechendem Dekor, eleganter Aufmachung, romantischem Gepräge und dabei guten, preislich erstaunlich günstigen indonesischen Gerichten.

Der Lotos, die zur Familie der Wasserlilien gehörige Nelumbo nucifera, ist in weiten Teilen Asiens Sinnbild für Reinheit und Treue, Schöpferkraft und Erleuchtung. So heißt es beispielsweise in einem indischen Epos, dass der Schöpfergott Brahma aus Lotos geboren sei, der im Nabel von Vishnu geblüht hat. Im Taoismus ist der Lotos Attribut der Unsterblichkeit; im Buddhismus gilt er als »Blume alles Heiligen« und zählt zu den acht Kostbarkeiten, denn wie eine Legende besagt, entsprang aus den Fußabdrücken der ersten sieben Schritte von Prinz Siddharta, dem späteren Buddha, Lotos.

◁ *Eingang der Goa Gajah, der Elefantengrotte, die erst 1923 »entdeckt« wurde*

67

10 Sangeh

Das nur wenige Kilometer westlich von Ubud gelegene Dorf Sangeh ist insel-weit berühmt wegen seines dunklen **Affenwaldes** mit hohen, schlanken Mus-

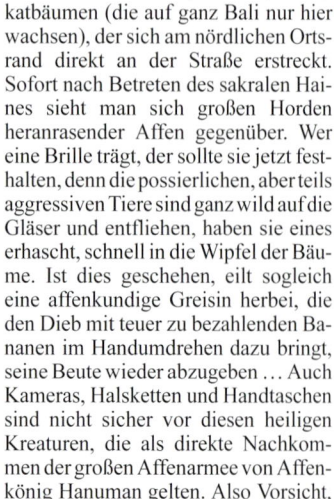

katbäumen (die auf ganz Bali nur hier wachsen), der sich am nördlichen Orts-rand direkt an der Straße erstreckt. Sofort nach Betreten des sakralen Hai-nes sieht man sich großen Horden heranrasender Affen gegenüber. Wer eine Brille trägt, der sollte sie jetzt fest-halten, denn die possierlichen, aber teils aggressiven Tiere sind ganz wild auf die Gläser und entfliehen, haben sie eines erhascht, schnell in die Wipfel der Bäu-me. Ist dies geschehen, eilt sogleich eine affenkundige Greisin herbei, die den Dieb mit teuer zu bezahlenden Ba-nanen im Handumdrehen dazu bringt, seine Beute wieder abzugeben … Auch Kameras, Halsketten und Handtaschen sind nicht sicher vor diesen heiligen Kreaturen, die als direkte Nachkom-men der großen Affenarmee von Affen-könig Hanuman gelten. Also Vorsicht,

Familientreffen im Mon-key Forest in Sangeh

und vielleicht zur Prophylaxe schon am Parkplatz Bananen oder Erdnüsse erste-hen.

Mitten im Wald und prächtig anzuschauen erheben sich die moosüberwu-cherten und flechtenbehangenen Mauern des **Pura Bukit Sari** (Blüte des Hoch-landes), ein Meditationstempel aus dem 17. Jahrhundert.

Service & Tipps:

Affenwald/Monkey Forest
Nördlicher Ortsrand von Sangeh, direkt an der Straße 80571 Sangeh, tägl. 8–18 Uhr
Von großen Horden halbzahmer Affen bewohnter Muskatbaum-Wald, der ebenso als heilig gilt wie die diebi-schen Tiere selbst, die als Nachfahren der Affenarmee von Hanuman angese-hen werden, dem im indischen Natio-nalepos *Ramayana* (s. S. 82 f.) ver-ewigten Affenkönig. Im Zentrum des Waldes erhebt sich der Meditations-tempel **Pura Bukit Sari**.

11 Sukawati

An Celuk schließt sich übergangslos Sukawati an, wo nicht nur Balis berühm-teste Schattenspieler (*dalang*, s. S. 82 f.) zu Hause sind, sondern auch zahlrei-che Korbflechter und Tempelschirmbauer, deren Produkte die Straße säumen. Links der Hauptstraße steht das unübersehbar große Gebäude des **Pasar Seni** (Kunstmarkt). In der dunklen Halle findet man Schmuck und Schnitzwerk, auch reichlich Lederwaren, natürlich Stoffe und Bekleidung, viel neuen Schnick-schnack auf alt getrimmt. Quantität geht hier, so will es scheinen, vor Qualität, und weil ein Besuch dieses Marktes mit dem hochtrabenden Namen fester Bestandteil aller geführten Bustouren ist, sind die Preise ziemlich hoch und dabei erstaunlich, wenn auch nicht gänzlich fix. Ganz anders geht es auf dem vor Leben strotzenden **Obst- und Gemüsemarkt** schräg gegenüber zu, wo sich Touristen kaum je hin verirren. Allmorgendlich herrscht hier bis nach Mittag ein maßloser Wirrwarr: Zwischen zum Verkauf stehenden Vögeln, Hähnen und

Hängebauchschweinen stapeln sich Ananas und Papayas, Durian und Mangos, Jackfruits und wie die Früchte alle heißen, die die Paradiese der äquatorialen Breiten erst zu solchen machen.

Service & Tipps:

ℹ️ Der mit »Pasar Seni« ausgeschilderte »Kunstmarkt« links der Straße im Dorfzentrum bietet in zwei großen Hallen alles, was auf Bali für Touristen gefertigt wird; nicht unbedingt günstiger als anderswo. Der gegenüberliegende Obst- und Gemüsemarkt bietet sich zum Einkauf an.

Beliebt bei Einheimischen wie Touristen: frische Ananas von balinesischen Plantagen

Rituelle Reinigung im Wasserheiligtum von Tirta Empul

12 Tirta Empul

Das nördlich von Tampaksiring gelegene Quellheiligtum Pura Tirta Empul soll einst vom Götterkönig *Indra* selbst geschaffen worden sein und ist daher für Anhänger des hindu-balinesischen Glaubens eines der bedeutendsten Wallfahrtsziele. Am Anfang der Zeit, so glauben die Balinesen, wurden die Götter von einem Dämonen angegriffen und im Kampf zu einer von ihm vergifteten Quelle getrieben. Sie tranken davon und starben. Nur *Indra* nicht, der aus der alten eine neue Quelle schuf, deren Nass die Götter wieder zum Leben erweckte. Schon vor über 1000 Jahren wurde die Quelle ummauert und so zum Quellsee gemacht.

Noch heute versprechen sich die Gläubigen magische Heilwirkung von einem Bad im kühlen Wasser, das zwar H_2O zu sein scheint, doch in Wirklichkeit *amreta*, Elixier der Unsterblichkeit, sein soll. Der äußerst gepflegte innere Komplex mit vielen blühenden Blumen steht im Kontrast zu dem klotzigen, aus Glas und Beton im Jahre 1954 errichteten Sommerpalast des einstigen Präsidenten Sukarno oberhalb auf einem Hügel.

Eine exotische Küche

Wer etwas Besonderes kosten will, sollte in Tirta Empul eines derjenigen Restaurants aufsuchen, die als *Rumah Makan Padang* ausgewiesen sind. Restaurants wie diese gibt es in ganz Indonesien; sie werden auch *Rumah Makan Islam* genannt, weil ihre Küche bei den islamischen Minangkabau auf Sumatra beheimatet ist. Sie diente den Holländern als Vorlage für ihre Erfindung der *Rijstafel* (Reistafel). Kaum hat man sich in einem der schlichten Lokale niedergesetzt, serviert ein Kellner neben Reis mehr als ein Dutzend Schälchen mit aromatisch duftenden Currys. Hauptbestandteile der Gerichte sind – neben den Grundlagen Gemüse, Fleisch und Ei – die Gewürzpasten, die meist mit Kokosnussmilch angedickt werden und allem ihren ganz charakteristischen Geschmack verleihen. Man sollte von jedem ein wenig und nicht zu viel auf einmal probieren, denn in mancher Sauce sind Chili, die kleinen roten Gaumenterroristen, enthalten. Die Schärfe vertreibt aber auch die Müdigkeit und die leichten Kopfschmerzen, unter denen man als Europäer mittags in der Tropenhitze fast immer ein wenig zu leiden hat.

Traditionell wird mit den Fingern der rechten (!) Hand ohne Zuhilfenahme von Besteck gegessen (die linke gilt den Muslimen als unrein), aber Touristen erhalten auch Löffel und Gabel. Als Getränk empfiehlt sich Wasser, das am besten geeignet ist, die Gerichte zu entschärfen. Bezahlen muss man nur, wovon man auch gekostet hat.

Service & Tipps:

 Pura Tirta Empul
Rechts der Straße Seribatu–Tampaksiring
80552 Tampaksiring
Quellheiligtum aus den Anfängen des Bali-Hinduismus, bedeutendes Wallfahrtsziel. Ein Bad soll magische Heilwirkung haben. An der Peripherie ein Rummelplatz aus Souvenirgeschäften, aber im Zentrum ein Ort der Ruhe und Schönheit. Oberhalb angrenzend der Sommerpalast von Sukarno (nur von außen zu besichtigen).

Am linken Rand der Einkaufsmeile vor Tirta Empul, die man nach Besichtigung des Heiligtums unmöglich umgehen kann, reihen sich die **Restaurants** aneinander. Alle sind schlicht eingerichtet und bieten Typisches aus der indonesischen Küche zu günstigen Preisen.

13 Ubud

»Es war einmal ein weltentrücktes kleines Dorf, das lag inmitten von Reisfeldern und Schluchten, in denen klares Wasser gurgelte. In den Regenwäldern ringsumher brüllte der Tiger, und die Menschen waren den Göttern so nahe, dass sie den Himmel fast mit Händen greifen konnten. Jeder malte oder schnitzte oder tanzte oder musizierte nach des Tages Werk. Das war das Paradies …«– So könnte ein Märchen anfangen, und für die ersten Touristen, die Ende der 1930er-Jahre nach Bali kamen, wurde es wahr. Als deren Vorläufer können westeuropäische Maler gelten, darunter der deutsche Walter Spies (1895–1942), der sich 1927 in Ubud niederließ, wo später auch der Holländer Rudolf Bonnet (1895–1978) und der Schweizer Theo Meier (geb. 1908) lebten.

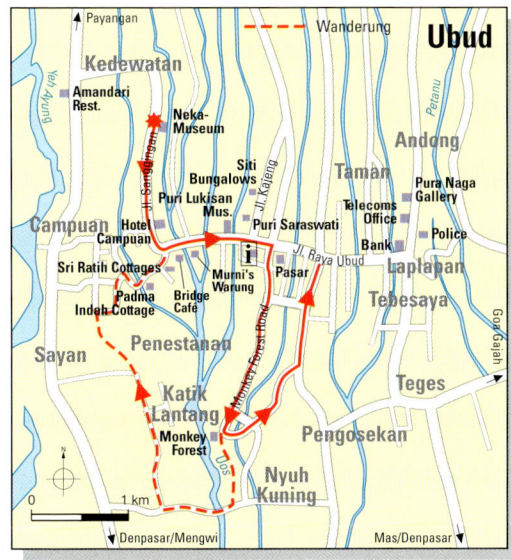

In den 1930er-Jahren wurde Ubud zu einem regelrechten Künstlerdorf und die balinesische Malerei erlebte eine große Blütezeit. Die Europäer eröffneten den einheimischen Künstlern, die zuvor stets flächig Motive aus der Hindu-Mythologie nach festem Regelwerk dargestellt hatten, die Freude am Experimentieren und Erarbeiten individueller Ausdrucksformen. Die Perspektive wurde »entdeckt«, Tempera und Leinwand eingeführt. Zusammen mit dem Ubud-Fürsten Cokorda Gede Agung Sukawati gründeten Spies und Bonnet im Jahre 1936 die Künstlervereinigung *Pita Maha*. Was beispielsweise die »Düsseldorfer Schule« für Europa war, das wurde diese für Bali, und darüber hinaus kümmerte sie sich auch um internationale Ausstellungen, die Balis Kunst bald weltbekannt machten. Zu den Gästen der Malerkooperative

Eingang zum Puri-Saren (Palast) im Zentrum Ubuds

Süß und saftig – Balis Früchte

Ananas und Kokosnuss, ganz zu schweigen von Melone und Banane – wer kennt sie nicht?! Auf Bali aber kann man auch weniger bekannte Tropenfrüchte mit seltsamen Namen wie Rambutan, Mangosteen oder Durian kosten. Anders als daheim sind die Exoten frisch und ausgereift und obendrein billig – insbesondere auf den Märkten. Die meisten sind vor dem Verzehr zu schälen und können daher ohne Bedenken gegessen werden.

Belimbing manis (Sternfrucht; lat. *Averrhoa carambola)*: Die längliche Frucht verdankt ihren Namen dem sternförmigen Querschnitt. Mit glänzender, durchsichtiger Haut in Hellgrün, Gelb oder Orange erinnert sie an eine Peperoni. Das gelbe Fruchtfleisch ist knackig, erfrischend, sehr wässrig und kernlos; es kann auch mit ein wenig Salz gewürzt werden. Die Sternfrucht lässt sich schlecht schälen und sollte deshalb zubereitet gekauft werden.

Delima (lat. *Punica granatum L.)*: Sieht aus wie ein rotbackiger Apfel mit wulstigem »Nabel« und dicker, etwas fleckiger Haut. Das Innere ist in unregelmäßige Segmente unterteilt, die mit Johannisbeer-ähnlichen rosafarbenen Kernen gefüllt sind. Daran ist wenig Fruchtfleisch, das sauer schmeckt. Die beiden Hälften brechen und umstülpen – so fallen die Kerne heraus. Soll gut gegen Magenverstimmung sein. Nach Meinung der Bibelforscher der Paradiesapfel, die Frucht galt im Altertum jedenfalls als Sinnbild für Liebe und Fruchtbarkeit. Geschmacksrichtung: Johannisbeere.

Durian (lat. *Durio zibethinus)*: Die etwa kopfgroße »Königin der Früchte« wird despektierlich auch Stinkfrucht genannt. Sie stinkt wie die Hölle und schmeckt wie der Himmel, sagen ihre Verehrer. Eine gelbgrüne, stachelige Schale umschließt weißliches, cremiges Fruchtfleisch mit einem extrem süßen,

Obststand mit Durians: Sie stinken wie die Hölle und schmecken wie der Himmel

karamellartigen Geschmack, das man am liebsten mit verschlossener Nase probieren möchte. Es zeichnet sich durch einen hohen Gehalt an Vitaminen aus und ist angeblich ein Aphrodisiakum. Die Balinesen sagen: »Wenn die Durians fallen, gehen die Sarongs hoch.«

Jeruk besar (Pomelo; lat. *Citrus maxima*): Das faserige, hellgelbe bis rosafarbene Fleisch der fußballgroßen Frucht, die der Pampelmuse ähnelt, wird von einer dicken, grünen Schale geschützt. Es schmeckt süßlich, erfrischend und gar nicht bitter.

Mangga (Mango; lat. *Magnifera indica)*: Die nierenförmige und bis zu 400 Gramm schwere Baumfrucht gibt in grünem, unreifem Zustand ein köstliches, nussig schmeckendes Gemüse ab, reif und goldgelb erinnert sie an einen Pfirsich. Am besten löst man den großen Kern mit einem Messer heraus und löffelt das Fleisch aus der Schale.

Manggis (Mangosteen; lat. *Garcinia mangostana*): Obwohl der Name ähnlich klingt, ist die apfelgroße violette Frucht mit dem Kleeblatt-ähnlichen Käppchen am Stiel nicht mit der Mango verwandt. Das weiße, saftige Fruchtfleisch unter der harten Schale hat einen angenehm säuerlichen Geschmack und harmoniert hervorragend mit der Durian.

Der Geschmack des Fruchtfleisches der Nangka oder Jackfrucht lässt sich mit Bananen vergleichen

Markisa (Passionsfrucht, Maracuja, lat. *Passiflora edulis*): Etwa zitronengroß, länglich geformt. Erinnert in Farbe und Textur an Zierkürbis: grün mit orangefarbenem Muster, fleckig (jedenfalls die reife Frucht), weich zum Anfassen, ledrig zum Schneiden. Im weißen Innern eingebettet ist eine Masse von grauen Kernen mit grünlich durchsichtigem, saftigem Fruchtfleisch. Die Masse lässt sich als Ganzes herauslösen und essen, samt Kernen. Geschmacksrichtung: grüne Melone.

Neben dieser süßen Markisa, auch *markisa bandung* genannt, gibt es auch die süß-saure Markisa. Sie ist runder, kleiner, braunviolett und zäh und wird vor allem für Markisa-Fruchtsaft verwendet.

Süß und aromatisch: das mehlig weiche Fruchtfleisch der Noina oder Netzannone

Nangka (Jackfrucht, lat. *Artocarpus integrifolia/heterophyllus*): Die direkt am Stamm wachsenden Früchte haben eine gelbgrüne, genoppte Schale und können angeblich bis 40 Kilogramm schwer und 60 Zentimeter lang werden. Die saftigen, gelben Fruchtfleischsegmente werden vorzugsweise eiskalt, die Samenkerne meist roh oder geröstet verzehrt. Die Jackfruit ist mit der Durian verwandt.

Noina (Custard Apple, Buanona, deutsch Netzannone; lat. *Annona reticulata*): Gleicht einer Artischocke, doch mit fleischigen Schuppen statt Blättern, grünweiß. Die Schuppen lassen sich leicht von Hand lösen, darunter stecken einzelne Fruchtkegel in Reih und Glied, jeder mit einem Kern. Weißes, weiches Fruchtfleisch, sehr schmackhaft, süßlich. Geschmacksrichtung: Zuckermelone.

Papaya (lat. *Carica papaya*): Die länglich ovale Frucht, die bis 40 Zentimeter lang, 10 bis 20 Zentimeter im Durchmesser groß und fünf Kilogramm schwer wird, zählt zu den Melonengewächsen. Die reife Frucht mit gelblich oranger Schale und hellorangem Fruchtfleisch schmeckt angenehm süßlich, wobei Limonen- oder Zitronensaft eine feine säuerliche Note geben können. Bei Verstopfung wirkt Papaya wahre Wunder, während ihre Kerne das Gegenteil bewirken.

Rambutan (lat. *Nephelium lappaceum*): Eine rötliche, stark behaarte Schale kennzeichnet die pflaumengroße Frucht. Reif lässt sich das wenige weiße, glitschige Fruchtfleisch leicht aus der Schale drücken und vom großen Kern lösen. Die Frucht ähnelt in Aussehen und Geschmack der Litschi, hat aber eine leicht säuerliche Note.

Rötlich mit stark behaarter Schale: Rambutan

In ihrem Buch „Liebe und Tod auf Bali" schildert Vicki Baum kenntnisreich und unterhaltsam das alltägliche Leben in einem balinesischen Dorf und dessen Vernichtung durch holländische Kolonisatoren zu Anfang des 20. Jahrhunderts. Man erfährt viel über traditionelle Riten und Gebräuche, kitschig ist nur der Titel.

Morgens auf dem Markt von Ubud

gehörte Charlie Chaplin ebenso wie Vicki Baum (1888–1960), die hier ihren Roman »Liebe und Tod auf Bali« schrieb.

Doch die Traumwelt der Künstler zerbarst in japanischen Fliegerbomben. Jahrzehnte gingen ins Land, in denen Ubud nahezu unverändert blieb, bis in den 1960er-Jahren die Hippies und Globetrotter kamen, die hier ihr Paradies auf Erden fanden. Doch immer mehr Touristen reisten an, um den »Garten Eden« zu besuchen, und die Zahl seiner ständigen Bewohner verzehnfachte sich. Was daraus wurde, kann man sehen, und was daraus noch werden könnte, ahnt man bei einem Besuch von Denpasar, das bereits jedwedes spezielle Flair eingebüßt hat.

Doch jeder hat andere Vorstellungen vom Paradies, und wessen Träume sich auf gut wohnen, essen, trinken und einkaufen richten, der findet in Ubud die heile Welt und mag hier seinen Urlaub verbringen. Andere genießen das Angebot, füllen einen Tag mit Besichtigungen in Sachen Kultur und wollen dann aber noch mehr von dem entdecken, was Bali von allen anderen Reisezielen auf der Welt unterscheidet.

Einen Streifzug durch Ubud beginnt man am besten etwas außerhalb, nämlich im Vorort Campuan, wo rechts der Durchgangsstraße und etwa einen Kilometer oberhalb des Hotels Campuan das in eine Schlucht blickende **Neka-Museum** eingerichtet wurde. Der 1982 eröffnete Komplex ist architektonisch sehr ansprechend gestaltet und besteht aus mehreren Pavillons, in deren luftigen Hallen einige Hundert Bilder balinesischer Maler meist unserer Tage ausgestellt sind. Der Bogen der Stile ist weit gespannt und reicht vom zweidimensionalen Wayang-Stil der »Gründerzeit« über den Expressionismus, den naiven und magischen Realismus bis hin zum Neosymbolismus. Hier ist balinesische Kunstentwicklung zu studieren. Eine gesamtindonesische Ausstellung erlaubt archipelweite Vergleiche und auch zahlreiche Produkte des Schaffens europäischer Künstler sind ausgestellt (im Haupthaus, zweite Etage) – und all das nicht

steril konserviert, sondern als Teil der Landschaft, die sich selbst als Bild in die Fensterrahmen spannt.

Wer schließlich, von all den Werken inspiriert, mit dem Gedanken spielt, etwas Ähnliches im heimischen Wohnzimmer haben zu wollen, findet – direkt vor der Rezeption, an die der Rundgang zurückführt – auch viele Gemälde, die zum Verkauf stehen. Die Preise sind so unterschiedlich wie die Qualität, nach europäischen Maßstäben aber allesamt moderat, vor allem auch fix.

Holzschnitzer bei der Arbeit

Noch einen zweiten »Palast der Gemälde« sollte man besuchen, nämlich den **Puri Lukisan**. Er ist, 1956 eingeweiht, mit Abstand der ältere, auch weitaus größere und hat einst Ubuds Ruf als Kulturmetropole Balis gefestigt. Man findet ihn direkt im Zentrum neben dem Puri Saraswati inmitten einer weitläufigen Parkanlage. Auch hier empfängt keine abgestandene Museumsluft, sondern offene, lichtdurchflutete Hallen, die einen Rundgang zum Vergnügen machen. Wieder sind alle Stile balinesischer Kunst dieses Jahrhunderts vertreten (leider nicht so klar gegliedert wie im Neka), aber den meisten Platz beansprucht die Sammlung von Gemälden der 1930er-Jahre, der »goldenen Ära« Ubuds, die von Spies und Bonnet (dem Initiator auch dieses Museums) eingeleitet wurde.

Kitsch und Kunst liegen eng beieinander. – Das wird bereits vor dem Puri Lukisan demonstriert, auf der Hauptstraße, und erst recht auf der nach Süden abzweigenden **Monkey Forest Road**, der wir nun folgen. Hier blüht das Geschäft mit Bildern. Ganze Bataillone von Fließbandmalern sind heute inselweit damit beschäftigt, solche *tourist art* zu produzieren bzw. Bilder alten Musters tausendfach zu kopieren.

Am Ende der Straße, im schattigen Grün des **Monkey Forest**, kann man sich eines Lächelns nicht erwehren, wenn Touristen vor halbzahmen Primaten Männchen machen, auf dass unsere Verwandten möglichst tierische Grimassen schneiden und die Bananen pellen, die man überreicht. Meist wollen die Tiere das nicht, denn sie sind maßlos überfüttert. So sollte man es sich verkneifen, selber Futter zu erstehen, und vielmehr den Aufenthalt im dämmrigen Hain genießen, der mit seinen bemoosten Riesenbäumen und überwucherten Opferschreinen wie ein Relikt aus vergangenen Zeiten erscheint.

Zieht es einen nun zurück ins Zentrum, geht man nach Verlassen des Waldes rechts, folgt der nächsten Straße nach links und läuft so parallel zum Hinweg zurück ins Gewühl. Doch man kann sich auch noch auf eine kleine Wanderung (ca. 1 Std.) begeben. Dann quert man den Wald, hält sich an der Weggabelung rechts, geht weiter geradeaus und erreicht so schon bald das kleine Dörfchen **Nyuh Kuning**, wo zahlreiche Holzschnitzer und Korbflechter ansässig sind. Ein Fußweg führt durch Reisfelder, über den Uos-Fluss und wird dann wieder zur Straße, der man geradeaus für ein paar Hundert Meter folgt. Ein Abzweig nach links wird passiert, später einer nach rechts; dort biegen wir ein und kommen nach rund einem Kilometer in das Dorf **Katik Lantang**. Von hier ist es nur noch ein kurzes Stück bis **Penestanan**, einem in direkter Nachbarschaft von Campuan gelegenen Vorort Ubuds – und dann ist auch das Zentrum schnell wieder erreicht.

Wer sich nun ins Einkaufsgetümmel stürzen möchte: Im Angebot ist alles, was irgendwo auf der Insel produziert wird, also Silber- und Goldschmuck, Holz-, Horn-, Knochen- und Elfenbeinschnitzereien, Steinmetz- und Zementgussarbeiten, Schildpattkämme, handgeschnitzte und -bemalte Schattenspielfiguren aus Leder, traditionelle Gewebe, modische Textilien, neue Antiquitäten und natürlich Tausende Gemälde in allen möglichen und unmöglichen Stilrichtungen, verbunden der Tradition oder dem Touristengeschmack, spottbillig oder teuer, Originale und Kopien. Garantiert Originale bekommt man nicht nur im Neka-Museum, sondern u. a. auch in den Galerien von Han Snel und Antonio Blanco.

Der Hahnenkampf, ein Relikt aus prähinduistischer Zeit, hat den Rang eines Nationalsports

Der Hahnenkampf

Der Hahnenkampf, ein Relikt noch aus prähinduistischen Zeiten, dient heute weniger rituellen Zwecken, sondern mehr der Wettleidenschaft der Männer und hat den Rang eines Nationalsports inne. Als solcher ist er zwar seit 1982 verboten (nur rituell notwendige Kämpfe sind heute noch erlaubt), aber man kümmert sich nicht groß darum, und fast allabendlich finden irgendwo auf der Insel, insbesondere in der Umgebung von Ubud, nicht genehmigte Turniere statt.

Als Arena dient der *wantilan*, ein in jedem Dorf zu findendes »Stadion«. Hier hat man auch die Möglichkeit, Balinesen zu sehen, die ihrem sonst so gezügelten Temperament freien Lauf lassen. Unter Schreien und Lärmen werden die »Gladiatoren« begutachtet, die Wettlustigen machen wild gestikulierend ihre Einsätze. Dann werden die zuvor durch Zupfen der Hals- und Schwanzfedern »scharf gemachten« Hähne in gegenüberliegenden Ecken der Arena aufgestellt. Frenetischer Lärm liegt jetzt über dem Rund, aber das ist noch nichts gegen den, der anhebt, wenn sich die prachtvoll gefiederten Hühnervögel auf Zickzackkurs nähern, dann lauernd umkreisen, schließlich unter hundertfachem »Oohhh« und »Aahhh« der aufgebrachten Zuschauer mit gespreizten Nackenfedern und hochgestellten Flügeln aufeinanderprallen, um sich mit Schnabelhieben und den an ihren Füßen befestigten, rasiermesserscharfen Klingen zu verletzen. Nur einer darf überleben, so lautet das Reglement, und meist steht der Sieger schon nach Sekunden fest. Der Verlierer wandert in den Kochtopf, der Gewinner wird liebevoll gestreichelt.

Man kann den Hahnenkampf als grausame Tierquälerei ablehnen, zieht man aber einen Vergleich mit den Lebensverhältnissen ungezählter Tiere in den Mastanstalten Europas, dann ist das Dasein eines Kampfhahnes auf Bali vorbehaltlos glücklich zu nennen. Er verbringt sein Leben unter natürlichen Bedingungen in völliger Freiheit, wird von seinem Besitzer tagtäglich aufopferungsvoll gepflegt und mit wirklicher Zuneigung bedacht. Wenn er den Kampf verliert, bezahlt er sein bis dahin herrliches Leben mit einem sekundenlangen Kampf, der den Tod bringt. Wenn er aber insgesamt viermal siegt, darf er bis ans natürliche Ende seiner Tage als hoch geachteter und von allen geliebter »Pensionär« auf dem Hof seines Besitzers weiterleben.

Service & Tipps:

 Ubud Tourist Information Bina Wisata
Jl. Raya Ubud, gegenüber Puri Saraswati
80571 Ubud
℡ (03 61) 97 32 85
Mo–Sa 8/9–20 Uhr
Privates Touristenbüro mit Infos insbesondere zu kulturellen Veranstaltungen in und um Ubud. Auch Ticketverkauf für die meisten Veranstaltungen.

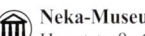 **Neka-Museum**
Hauptstraße Campuan
80571 Ubud
www.museumneka.com
Mo–Sa 9–17, So 12–17 Uhr
Eintritt 20 000 Rupiah
Die zweitgrößte Gemäldesammlung Balis ist ein Kompendium balinesischer Malerei des 20. Jh.; eine Abteilung ist Künstlern aus ganz Indonesien gewidmet, eine andere den sogenannten *Westerners* (Europäern), vertreten u. a. durch Rudolf Bonnet, Arie Smit, Theo Meier und Han Snel.

Wann wo <u>Hahnenkämpfe</u> stattfinden, ist nirgends nachzulesen, und so frage, wer einem beiwohnen will, am besten die Hotelangestellten nach cock fighting oder tajen, dem balinesischen Wort für Hahnenkampf.

Gemälde im Neka-Museum in Ubud im traditionellen balinesischen Stil

Vor der Rezeption werden Gemälde auch verkauft.

🏛 Puri Lukisan

Jl. Raya Ubud
80571 Ubud
www.museumpurilukisan.com
Tägl. außer an Feiertagen 9–16 Uhr
Eintritt 20 000 Rupiah
»Palast der Gemälde«, Stützsäule von Ubuds Ruf, Kulturmetropole der Insel zu sein. Auf Initiative von Rudolf Bonnet 1954 gegründet und eine der größten Galerien Indonesiens. Alle Stile balinesischer Malerei sind vertreten, insbesondere aber Gemälde der »kulturbringenden« Epoche der 1930er-Jahre, eingeleitet durch europäische Künstler (denen eine große Abteilung vorbehalten ist).

✕ Café Lotus

Jl. Raya Ubud, 80571 Ubud
✆ (03 61) 97 56 60
Tägl. 8–22 Uhr
In wunderschöner Gartenanlage rings um den namengebenden Lotosteich verzehrt man ausgezeichnete Gerichten der balinesischen, indonesischen sowie internationalen Küche.

✕ Casa Luna

Jl. Raya Ubud, 80571 Ubud
✆ (03 61) 97 74 09
Im Stadtzentrum gelegener In-Treff für Kaffee (diverse Sorten), köstlichen Kuchen, Joghurt, Eis und ausgesucht gute balinesische wie internationale Gerichte. Die Einrichtung ist

geschmackvoll, das Ambiente gepflegt, die Preise angemessen.

✕ Restaurant Indus

Jl. Raya Ubud, Sanggingan
80571 Ubud
✆ (03 61) 97 76 84
Tägl. ab 12 Uhr
Traumhaft schön über dem Tjampuhan River gelegenes Restaurant mit Ausblick bis hin zum Gunung Agung. Die Speisekarte listet erlesene Köstlichkeiten auch der indischen Küche auf, die Preise sind relativ hoch nach balinesischem Standard, aber unbedingt gerechtfertigt.

✕ Restaurant Murni's

Jl. Raya Ubud, Campuan
80571 Ubud
✆ (03 61) 97 52 33
Tägl. ab 9 Uhr
Ehemals Renner der Rucksackler-Szene, doch nun komplett umgebaut und erweitert. Teils sehr geschmackvoll eingerichtete Räume in verschiedenen Etagen, gute, lockere Atmosphäre und viele leckere Gerichte, die aber allesamt auf den westlichen Geschmack zugeschnitten sind.

Ubud ist ein Einkaufsparadies für balinesische Waren aller Art. Kaufen kann man sie in den unzähligen Geschäften, die die **Jl. Raya Ubud** (Hauptstraße) und die **Monkey Forest Road** säumen, auf dem großen **Markt** der Stadt oder – wenn es um Gemälde geht – in den ebenfalls ent-

Gamelan-Ensemble in Peliatan

lang der Hauptstraße zu findenden **Verkaufsausstellungen** verschiedener Künstler.

Galerie Han Snel
Jl. Kajeng 3 (den Han Snel-Bungalows angeschlossen)
80571 Ubud
www.hansnelbungalow.com
Die Galerie des Holländers empfiehlt sich besonders für Freunde der abstrakten Kunst.

Galerie Antonio Blanco
Hauptstraße Campuan
80571 Ubud
www.blancobali.com
Tägl. 9–17 Uhr
Antonio Blanco, Amerikaner philippinischer Herkunft, stellte am liebsten sich selbst, seine Frau oder erotische Szenen dar.

Monkey Forest
Monkey Forest Road
80571 Ubud
www.monkeyforestubud.com
Rund 1,5 km vom Zentrum entfernter heiliger Hain riesenhafter Bäume (u. a. auch herrliche Banyan-Exemplare), in dem eine Horde halbzahmer Affen lebt.

Für **Spaziergänge** im landschaftlich überaus reizvollen Umland von Ubud sollte man sich im Touristenbüro die Karte »Bali Path Finder« kaufen, die zur Hälfte Ubud gewidmet ist und für zahlreiche Wanderungen als Führer genügt. Zu empfehlen sind neben der oben beschriebenen u. a. Touren von Campuan nach **Payangan** (via Penestanan, Sayan und Kedewatan; 11 km, zurück per Bemo), von Ubud-Zentrum nach **Peliatan** (via Padangtegal und Pengosekan; 4 km, zurück per Bemo), von Ubud via Petulu nach **Junjungan** (6,5 km, zurück per Bemo) oder von Campuan nach **Keliki** (via Sakti und Sebali; 7 km, ab Keliki Bemo nach Ubud via Tegalalang).

Die schönsten kommerziellen **Tanzdarbietungen** vielleicht von ganz Bali sieht man im benachbarten Dorf **Peliatan** (jeden Fr 19.30 Uhr *Legong*-Tanz im Puri Agung), das die erste Bali-Tanzgruppe hervorbrachte, die weltweit Beachtung fand.

Sie trat in den 1950er-Jahren in Paris, London und New York auf und spielte neben Bing Crosby, Bob Hope und Dorothy Lamour in »The road to Bali« mit.

Anmutig: Legong-Tänzerin in kostbarer Kleidung

Aber auch in **Ubud** selbst kommt man durchaus und täglich auf seine Kosten; die Darbietungen sind sehr kommerziell bei künstlerisch hohem Niveau.

Informationen und Tickets erhält man bei der Ubud Tourist Information und den meisten Unterkünften. Für außerhalb gelegene Veranstaltungsplätze kann man den Minibustransfer gleich mitbuchen.

Schattenspiele (s. S. 82 f.) stehen mehrmals wöchentlich auf dem Kulturprogramm der Stadt – auch hier informiert das Touristenbüro oder Hotel.

Barong: Das mythische ▷ Fabeltier verkörpert das heilvolle Prinzip

Musik, Tanz und Spiel

Viele kulturelle Darbietungen auf Bali blicken auf eine lange Tradition zurück und spielen trotz ihrer Kommerzialisierung auch heute noch eine durchaus bedeutende Rolle im gesellschaftlichen Leben. Touristen sind von den Tänzen und Tanzdramen, dem Schattenspiel und der Musik schon deshalb fasziniert, weil sie meistens noch nichts Vergleichbares erlebt haben.

Das Tanzspiel Barong

Den großartigsten Beweis für die friedliche Koexistenz von lebendiger Tradition einerseits und im Zeichen der touristischen Vermarktung erfolgter Profanierung andererseits liefert das Tanzspiel *Barong*, das allmorgend-

Szene aus dem Legong Kraton (Legong des Palastes), aufgeführt im Palast von Ubud

lich auf den Touristenbühnen von Batubulan und an vielen Abenden in Ubud aufgeführt wird. Perfekt in Szene gesetzt, will es, wie ein mehrsprachiger Handzettel mitteilt, in sieben Akten den ewigen Kampf des Guten gegen das Böse symbolisieren. Die beiden Hauptfiguren, die altbalinesische und hinduistische Elemente vereinen, sind *Barong* und *Rangda*. *Barong*, ein mythisches Fabelwesen, Beschützer der Menschheit, verkörpert dabei das heilvolle Prinzip, während die Furcht einflößende Hexe *Rangda*, eine Erscheinungsform der Todesgöttin *Durga*, das Zerstörerische widerspiegelt. Der Kampf endet schließlich unentschieden, denn Gut und Böse, die antagonistischen Kräfte des Kosmos, sind nach dem auf Konfliktausgleich beruhenden Prinzip der balinesischen Philosophie untrennbar und für alle Zeit miteinander verbunden.

Das theatralische Geschehen unter freiem Himmel im Reisfeldsaum von Batubulan ist ungeheuer fotogen, aber doch nur die unterhaltsame Seite dieses auch als *Kris*-Tanz bekannten Dramas, während dem die dem *Barong* dienenden *Kris*-Tänzer zu guter Letzt ihren *Kris* (Ritual-»Schwert«; s. S. 39) gegen die eigene Brust richten, um so die religiöse Verachtung des menschlichen Lebens und der menschlichen Gefühle dramatisch darzustellen. Im esoterischen Kern hat es die Aufgabe exorzistischer Reinigung und kommt zu diesem Zweck – durchaus mit den gleichen »Schauspielern«, denen man hier zuschaut – auch heute noch häufig zur Aufführung. Insbesondere wenn es gilt, ein – etwa durch ein Unglück – zum Bösen hin verschobenes Kräftegleichgewicht in einem Dorf wieder in die Balance zu bringen.

Tanzdramen

»Come and see Bali's dances!« – Große, bunte Plakate mit dieser oder ähnlicher Aufschrift kann man überall in den Touristenzentren von Bali gewahren, und obwohl die Vorführungen so kommerzialisiert sind, hat das dem künstlerischen Niveau keinen Abbruch getan. Am höchsten ist es nach wie vor in Ubud, der Kulturmetropole der Insel. Los geht es allabendlich nach Einbruch der Dunkelheit gegen 19 Uhr. Als Bühne dient stets eine prächtige Tempelkulisse, deren Mauerwerk im Schein von Pechfackeln rötlich schimmert. Plötzlich hebt ein

heller, vibrierender Ton an, und alles Stimmengemurmel verstummt, so verzaubert ist jeder von dieser Nokturne für die Götter der Nacht, die drei Dutzend weiß gekleidete Balinesen ihren hölzernen Schlaginstrumenten entlocken. Es ist der *Gamelan*, der erklingt und ohne den jede Tempelzeremonie, religiöse Prozession oder auch Tanzaufführung undenkbar wäre.

Nun erscheinen als Verkörperung von Himmelsnymphen zwei in kostbare Brokatgewänder gehüllte Mädchen. Wie Spiegelbilder voneinander wiegen sie sich in abgezirkelten Schritten im Tanz, trennen sich bald in eigene Gestaltungen, fließen wieder zu einer

Kecak-Tänzer und -Tänzerinnen im Pura-Dalem-Tempel in Ubud

Einheit zusammen, um pantomimisch eine Legende aus dem 13. Jahrhundert darzustellen, deren Geschichte ein Handzettel erläutert. Es ist der *Legong*, der femininste, anmutigste und erhabenste aller klassischen Tänze Balis, dem wir beiwohnen. Und es ist auch der mit der strengsten Choreographie und den differenziertesten Bewegungen, die zu lernen Jahre in Anspruch nimmt. Und doch endet die Karriere der Tänzerinnen mit ihrem 13. oder 14. Lebensjahr, denn dann, nach den ersten Monatsblutungen, gelten sie nicht mehr als rituell rein.

Noch bestaunt man die grazile Drehung einer Hand, das bedeutungsvolle Vibrieren eines Fingers, einen unnachahmlichen Augenaufschlag, als der *Gamelan*-Rhythmus schneller wird, die Mädchen abtreten und ein Solotänzer mit weißer Gesichtsmaske, vampirähnlichen Eckzähnen, krallenartigen Fingernägeln und strähnig weißen Haaren auf die Bühne springt, um mit ruckartigen Wendungen und schlagenden Bewegungen ein dämonisches Wesen zu mimen. Kaum hat man sich an diesen *Jauk* genannten Tanz gewöhnt, da wechselt das Geschehen erneut und drei Clowns mit Halbmasken erzählen pantomimisch Geschichten aus der populären Volkschronik der Könige auf Bali. Auf diesen *Topeng Panca* (*topeng* = Maske) folgt der Solo-Maskentanz *Topeng Tua*, bei dem ein einzelner Tänzer sehr drastisch die Qualen des Greisenalters veranschaulicht. Den Abschluss des Abends bildet meist der *Kecak*, der für einen Dokumentarfilm in den 1930er-Jahren vom deutschen Maler Walter Spies kreiert wurde. Dabei sind die Akteure, die Szenen aus dem *Ramayana* aufführen, von einem Männerchor umgeben, dessen Sänger Blumen hinter dem Ohr tragen und pausenlos *cak-cak-cak* hervorstoßen

Gibt es zu viele Szenenwechsel, folgen immer neue Darbietungen, ist die Aufnahmefähigkeit der Besucher irgendwann erschöpft, und man spürt, dass selbst das Exotischste langweilen kann, wird es als Potpourri, wie allabendlich in Ubud üblich, in Szene gesetzt.

Das Schattenspiel

Wayang bedeutet Schatten, *kulit* ist die Bezeichnung für bemalte Flachfiguren (mit fünf beweglichen Teilen) aus Leder und *Wayang Kulit* ist entsprechend das Schattenspiel. Als »Schauspielhaus« dient oft eine nur auf drei Seiten geschlossene Bambushütte, vor deren freier Giebelseite eine große weiße Leinwand gespannt wird. Hinter dieser Leinwand sitzt der *dalang* mit seinen Figuren unter einer Lampe, deren Licht die Schatten auf den Projektionsschirm wirft. Der *dalang* ist Schauspieler, Regisseur, Improvisator, Sänger und Dirigent in Personalunion, denn er führt nicht nur die Figuren und spricht bzw. singt ihre

Figuren für das »Wayang Kulit«, das Schattenspiel

Rollen, sondern flicht auch aktuelle Tagesthemen in das feststehende Spielschema ein und dirigiert das (allerdings nicht immer vorhandene) *Gamelan*-Orchester, das den Ablauf der Handlungen wirkungsvoll begleitet. Vor der Leinwand sitzt das Publikum und auf der Leinwand wird ein Spiel lebendig, das wieder einmal offenbart, wie sehr Bali auch heute noch von uraltem indischen Kulturgut durchdrungen ist.

Der Inhalt des (auch auf Java) so überaus beliebten und allabendlich in Ubud aufgeführten *Wayang Kulit* stammt aus den beiden großen hinduistischen Epen *Mahabharata* und *Ramayana* mit den zentralen Themen Dämonenbeschwörung, Fruchtbarkeitszauber und Ahnenkult. *Mahabharata*, das aus 110 000 Doppelversen bestehende Nationalepos der Inder, erzählt den Kampf zweier Dynastien um die Vorherrschaft; die Handlung wird mehrfach unterbrochen durch ethische Betrachtungen aus dem Lehrgedicht *Bhagavadgita*. Im Gegensatz dazu ist der *Ramayana* ein reines, 15 000 Doppelverse umfassendes Kunstepos. Geschildert wird, wie der Königssohn Rama seine Gattin Sita, die ihm der Riese Rowana geraubt hat, mithilfe des Affenkönigs Hanuman zurückholt. Diese Sage, die auf das zweite bis dritte Jahrtausend vor unserer Zeitrechnung zurückgeht, hat in Bali viele Veränderungen und Erweiterungen erfahren und gehört heute zum festen Programm eines jeden *Wayang*. Dabei findet die rangunterschiedliche Bedeutung der Puppen Ausdruck in ihren verschiedenen Größen. Gesicht und Füße zeigen die sehr expressiv bemalten Figuren stets im Profil, den Rumpf hingegen häufig frontal; ihre Gelenke sind beweglich.

Aber bitte: Nicht fotografieren, auch wenn sich die meisten ausländischen Besucher dazu hinreißen lassen, denn im Licht des Blitzes vergehen die Schatten, und das einzige, was man bannt, ist das Weiß der Leinwand.

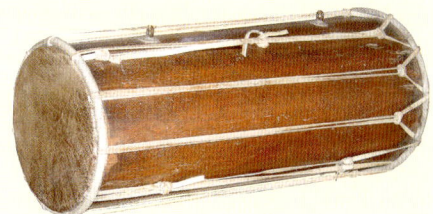

Die zweiseitige Trommel ist nur eines von etwa 70 Instrumenten, mit denen ein Gamelan-Orchester seine Musik ertönen lässt

Gamelan

»*Gamelan* ist nur mit zwei Dingen zu vergleichen: mit Mondlicht und mit fließendem Wasser. Es ist so rein und mysteriös wie das Mondlicht und dauernd wechselnd wie das fließende Wasser. Es ist einfach ein Zustand des Seins, wie das Mondlicht, das sich über das Land legt.« So schrieb Jaap Kunst in seinem Werk »Musik auf Java«. *Gamelan* so zu empfinden ist jedoch nicht leicht für einen westlichen Besucher. Am ehesten wird es noch den Anhängern atonaler Musikströmungen gelingen, denn *Gamelan* kennt keine auf einem Grundton aufbauende Melodie, kommt ohne Harmonie in unserem Sinn aus und basiert auf fremdartigen Intervallen, die auf dem chinesischen Fünfton- sowie auf einem Siebentonsystem beruhen.

Gamelan war ursprünglich auf seinen beiden Stamminseln Bali und Java beheimatet und hat sich von dort aus auf nahezu alle Inseln des Archipels verbreitet. In abgewandelter Form findet es sich heute noch in Thailand und Malaysia sowie auf den Philippinen. Zurückverfolgen lässt sich diese Musiktradition bis in die vorhinduistische Zeit, als die ersten Reisterrassen entstanden. – Tonerzeugung als Signal für intakte Bewässerung der Reisfelder durch das »kippende Bambus«, den *taluktak*. Das hohle, auf einer Achse drehbare Bambusrohr läuft mit dem Wasser des darüberliegenden Feldkanals voll, kippt vornüber und schüttet es auf die tiefer liegende Terrasse; sobald das Rohr leer ist, richtet es sich auf, wobei sein unteres Ende an einen Stein schlägt und so in bestimmten Zeitintervallen ein kurzer Ton erklingt.

Am Anfang war also der »Schlag« (*gamel*: Schlag oder Hammer), und noch heute wird *Gamelan* durch ein hauptsächlich aus Schlaginstrumenten bestehendes Orchester gespielt, das aus bis zu 40 Musikern bestehen kann. Als »Schöpfer des rhythmischen Elementes« gilt die mit Fell bespannte Röhrentrommel *kendang*, die die Form der Komposition bestimmt, das Temposchema ordnet und über Beginn und Ende der »Melodie« entscheidet; der Spieler ist dementsprechend der Orchesterleiter. Eher interpunktierende oder phrasierende Funktionen haben die Gongs inne: etwa der große, an einem Holzgestell hängende *gong ageng*, der Buckelgong *kenong* sowie der Kesselgong *ketuk* und der kleine Flachgong *kempyang*. Als »Schöpfer der melodischen Elemente« sind die Metallophone *(gender* oder *slentem)* zu nennen, die mit Bambus-Resonanzkörpern ausgerüstet sind, außerdem die Bambusflöte *suling* (das einzige Blasinstrument) sowie die zweisaitige *rebab* (Stachelgeige), die die reichverzierte Hauptmelodie spielt. – Dies sind die wichtigsten Instrumente eines *Gamelan*-Ensembles, zu dem in der Regel (aber nicht unbedingt) noch mehrere Solosänger sowie ein Chor gehören.

Bambusflöte oder »Suling«: Der Spieler benutzt eine besondere Atemtechnik, um einen kontinuierlichen Klangfluss zu erzeugen

Je nach Anlass spielt aber nicht nur ein *Gamelan*-Orchester – bei der Verbrennungsfeier des Fürsten von Ubud etwa sollen insgesamt sogar 150 verschiedene Ensembles vertreten gewesen sein. Überhaupt gilt Bali mit über 6000 *Gamelan*-Orchestern als Hochburg dieser Musik, die man dort (und auf Java) aber nicht nur bei Festlichkeiten und Zeremonien zu hören bekommt, sondern auch im Fernsehen oder Rundfunk, der nur etwa zehn Prozent der Sendezeit für westliche Musik frei hält.

Nordbali

Lavastrände und Kraterseen

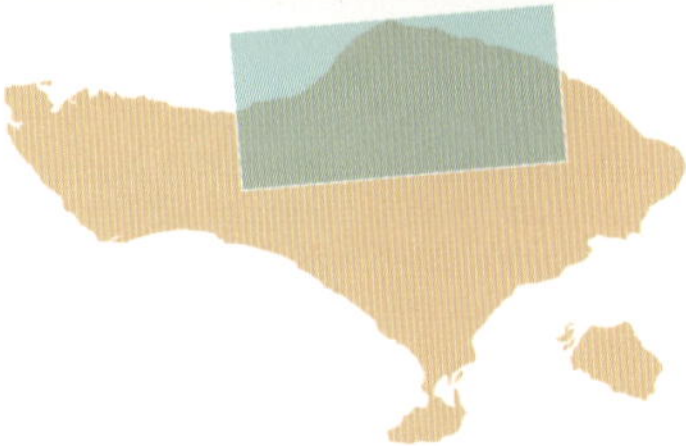

Die Augen am Bug der balinesischen Fischerboote sollen beim Navigieren helfen und eine sichere Rückkehr garantieren

Strände gibt es im Norden von Bali wie Sand am Meer; entlang der nördlichen Küstenstraße ziehen sie sich kilometerlang und lavaschwarz am blauen Band des Ozeans hin. Vorgelagerte Korallenriffe laden zum Tauchen ein, doch nicht nur an der Küste und unter Wasser gibt es in dieser Region Vielfältiges zu entdecken, sondern auch im bis über 1700 Meter hoch aufragenden Bergland, das sich schroff und von tiefen Furchen durchschnitten aus der schmalen Küstenebene erhebt und in der Kette vulkanischer Gipfel kulminiert, die Bali in West-Ost-Richtung durchzieht. Dort überraschen kühle, ja geradezu kalte Temperaturen, Morgentau auf grünen Matten, Nebel, tiefe Wolken und dick vermummte Gestalten sowie atemberaubend schöne Ausblicke hinab auf das Meer, das sich in silbrigem Dunst erstreckt, sowie auf malerische Kraterseen, die zusammen mit schwarz erstarrten Lavaströmen, zischenden Fumarolen und heißen Quellen deutlich anzeigen, dass die »Feuergötter« im Innern Balis noch immer nicht zur Ruhe gekommen sind.

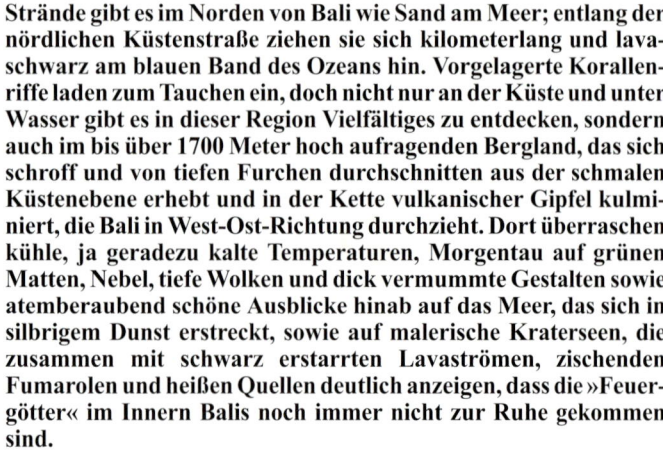

Auslegerboot am feinsandigen schwarzen Lavastrand

Yeh Sanih
Pura
Purwasidhi
Panjok Baktu
Alassari
bahan
Pacung
Bondalem
Pura
Bukit Sinun
Tejakula
Tangkid
Tajun
Sembiran
Penuktukan
n
Kelodan
Kanginan
Pakisan
S. Daya
Tegal
Keduran
Air Terjun
Yeh Mempeh
Geretek
Tembok
Bakungan
Kutuh
Lupak
Penginyahan
Angansavi
Siakin
Galungan
Bayun
Dausa
Gunung Penulisan
△ 1745
1399
△
Selulung
Penulisan ❾
Pura Tegeh
Koripan
Tambakan
Lampu
△
1308
Songan
Paleg
Ayung
Gunung
Batur
△
1717
Toya
Bungkah
Awan
❺ **Kintamani**
Pura Ulun
Danu Batur
Pura
Gunung
Payung
Bon
Belarga
Batur
Danau
erta
au
an
Tinggai
Belancan
Pura Jati
△ 1073
Batur
Trunyan
tanda
Mengani
Peludu
❽
Penelokan
Kedisan
Pelaga
△
1388
Bunutin
Katung
Suter
uriti
Penikit
Wos
Sekardadi

0   5km

N

1 Banjar

Rund zehn Kilometer westlich der Strände von Lovina erreicht man dieses wunderschön im Saum von Reisterrassen und am Fuße der Berge gelegene Dorf, das mit dem buddhistischen Tempel **Brahma Vihara Arama** ein Unikat auf Bali und in Indonesien schlechthin besitzt.

Ein Führer öffnet einen rotgoldenen Raum nach dem anderen, denn ein buddhistischer Tempel besteht aus Räumen. Geduldig zeigt und erläutert er Statuen und Requisiten und erklärt auch gern die Bedeutung der hier allgegenwärtigen *swastika*, Hauptsymbol des Buddhismus und Hinduismus (für uns ist es ein rechtsdrehendes Hakenkreuz), um das sich alles dreht. Sein Zentrum stellt das Eine dar, das Absolute; die Arme stehen für die Polaritäten und sie besagen zugleich, dass das Eine diese mit umfasst, dass also der Uranfang mit seinen Ausprägungen verbunden ist. Die Haken schließlich symbolisieren den Kreislauf, das Lebensrad, bestehend aus Geburt, Tod und Wiedergeburt.

Das Hakenkreuz war allen Urvölkern der Welt bekannt (nur denen von Australien und Südafrika nicht). Den Germanen galt es als das Zeichen für Thor; Schliemann fand Mauerreste vor Troja, auf denen es eingemeißelt war; die Azteken, Mayas und Inkas verehrten es. Vielleicht ist es mehr als ein von Menschen geschaffenes Symbol, vielleicht ist es, wie C. G. Jung sagt, ein Archetyp, also eine »Gestalt«, die im Geist aller Menschen als Teil einer der Menschheit gemeinsamen Erbschaft existiert.

Buddha-Bildnis im Tempel Brahma Vihara Arama

Service & Tipps:

Brahma Vihara Arama
81113 Banjar
www.brahmaviharaarama.com
Tägl. 8–18 Uhr
Nahe der Durchgangsstraße und dem Ort Banjar in reizvoller Landschaft gelegenes buddhistisches Kloster (ausgeschildert), als solches ein Unikat in ganz Indonesien. Ein (geführter) Rundgang durch die reich ausgestatteten Räumlichkeiten der Anlage vermag auch Tempelmuffel zu begeistern.

Rund ums Jahr werden hier auch 10-tägige Vipassana-Meditationskurse abgehalten; die Website des Klosters informiert über Termine etc.

Komala-Tirta-Restaurant
Air Panas
81113 Banjar
Luftige Pfahlbaukonstruktion über den heißen Quellen, höchst romantisch in die Dschungelschlucht eingebettet. Indonesische Speisen, gut und günstig.

Air Panas/Heiße Quellen
An der Durchgangsstraße sowie in Banjar ausgeschildert
81113 Banjar
Tägl. 8–16 Uhr
Heiße Quellen mit gepflegten Badebassins inmitten einer kleinen üppigen Dschungelschlucht. Die Wassertemperatur ist überaus angenehm, der Wald lädt zu kleinen Spaziergängen ein.

Buddhismus im Hinduismus

Beim Brahma Vihara Arama handelt es sich um ein buddhistisches Kloster und damit um ein letztes Relikt jener kulturell so überaus schöpferischen Epoche, die – von indischen Mönchen und Händlern getragen – im Malaiischen Archipel schon um die Zeitenwende einsetzte und auf der Nachbarinsel Java unter anderem das Weltwunder des Borobudur-Tempels hinterließ. Auf Bali kann buddhistischer Einfluss ab 700 n. Chr. nachgewiesen werden, aber spätestens vom 10. Jahrhundert an wurde die Seinslehre des Erleuchteten vom Hinduismus überlagert und assimiliert. Das war problemlos möglich, denn den Hindus galt und gilt *Buddha* als Erscheinung von *Vishnu*. Die ostjavanischen Könige, die ja auch Bali beeinflussten, betrachteten die beiden Religionen als unterschiedliche Wege zu demselben Ziel: der Befreiung des Menschen aus dem Kreislauf der Wiedergeburten durch die Einsicht, dass die Welt der Erscheinungen nur *maya* ist, eitler Schein. So findet man auf Bali noch zahlreiche Buddhastatuen; und bei der Krönung eines Königs musste bis in unsere Tage hinein neben den Brahmanen-Priestern auch ein *pedana boda* zugegen sein, ein Priester, der zwar kein Buddhist ist, aber Buddha verehrt. Wie sehr hier die beiden Hochreligionen miteinander verflochten sind, zeigt sich am Klosterbau, denn auch da führt ein gespaltenes Tor in das Heiligtum, und der figurale Schmuck gleicht dem anderer Hindu-Tempel. Ja der Synkretismus geht so weit, dass der Abt des Klosters (zurzeit auch der einzige Mönch) heute wie in der Vergangenheit aus den Reihen der höchsten balinesischen Hindu-Priester stammt.

Relikt aus buddhistischer Zeit: das Kloster Brahma Vihara Arama

2 Danau Batur & Gunung Batur

Dem lieblich-exotischen Erscheinungsbild des Inselsüdens von Bali steht die Mondlandschaft rings um den Vulkan Gunung Batur diametral entgegen. Aus

welcher Richtung man auch immer anreist: Man wird schlicht begeistert sein vom Landschaftsbild rund um den **Batur-Krater**, der teilweise von einer Straße erschlossen wird. Mit seiner Ausdehnung von 10 mal 14 Kilometern gilt er als einer der größten Calderen (span. *caldera* – »Kessel«) der Welt, entstanden durch den Kollaps eines einstigen Urvulkans, als vor Millionen von Jahren dessen Masseverlust infolge starker Magmaförderung so groß wurde, dass sich ein überdimensionaler Hohlraum bildete. Den tiefsten Absenkungsbereich dieser Einsturzcaldera füllt heute der acht mal drei Kilometer messende See **Danau Batur** aus.

Im Zentrum des viele Hundert Meter tief und meist senkrecht abfallenden Kessels baute sich im Laufe der Äonen ein neuer Vulkan auf: der 1717 Meter hohe, sechskraterige Schichtvulkan **Gunung Batur**. Die schwarz erstarrten Lavaströme an seiner Westflanke und auch die Wurzeln zeigen deutlich, dass die »Feuergötter« im Innern des zweitheiligsten Berges von Bali noch immer nicht zur Ruhe gekommen sind. 1917 und 1926 ereigneten sich die letzten großen Eruptionen, doch seit September 2009 wurden erneut vulkanische Beben gemessen, weshalb am 9. November 2009 die Warnstufe »Normal« in »Wachsam« geändert wurde. Seitdem ist es bis auf Weiteres nicht mehr erlaubt, den Berg zu besteigen.

Aktuelle Informationen darüber, ob der **Aufstieg zum Gunung Batur** möglich ist, erhält man bei den Touristenbüros der Insel und auch beim Surya Hotel. Sollte die Besteigung prinzipiell wieder erlaubt sein, gibt es zwei Aufstiegsmöglichkeiten zum Kraterrand, wobei der wesentlich kürzere Weg in Pura Jati – etwa auf halbem Weg zwischen Penelokan und Toya Bungkah nahe dem Batur-See – beginnt. Der Aufbruch sollte spätestens um 3.15 Uhr erfolgen, wenn man den Sonnenaufgang erleben will. Um den Einstieg nachts zu finden, muss man sich am Tag zuvor mit den Gegebenheiten vertraut machen: Ab Penelokan der steil zum See hin abfallenden Straße folgen, im Calderagrund an der einzigen Kreuzung nach links, an der »Surya«-Bungalowanlage vorbei und noch etwa zwei Kilometer bis zu dem Punkt, wo in einer Rechtskurve links am Weg eine Holzhütte steht mit einem Schild »Stop, start here for Batur«. Links neben der Hütte beginnt der Weg, in der Hütte gibt es Erfrischungen.

Der Wanderweg selbst ist breit und ausgetreten, allerdings hat die »Vereinigung der Batur-Führer« durchgesetzt, dass man sich nur noch mit einem offiziellen Führer auf den Weg machen darf. Selbst Spaziergänge über das beidseits der Straße nach Toya Bungkah gelegene Lavafeld sind ohne Begleitperson verboten. Führer bekommt man in Pura Jati, wo sich stets gleich mehrere aufdrängen, aber wesentlich angenehmer sind die über das Surya Hotel vermittelten Guides, die zudem reelle Preise verlangen (35 US-$ pro Person bei mindestens 2 Personen).

Auf- und Abstieg dauern jeweils rund 2 Stunden. Folgendes ist mitzunehmen: eine Taschenlampe mit Reservebatterien und einer Reservebirne, ausreichend Trinkwasser, Proviant, warme Kleidung, feste Turnschuhe, besser noch Wanderschuhe, und – für Fotografen – ein Stativ.

Und dann geht es in aller Frühe los. Der Weg bis zur Holzhütte ist vom Vortag vertraut, dann folgt man der Spur links daneben; sie ist breit und trotz des nachgiebigen Schlackebelages kommt man gut voran. Nach etwa 45 Minuten wird der Verschlag eines (erst ab sieben Uhr geöffneten) Kiosks passiert und weiter zieht sich der Pfad in Richtung Flanke des Gunung Batur, der als schwarzer Schatten in der Nacht aufragt. Auch während der nächsten Viertelstunde bleibt der Weg eben, breit und problemlos zu begehen, auch wenn er sich – ins-

In Bali verwendet man Bambus auch für Gerüste beim Hausbau gesamt zweimal – über niedrige Lavahügel hinaufzieht. Zur Linken beleuchtet die Taschenlampe nun die Furche eines ausgewaschenen Creeks; von jetzt an und bis ans Ziel der Wanderung geht es bergauf.

Die anfänglich noch mäßige Steigung wird bald schon mächtig; in manchen Abschnitten hat es den Anschein, als würde der zum Glück gut ausgetretene Serpentinen- und Treppenpfad an einer fast senkrechten Wand hinaufführen. Aber das täuscht, die Hangneigung überschreitet an keiner Stelle die 60-Grad-Marke. Trotz der kühlen Temperatur von rund 18 Grad Celsius fließt der Schweiß in Strömen. Rund 45 Minuten lang müht man sich so nach oben und plötzlich, ganz ohne Übergang, steht man in 1500 Meter Höhe in einem **Sattel**, der sich zum kreisrunden und vom eigentlichen Gipfel kesselförmig umschnürten Kraterbett hin öffnet. Das Ziel der Wanderung ist erreicht, jetzt sollte man sich eine Verschnaufpause in der Bambushütte direkt am Wegesrand gönnen.

Wer will, kann noch 200 weitere Höhenmeter hinzufügen, indem er den Kraterring erklimmt und auch umrundet. Der Pfad dort hinauf beginnt links neben dem Shelter, aber er ist schmal und steigt auf einem rutschigen Kamm steil in die Höhe. Mehrere Grate müssen überquert werden – ganz und gar nichts für ängstliche und nicht schwindelfreie Naturen –, bevor man jene 1717 Meter hohe Spitze erreicht, die den **Gipfel** markiert und von einem kleinen Bambus-Unterstand gekrönt wird. Das Panorama von dort oben ist noch weitaus grandioser als das, was sich uns im Sattel bald bieten wird, aber es ist nicht gefahrlos hinaufzusteigen. Wer das Risiko eingehen will, der sollte erst einmal den Sonnenaufgang abwarten und sich dann, bei Licht, an die noch etwa eine Stunde in Anspruch nehmende Kletterei begeben. Von der Spitze aus führt die Verlängerung des Weges über Schlackefelder wieder an den Ausgangspunkt zurück.

Jetzt ist es fast fünf Uhr – und schon dringt ein zarter Lichtstreifen in die Nachtschatten am Himmel, höchste Zeit also zum östlichen Sattelrand hinüberzuwechseln, den man auf einem über spitzes Lavagestein führenden Pfad innerhalb weniger Minuten erreicht. In der kleinen Hütte am Ostrand des Kraters sollte man den heraufsteigenden Tag erwarten. Tief unten, schon sche-

Aus Feuer geboren:
Gunung Batur und
Gunung Penulisan

Nur selten hat man vom Batur-See einen wirklich klaren Panoramablick auf den 2153 Meter hohen Gunung Abang und den 3142 Meter hohen Gunung Agung

Jährlich fallen mehr als 200 000 Quadratkilometer <u>Urwald</u> den multinationalen Holzkonzernen zum Opfer. Von Prestigedenken geleiteter Konsumrausch, der Schränke, Tische, Stühle, Brettchen und Regale, ja sogar Särge am liebsten aus Edelholz verlangt, trägt zusammen mit der Bevölkerungsexplosion die Schuld am größten je von Menschenhand praktizierten Ökozid. »Nur eine atomare Katastrophe könnte die globalen Auswirkungen des Abholzens der tropischen Wälder übertreffen«, urteilte die UNO-Entwicklungshilfe-Organisation UNDP.

menhaft zu erkennen, schimmert der Batur-See, gegenüber erhebt sich der Gunung Agung, hinter dem man das Meer erblickt, aus dem am Horizont der Gunung Rinjani, das 3726 Meter hohe Wahrzeichen der Nachbarinsel Lombok, heraussteigt.

Und dann ist es so weit! Erst mischt sich ein Hauch von Rosa und Violett ins Sternenlicht, dann erscheint ein Fächer aus pastellenem Gelb, das von Augenblick zu Augenblick an Farbkraft gewinnt, bis schließlich die Sonne aus dem Ozean auftaucht.

Bald treiben Dunstschwaden aus der noch nachtschwarzen Caldera herauf. Wenig später lichten sich die Nebel und nach und nach erblickt man den Grund, aus dem man kam: ein Meer von grau erstarrter Lava, das sich bis an die Ufer des achatfarbenen Danau Batur erstreckt und nur vereinzelt grüne Oasenflecken umspült. Dann verliert das Licht an Farbkraft und wir machen uns auf, das Innere des **Kraterkessels** zu erkunden.

Der Weg dorthin beginnt genau da, wo man nach dem Aufstieg den Sattel erreicht hatte, und er führt von der Schutzhütte aus in den eigentlichen Schlund, an dessen Rändern sich die Äonen in den Schichten und Farben ihrer verschiedenen Magmaflüsse zeigen. Aus klaffenden Löchern und Erdspalten, mitunter von dicken Schichten kristallisierten Schwefels gerahmt, dringen lautes Pfeifen und Zischen und Schwaden von weißem Dampf heraus. Das sind sichtbare Zeichen dafür, dass der Boden, auf dem man steht, noch nicht zur Ruhe gekommen ist und tief in der Erde einsickerndes Wasser Kontakt mit geschmolzener Lava haben muss, sodass es zu kochen und zu verdampfen beginnt.

Gegen neun Uhr, wenn die Farben endgültig verblassen, aber die Temperaturen noch angenehm sind, ist es Zeit sich wieder an den **Abstieg** zu machen. Oft sitzt man mehr auf dem Hosenboden, als dass man läuft. Alles in allem ist das Hinab viel mühsamer als das Hinauf, fast zwei Stunden muss man ansetzen, bis **Pura Jati** wieder erreicht ist.

Service & Tipps:

Surya Hotel
Jl. Kedisan, Lake Batur
80652 Kedisan
☎ (03 66) 513 78
www.suryahotel.com
Ab Penelokan der nach Kedisan ausgeschilderten Straße folgen, im Calderagrund an der einzigen Kreuzung nach links
Zum Hotel gehört ein hübsches Pavillon-Restaurant mit See- und Batur-Blick. Direkt gegenüber führt ein Fußweg zum 200 m entfernten Danau Batur mit guten Bademöglichkeiten. Das Hotel organisiert auch Trekkingtouren zum Batur.

Ausflugsziele:

Toya Bungkah
Dieses Dorf, gelegen an der

Verlängerung der Seeuferstraße über Pura Jati hinaus, rühmt sich einer heißen Quelle und ist Ausgangspunkt für Bootsfahrten auf dem Batur-See. Der ganze Ort macht allerdings einen ziemlich heruntergekommenen Eindruck, seine Bewohner sind auffallend unfreundlich, doch ein Besuch der Quelle, die mehrere Spa-Pools speist, ist durchaus zu empfehlen.

Motorboote für Seerundfahrten finden sich am Anleger vor dem Dorf, doch werden nicht selten über 500 000 Rupiah für ein Boot verlangt, was völlig überzogen ist. Feilschen ist ein Muss (100 000 Rupiah sind bereits mehr als genug), und am besten informiert man sich zuvor im Surya Hotel über die aktuellen Preise.

Trunyan
Nur per Boot (30 Min.) ab Toya Bungkah erreichbares Dorf. Angelegt wird beim Dorf und beim nur wenige Hundert Meter entfernten Friedhof. Doch es gibt nicht viel zu sehen bzw. das, was man sieht (auf dem Friedhof z. B. pietätlos drapierte Gebeine von Verstorbenen), ist nicht unbedingt eine Reise wert.

Die Bootsfahrt selbst aber lohnt sich wegen der herrlichen Ausblicke über den See, auf den Batur und das vom Vulkanismus geprägte Umland.

Die Bali Aga von Trunyan setzen ihre Toten nach altmalaiischem Brauch an einer heiligen Stelle am Ufer des Batur-Sees aus

3 Danau Bratan

Der auf rund 1200 Meter Höhe gelegene Bratan-See, dessen Wasser als magisch gilt, füllt Teile eines riesigen erloschenen Vulkankraters aus, der aber nicht wie ein solcher aussieht, weil seine bis über 2000 m hoch aufragenden Flanken von Bergregenwald bedeckt sind. Diese üppigste und älteste Pflanzenformation der Erde wird nach Berechnungen des World Wildlife Fund jedoch bereits in weniger als 20 Jahren von unserem Planeten verschwunden sein. In Indonesien, wo zu Beginn des 20. Jahrhunderts über 97 Prozent und 1979 immerhin noch knapp 90 Prozent der Landfläche mit Wald bedeckt waren, sind es heute nicht einmal mehr 40 Prozent.

Doch noch hat der von bewaldeten Höhenzügen und grünen Wiesen gesäumte Danau Bratan eine einzigartige Ausstrahlung: In den frühen Morgenstunden, wenn der Nebel See und Bergwelt teilweise verhüllt, herrscht hier eine fast schon körperlich spürbare mystische Atmosphäre, die sich am in den See hineingebauten Tempel **Pura Ulun Danu** am intensivsten vermittelt. Herrlich, von

In den Bratan-See hineingebaut: der Pura Ulun Danu

*Schmuckelement am
Pura Ulun Danu*

hier aus den Sonnenaufgang zu erleben, anschließend im angeschlossenen Park
zu flanieren, das Frühstück im dazugehörigen Restaurant auf der Terrasse ein-
zunehmen.

Und dann vielleicht weiter zu fahren zum an der Seeuferstraße bei Bedugul
ausgeschilderten **Kebun Raya:** Dieser 130 Hektar große Botanische Garten
breitet sich in einer Höhenlage von 1200 bis fast 1500 Meter Höhe aus und wird
von einem großzügigen Wegenetz durchzogen, über das eine Karte am Park-
eingang informiert. Auch motorisiert darf man dieses gepflegte Refugium mit
668 verschiedenen Baumarten erkunden, mehr sieht man allerdings zu Fuß. Mit
der vereinigten Pracht von 459 verschiedenen Spezies ist das Orchidarium nahe
dem Parktor eine besondere Attraktion.

Weniger attraktiv ist der Ort Bedugul, das touristische Zentrum am Bratan-
See, dessen Besuch sogar Eintritt kostet. Im Wesentlichen ist es eine laute
Ansammlung von häufig überteuerten Hotels und Restaurants. Doch Wasser-
sportler kommen hier auf ihre Kosten.

Service & Tipps:

 **Pura Ulun Danu**
Jl. Raya Singaraja (Seeufer-
straße), 82191 Bedugul
Tägl. 7–17 Uhr
Der 1633 vom Raja von Mengwi
erbaute Tempel liegt ungemein male-
risch auf einer Landzunge am mit
Schilf und Seerosen bestandenen
Danau Bratan und ist *Dewi Danu*, der
Göttin des Meeres und der Seen,
geweiht.

Saranam Eco Resort
Jl. Raya Baturiti (Durchgangsstraße Mengwi – Bratan-See,
km 59), 82191 Bedugul
✆ (03 68) 210 38
www.saranamresortbali.com
Ausgesuchte Speisen zu entsprechen-
den Preisen.

Ashram Guesthouse
Jl. Raya Singaraja (direkt rechts
der Durchgangsstraße am Seeufer), Candikuning
82191 Bedugul
Gartenrestaurant mit europäisierten
indonesischen Speisen.

 In **Bukit Mungsu** gibt es zahlreiche einfache »Esshäuser«, in
denen sehr günstige balinesische und
chinesische Gerichte serviert werden.
Hier finden sich auch mehrere *Rumah
Makan Padang* (s. S. 70).

Taliwang Bersaudara
Jl. Raya Singaraja (Seeuferstraße), 82191 Bedugul
Wer etwas Ausgefallenes essen will,
kann in diesem Restaurant die traditionelle Küche der Sasak von Lombok

Balinesisches Symbol für »Om«

Om – das umfassendste und erhabenste Symbol der hinduistischen Metaphysik

Am frühen Morgen wird die Ruhe im Pura Ulun Danu allein vom Gur-
geln des Wassers durchbrochen, in dem die meditierende Seele des Hin-
duisten (und Buddhisten) den Urlaut *om* zu hören vermag, der als Keim-
silbe des Universums gilt, als das magische Wort schlechthin, gleich-
bedeutend dem Urbegriff *brahman*, dem Namen der Schöpfung. In den
Geheimlehren der Hindus, den zwischen 700 und 200 v. Chr. entstandenen *Upanishaden*, wird *om* mit einem Pfeil verglichen, dessen Spitze das Denken ist, und der, nachdem er auf den Bogen des menschlichen Geistes gelegt wurde, das Dunkel der Unwissenheit durchdringt
und das Licht des höchsten Zustandes erreicht. Dabei wird das »o« als
Kombination von »a« (identifiziert mit dem Wachbewusstsein) und
»u« (Traumbewusstsein) aufgefasst, während das »m« für das Tief-
schlafbewusstsein steht. Das Ganze zusammen aber, das unter anderem auch die Triade von *Vishnu*, *Shiva* und *Brahma* symbolisiert, bildet das Bewusstsein der vierten Dimension: die Erfahrung des Allum-
fassenden, die nach hinduistischem Verständnis das höchste Ziel des Menschen ist.

(s. S. 112) kosten. Anhand der Speisekarte muss man sich selbst eine kleine »Reistafel« zusammenstellen. Da alles nur indonesisch beschriftet ist, hier ein paar Empfehlungen: Sehr lecker sind die *Ayam*-Gerichte (Huhn), insbesondere *Ayam Sasak* sowie *Sup Ayam* (Hühnersuppe); dazu vielleicht *Sate Busut Goreng* (Fleischspießchen) und *Pelecing Kangkung* (scharf-sauer angemachtes Lotosgemüse). All dies genießt man auf einem überdachten Balkon über dem See.

Einheimische wie Touristen schätzen den **Markt** im südlich des Danau Bratan gelegenen **Bukit Mungsu**. Insbesondere das Angebot an Früchten ist immens. Allmorgendlich ab ca. 7 Uhr wird hier gehandelt. Wer nicht handelt, zahlt ein Vielfaches des üblichen Preises.

Kebun Raya
82191 Bukit Mungsu
✆ (03 68) 212 73
www.kebunrayabali.com
Tägl. 8 – 17 Uhr
130 ha großer Botanischer Garten, der von zahlreichen Fahr- und Gehwegen durchzogen ist. Sehenswertes Orchidarium mit 459 verschiedenen Orchideenarten.

Tret-, Motor- und Ruderboote
kann man direkt beim o. g. Taliwang-Bersaudara-Restaurant am Seeufer mieten, doch die Preise sind hoch, und wer nicht zu handeln versteht, muss sage und schreibe 200 000 Rupiah für 1 Std. Tretboot einplanen. In

Bedugul, am Südrand des Sees, kann man darüber hinaus Wasserski fahren und sich beim Parasailing an einem Fallschirm hinter einem Motorboot in die Lüfte ziehen lassen.

Bali-Handara-Golfplatz
2 km nördlich des Bratan-Sees an der Durchgangsstraße
82191 Pancasari
✆ (03 62) 226 46
Fax (03 62) 230 48
www.balihandarakosaido.com
135 ha großes 18-Loch-Wiesen- und Parkareal, das auch von »Normalsterblichen« befahren und bespielt werden kann. Der Kurs entspricht internationalem Standard und wurde von 1500 Arbeitern mit einem Maximum an Aufwand angelegt. – Ein Kleinod inmitten herrlicher Landschaft. Das angeschlossene Restaurant bietet indonesische, chinesische und japanische Speisen in luxuriöser Umgebung.

Delikat: »Sate Busut Goreng« (Fleischspießchen)

Bananenblüten und die daraus wachsenden Bananen

4 Gitgit

Das auf halber Strecke zwischen dem Danau Bratan und Singaraja auf etwa 400 Meter Höhe gelegene Bergdorf bietet herrliche Panoramen auf die Nordküste der Insel und ist inselweit berühmt für seinen **Wasserfall**. Unterhalb des Hotels mit Restaurant kann man parken und auf der anderen Straßenseite führt ein ausgeschilderter Wanderpfad durch eine bilderbuchschöne Reisfeld- und Bananenstauden-Landschaft mit reizvoller Fernsicht aufs Meer. Hinter zahlreichen Souvenirshops schwenkt der Weg in ein Dschungeltal ab. Wo die Waldkluft endet, wehen weiße Schleier auf und stürzen sich gewaltige Wassermassen aus 20 Metern Höhe in ein Bassin aus schwarzem Fels. Angenehm erfrischt von einer Dusche unter dem kalten Schwall, genießt man anschließend im ringsum offenen Restaurant des Gitgit-Hotels sowohl das Essen wie auch das Panorama.

*Zwei bis drei Reisernten
können pro Jahr einge-
bracht werden*

Service & Tipps:

 Gitgit-Wasserfall

 Zum sehenswertesten Wasserfall der Insel ist es nur ein kurzer
Spaziergang. Aus ca. 20 m Höhe
stürzen sich – aber nicht während der Trockenzeit (Juni–Sept.)
– gewaltige Wassermassen in lotrech-
tem Fall in ein Felsbassin am Ende
einer Waldschlucht. Hier kann man
auch baden. Am Weg zum Wasserfall
laden mehrere schlichte Restaurants zu
einem wohlschmeckenden, billigen
Mahl ein.

 Gitgit-Hotel
Jl. Raja Singaraja (Durchgangsstraße)
81111 Gitgit

Dem Hotel angeschlossen ist ein Open-
Air-Restaurant mit weitem Panoramablick auf das Tiefland des Nordens und
das Meer. Dem Touristengeschmack
angepasste, dennoch gute Gerichte der
indonesischen Küche.

Ausflugsziel:

 Danau Tamblingan
Nur knapp 20 Kilometer sind es
von Gitgit bis zum Danau
Tamblingan. Zunächst fährt man
in Richtung Danau Batur, auf der Passhöhe geht es dann rechts und auf einer
der romantischsten Strecken Balis in
Richtung Tamblingan-See. Wem der
reine Draufblick nicht genügt, der kann
das Seeufer in einem dreieinhalb Kilometer langen Fußmarsch erreichen.

*Skulptur am Pura Ulun
Danu Batur*

5 Kintamani

In atemberaubender Panoramalage erstreckt sich das lang gestreckte, überwie-
gend von Muslimen bewohnte Dorf am Kraterrand des Gunung Batur, und kein
Tourist, der hier nicht eine Rast einlegen würde, um die herrliche Aussicht in
die Caldera hinab sowie zum Vulkan hinauf zu genießen. Doch kaum hält man
an, schon stürzen zahlreiche Postkarten- und Kitschverkäufer auf einen zu. In
den »buy, buy!«- und »money, money!«-Rufen schwingt oft unverhohlene
Aggressivität mit. Entweder lächelt man sich stur aus der Affäre oder ersteht
eine maßlos überteuerte Ware – falls man nicht die Beherrschung verliert. Man
sollte sich fürs Lächeln entscheiden und hat bald schon Ruhe, sieht aber andere Besucher, die Geldscheine in die Menge werfen, und versteht nun auch, wie
eins zum anderen kommt …

Pura Ulun Danu Batur
Links der Durchgangsstraße
80652 Kintamani
Die Straße zwischen Penulisan und
Kintamani, an der dieser Tempel auf-
ragt, gehört zu den Traumstraßen
Asiens, gewährt sie doch Blicke in

eine der größten Calderen (Einbruchs-
krater) der Welt, auf den Batur-See
und den Batur-Vulkan mit sechs
Kratern.

Das Heiligtum ist der Göttin der
Gewässer geweiht, düster und melan-
cholisch, doch von unvergleichlicher
Lage direkt über dem schwindelerre-
genden Abgrund.

*Am Kraterrand längs
der Straße bieten zahl-
reiche Terrassenrestau-
rants die Gelegenheit,
die atemberaubende
Aussicht in Vollendung
zu genießen. Die Ge-
richte sind aber in der
Regel lieblos zubereitet
und hoffnungslos über-
teuert.*

6 Kubutambahan

Der Ort selber, nahe dem nördlichsten Punkt der Insel gelegen, ist nicht der Rede
wert, sehr wohl aber der direkt hinter dem Abzweig Richtung Kintamani auf
der Meerseite gelegene **Pura Meduwe Karang**, der zu den berühmtesten Tempeln von Bali schlechthin zählt.

Service & Tipps:

 Pura Meduwe Karang
81172 Kubutambahan
Meduwe Karang, dem Herrn der Felder, geweihter Tempel, dessen vordere
Außenmauer üppig mit Reliefs aus dem
Ramayana geschmückt ist. Überhaupt
gilt der Tempel, der sich über drei Höfe
erstreckt, als der figurenreichste Balis
und zu einer wahren Berühmtheit
gelangte das Relief eines Rad fahren-
den Balinesen an der nördlichen Seite
des Hauptschreins.

Ausflugsziele:

 Der kulturhistorisch Interessierte findet im Umfeld von Kubutambahan ein großes Betätigungsfeld.
Folgt man ab Kubutambahan für nur 5
km der nach Singaraja führenden
Hauptstraße, erreicht man das Dörfchen Sangsit mit dem **Pura Beji**,

einem überreich skulptierten Heiligtum der Reisgöttin Dewi Sri.

Wenige Gehminuten nordöstlich
(Richtung Meer) erhebt sich der **Pura
Dalem**, ein Tempel der Unterweltsgöt-
tin, dessen Außenmauern von deftigen
Darstellungen leiblicher Zweisamkeit
geziert sind.

Ein paar hundert Meter östlich
Sangsit (Richtung Kubutambahan)
zweigt von der Hauptstraße eine nach
Sawan ausgeschilderte Sackgasse
rechts ab, die nach 3 km zum Unter-
weltstempel **Pura Dalem Jagaraga**
führt, an dessen Innen- wie Außenmauern sich bisweilen drastisch
humorvolle Szenen aus dem täglichen
Leben der Balinesen finden – z. B. ein
ins Meer stürzendes Flugzeug, ein
Raubüberfall, ein Schiffsunglück und
vieles mehr.

In **Sawan**, 5 km weiter, finden sich
weitere Tempel mit fantasievoll »baro-
ckem« Schmuckwerk.

*Pura Meduwe Karang in
Kubutambahan ist dem
Herrn der Felder geweiht*

Balis Sonnenuntergänge laden zum Träumen ein: Auslegerboot im Sonnenuntergang vor Lovina

7 Lovina

Der Name bezeichnet den Küstenstreifen, der rund fünf Kilometer westlich von Singaraja beginnt und ca. neun Kilometer weiter in Richtung der untergehenden Sonne endet. In manchen Abschnitten erinnert er an einen Rummelplatz, an anderen ist er touristenleer, aber nie gleichen Strand und Hinterland einem zubetonierten Ghetto. Immer wieder liegen Dörfer im Bungalow-Saum und am Strand flicken Fischer ihre Netze. Das Meer präsentiert sich von seiner ruhigen Seite mit Palmen im Hinterland – der Strand könnte ideal sein, würden nicht der schmutzig graue, mit teilweise scharfen Korallen durchsetzte Kiessand und die nachlässige Müllentsorgung das Bild trüben. Wegen der zahlreichen Seeigel im strandnahen Wasser ist auch das Baden hier das reine Vergnügen und so mag man hier zwar eine Nacht verbringen, aber bestimmt keinen Urlaub.

Der für den Aufenthalt am besten geeignete Strandabschnitt liegt im Bereich von Kalibukbuk, zwölf Kilometer westlich von Singaraja. Dort gibt es ca. zwei Dutzend Bungalowanlagen und Restaurants.

Das große Plus der Lovina Beach sind die vorgelagerten Korallenriffs. Die sind zwar auch nicht mehr das, was sie mal waren, seit sich die Touristen als Korallenjäger betätigen, aber so mancher sehenswerte Abschnitt ist noch geblieben. Die schönsten Schnorchel- und Tauchgründe finden sich nicht direkt bei Kalibukbuk, sondern einen Kilometer weiter westlich am Ende der Halbmondbucht, wo sich ein Riff etwa drei Kilometer gen Westen erstreckt.

Gorgonie vor Menjangan

Als das Nonplusultra des Tauchsports gelten die Korallenriffe vor der im Westen von Bali gelegenen Menjangan-Insel, etwa 40 Kilometer von Lovina entfernt. Die Tauchgründe der zum Nationalpark erklärten Insel sind weltweit bekannt und werden in den führenden Tauchmagazinen über alle Maßen gelobt.

Indonesische Bambusrassel

Service & Tipps:

Zu jeder Bungalowanlage gehört auch ein **Restaurant**: meist ein Freiluftrestaurant aus Rattan mit Holzmobiliar und romantischer Beleuchtung. Auswahl, Angebot und Preise sind ziemlich identisch, nur im Bali Lovina Beach Cottage muss man tief in die Tasche greifen.

Kakadu

Direkt rechts an der Zufahrt zu den Hotels Nirwana/Angsoka
81155 Kalibukbuk
Sehr beliebtes Restaurant, wo indonesische und europäische Gerichte in offener Küche zubereitet werden. Die Auswahl ist groß, das Essen lecker und billig, abends gibt es oft *Gamelan*-Musik.

Barrakuda Bali Dive

Tauchbasis der Bali Lovina Beach Cottage
Links neben dem Nirwana Hotel
81155 Kalibukbuk

Verleih von Tauch- und Schnorchelausrüstungen, Tauchkurse und geführte Tauchtouren.

Tauchbasis des Matahari Beach Resort

Jl. Raya Seririt
81155 Pemuteran (westl. Lovina)
Die dem Luxushotel angeschlossene Tauchbasis verleiht Tauchausrüstungen, bietet Tauchkurse an und organisiert Tauchtouren.

Delfin-Tour

»See how you like jumping dolphins!« Diesen Spruch oder ganz ähnliche hört man hundertmal am Tag an der Lovina Beach. Angeboten wird eine 3–4-stündige Fahrt im Auslegerboot zu einer rund 9 km vor der Küste gelegenen Abbruchkante im Meer, über der – wie es heißt – allmorgendlich große Delphinschwärme auftauchen, die sich um so wilder gebärden, je klarer der Himmel ist. Wir waren skeptisch, doch hinterher begeistert. »Buchen«, also einfach zusagen, sollte man am besten nicht in den Bungalowanlagen, sondern am Strand bei den Skippern selbst bzw. deren Kindern am Nachmittag oder Abend zuvor. Abfahrt ist morgens zwischen 5 und 6 Uhr, ein kleines Frühstück ist im Preis von etwa 10 € pro Person inbegriffen. Wer nach der »Flipper-Show« schnorcheln gehen möchte, sollte dies schon tags zuvor kundtun und sich eine Ausrüstung besorgen.

8 Penelokan

Der Name dieses am Kraterrand des Gunung Batur gelegenen Ortes bedeutet übersetzt so viel wie »schöne Aussicht« und ist eine sprechende Bezeichnung: Der Panoramablick in den Krater mit dem Kratersee und dem daraus emporsteigenden Vulkan ist schlicht »der Hammer«, weshalb Penelokan auch »das« touristische Ziel in diesem Teil der Insel ist. Entsprechend extrem ist hier (wie auch im drei Kilometer entfernten Kintamani) die touristische Vermarktung, entsprechend überzogen sind die Preise in den Hunderten Souvenirshops, die sich entlang der Durchgangsstraße aneinanderreihen.

Service & Tipps:

❌ **Lakeview Restaurant (Puncak Sari)**
80652 Penelokan
© (03 66) 510 73
Tägl. ab 7 Uhr
Von keinem Restaurant auf ganz Bali bietet sich eine faszinierendere Aussicht als von der Terrasse oder dem verglasten Speiseraum und der Bar des Lakeview Restaurant. Leider ist das Essen etwas lieblos zubereitet und preislich überzogen, aber für den einmaligen Ausblick nimmt man das gern in Kauf.

Das Herstellen von touristischen Souvenirs

Balis höchstgelegener Tempel: der Pura Tegeh Koripan auf dem Gipfel des Gunung Penulisan

9 Penulisan

Kommt man von Norden, steigt die Straße stetig an, bis nahe Penulisan ein Schild darauf hinweist, dass man am höchsten per Straße erreichbaren Punkt auf Bali angelangt ist. Vom **Passsattel** reicht der Blick – so die Götter gnädig sind – hinab aufs Meer, das sich 1650 Meter tief in silbrigem Dunst erstreckt. Aber auch bei schlechtem Wetter, wenn sich Nebelschwaden um krumm gewachsene Bäume winden, hat der Platz seine Reize.

Jenseits des Passes lohnt es dem Richtungspfeil »Sukawana« nach links zu folgen, wo eine 333 Stufen zählende Treppe zum 1745 Meter hohen und von Touristen selten besuchten Gipfel des **Gunung Penulisan** führt, auf dem der höchstgelegene Tempel der Insel, der **Pura Tegeh Koripan**, thront und die Bäume von Moosen, Flechten und Schlingpflanzen überwuchert sind.

Nebelschwaden durchziehen den Regenwald

Stufe um Stufe

Mit zunehmender Höhe verändert sich die Vegetation, so wie es Alexander von Humboldt in seiner Pflanzengeografie zeigte. Danach stellt die natürliche Vegetation in ihrer ursprünglichen Ausprägung stets das vollkommene Abbild der klimatischen Gegebenheit dar; also entspricht jeder Höhenzone auch eine ganz bestimmte, ihr eigene Vegetationsstufe.

Die erste Vegetationseinheit ist die der **Küstenzone**, in deren relativ trockenen Abschnitten die Kokospalme nebst ihren Verwandten Sago-, Rotang- und Arecapalme dominiert. Ab 500 Meter Höhe sucht man Exemplare dieser Pflanzenfamilie bereits vergebens, doch auch vom immergrünen **Regenwald**, der auf Bali eigentlich bis auf 1300 Meter gedeiht, fehlt jede Spur. Das allerdings hat der Mensch verschuldet, der die Wälder gerodet und Kulturpflanzen angebaut hat, insbesondere Bananen und – oberhalb 800 Meter – Gewürznelken. Bei etwa 1300 Metern über dem Meer bleiben auch die Nelkenpflanzungen zurück. Jetzt durchfährt man naturbelassene Regionen in der Zone des **Gebirgsregenwaldes** mit zahlreichen Eichenarten und bis über acht Meter hohen Baumfarnen, die an urzeitliche Wälder erinnern. Bei etwa 1600 Metern wird die Grenze des Kondensationsniveaus überschritten, es kommt zu täglicher Nebelbildung. Die immerfeuchte und kühle Witterung lässt hier insbesondere Moose und Bartflechten gedeihen, die dem nun vorherrschenden **Nebelwald** sein charakteristisches Aussehen verleihen.

Baumfarne im Toraja-Land (Sulawesi)

Service & Tipps:

 Pura Tegeh Koripan
80652 Penulisan
Ab Penulisan zu Fuß über 333 Stufen

erreichbarer Tempel auf 1745 m Höhe, der dem Gott *Shiva* und seiner Gattin *Parvati* geweiht ist und mit fantastischer Lage und weltentrückter Atmosphäre besticht.

10 Singaraja

Die rund 25 000 Einwohner zählende Metropole von Nord-Bali war bis 1945 Hauptstadt der gesamten Insel und bis 1953 gar der alten Provinz Nusa Tenggara, die sich von Bali bis Timor nahe Australien hinzog und alle Eilande des über 2000 Kilometer langen Bogens der Kleinen Sunda-Inseln umfasste. Das hat Spuren hinterlassen: breite Straßen und eine Vielzahl administrativer Bauten. Doch die einzige nennenswerte Sehenswürdigkeit der betriebsamen Hafenstadt ist der **Gedung Kirtya**, der als die bedeutendste *Lontar*-Bibliothek der Welt gilt.

Inmitten des großen Kreisverkehrs im Zentrum von Singaraja erhebt sich auf einer steinernen Säule *Garuda*, der Göttervogel der indischen Mythologie und das Wappentier der Republik Indonesien, deren Signum er in den Fängen hält: *Bhinneka Tunggal Ika*, Einheit in der Vielfalt, lautet das Motto.

»Lontars«, traditionelle Palmblatt-Manuskripte, werden im Gedung Kirtya in Singaraja konserviert

Pompös und autoritär sieht dieses Bauwerk aus und entspricht damit der auch heute noch eher diktatorischen denn vom Volk getragenen Staatsmacht. Trotz aller berechtigten Kritik an dem Modell der »Gelenkten Demokratie« gibt es dazu bisher keine Alternative, die geeignet wäre, ein derart großes und vor allem maßlos heterogenes Gebilde wie Indonesien zusammenzuhalten. Wie soll man ein Land regieren, das aus über 13 600 Inseln besteht, das – auf eine Europakarte projiziert – von Irland bis zum Ural, von Helsinki bis nach Sizilien reichen würde; ein Land, in dem über 450 verschiedene ethnische Gruppen leben, die mehr als 600 unterschiedliche Sprachen (nicht Dialekte) sprechen und allen Hochreligionen dieser Erde (mit Ausnahme des Judentums) anhängen; ein Land, in dem sich zwischen prähistorischer und industrieller Lebensgestaltung das ganze Kaleidoskop der menschlichen Geschichte ausbreitet?!

Service & Tipps:

 Buleleng Government Tourism Office
Jl. Veteran 23
81111 Singaraja
℃ (03 62) 611 41

Gedung Kirtya
Jl. Veteran, 81111 Singaraja
Tägl. außer an Feiertagen 10–17 Uhr
Historische Bibliothek im »Haus des Sich-Versenkens«, in dem das literari-

sche Erbe Balis und auch Javas konserviert ist. Insgesamt sind es über 4500 *lontars* (traditionelle Palmblatt-»Bücher«), die sich in den alten Inselsprachen (die nicht mit dem Indonesischen identisch sind, auch keine lateinischen Buchstaben benutzen) mit den Themen der *Ramayana* und *Mahabharata* (s. S. 82 f.) befassen. Die Sammlung gilt als die bedeutendste Indonesiens; die oft jahrhundertealten Manuskripte sind von unschätzbarem Wert.

Die fünf im indonesischen Wappen enthaltenen Symbole stehen für Panca Sila, die fünf Grundpfeiler dieses Staates. Der Stern repräsentiert den Glauben an einen allmächtigen Gott, der Büffelkopf steht für Demokratie und Volkssouveränität, der Banyan-Baum versinnbildlicht die Kontinuität der Generationen und der Humanität, Reisähren und ein Baumwollzweig (gleich Nahrung und Kleidung) veranschaulichen die Grundlagen sozialer Gerechtigkeit.

Insel der Fettnäpfchen

Man fragt einen Balinesen nach dem Weg. Er wendet sich mit verlegenem Lächeln ab, dreht sich nach anderen Einheimischen um, die vielleicht die Frage mitgehört haben, denn der Angesprochene spricht kein Englisch. Um nicht das Gesicht zu verlieren, wird er jemanden beizubringen versuchen, der die Frage versteht und vielleicht beantworten kann. Im schlimmsten Fall gibt er irgendeine Antwort, gibt irgendeine Richtung an. – Auch wenn sie sich später als falsch herausstellen sollte: Das Gesicht blieb gewahrt.

Jemanden das **Gesicht wahren** zu lassen, aber auch das eigene nicht zu verlieren, das ist der wichtigste Leitgedanke bei allen Verhaltensregeln, denn nichts ist schlimmer als ein Gesichtsverlust, was dem Verlust der Würde gleichkommt. Wer sie antastet, begeht eine schwere Beleidigung, die auch einem Touristen nicht so leicht verziehen wird.

Der gesamte zwischenmenschliche Bereich wird dadurch geprägt, dass man **Rücksicht** auf die Gefühle anderer nimmt. Die verletzt etwa auch, wer mit dem Finger auf einen Menschen zeigt oder jemanden durch das Krümmen des Fingers herbeirufen will, wer beim Gespräch gestikulierend herumwirbelt, die Hände in die Hüften stemmt oder vor der Brust verschränkt, und vor allem auch der, der mit den Füßen – zum Beispiel beim Sitzen mit überschlagenen Beinen – auf Menschen oder gar heilige Symbole zeigt.

Kritik von Angesicht zu Angesicht und insbesondere im Beisein von Dritten wird fast schon als eine mindere Form der Gewaltanwendung betrachtet. Und einen Konflikt offen auszutragen, etwa die Beherrschung zu verlieren, jemanden anzuschreien, ausfällig zu werden, das heißt nicht nur, das stärkste Tabu zu brechen, sondern auch sich in unkalkulierbare Gefahr zu begeben. Sehr leicht kann dann der kritische Punkt erreicht sein, bei dem das Lächeln des Gegenübers der schieren Gewalt weicht.

Dem **äußeren Erscheinungsbild** wird auf Bali größte Bedeutung beigemessen. An den Stränden herrscht Laisser-faire-Stimmung, aber auf dem Land gilt es als absolut unschicklich, wenn Frauen kurze Röcke, knappe T-Shirts, durchsichtige Blusen oder keinen BH tragen. Hautenge Hosen, ärmellose T-Shirts und knappe Shorts sind bei beiderlei Geschlecht verpönt. Ordentliche und den allgemeinen Spielregeln entsprechende Kleidung ist darüber hinaus die unabdingbare Voraussetzung, um im Umgang mit Behörden überhaupt ernst genommen zu werden.

Als **Mann und Frau** Händchen haltend oder Arm in Arm herumzulaufen ist verpönt. Sich in der Öffentlichkeit gar zu küssen oder zu streicheln ist absolut unverzeihlich. Zarte Gesten sind reine Privatsache, wogegen es unter Menschen gleichen Geschlechts üblich ist, sich zu umarmen, Händchen zu halten, dem anderen die Hand aufs Knie zu legen.

Bei einer **Einladung** pünktlich zu sein ist zwar keine Beleidigung, zeugt aber von den barbarischen Sitten des Gastes. Eine halbe Stunde sollte man schon zu spät kommen, wie ja auf Bali Zeitangaben generell nie als fixe Termine angesehen werden, sondern lediglich als grobe Anhaltspunkte. In schwarzer Kleidung aufzutreten, ist denkbar ungünstig, denn diese wird grundsätzlich mit dem Tod in Verbindung gebracht. Vor Betreten der Zimmer unbedingt die Schuhe auszuziehen, sonst beleidigt man aufs Gröbste. Und wer dazu noch über die Türschwelle steigt, anstatt den Fuß darauf zu setzen, hat beim Gastgeber schon enorm an Achtung gewonnen, kann im Haus eigentlich kaum noch etwas falsch machen.

Mögen die Balinesen beim Ausländer mittlerweile schon viel tolerieren – ungebührliches **Verhalten im Tempel** (s. S. 45) sowie gegenüber allen religiösen Objekten verletzt ein Tabu.

Früchte und Blüten werden als Opferspeise den Göttern präsentiert

Die reizvollen Nachbarn:
Lombok, Komodo und Sulawesi

Lombok
Trauminsel im Abseits

Seesterne am Riff vor Gili Trawangan

Die meisten Bali-Besucher bekommen die rund 35 Kilometer östlich gelegene und mit 4600 Quadratkilometern nur unwesentlich kleinere Nachbarinsel Lombok nie zu sehen und ahnen nicht einmal, was sie versäumen: große zusammenhängende Primär-Regenwälder, weite Grassavannen, den zweithöchsten aktiven Vulkan des Archipels, maledivenschöne Koralleneilande, menschenleere Strände. Dabei fällt einem all dies fast kostenlos zu, denn nur rund 20 Euro kostet der 25-Minuten-Flug ab Bali und für weniger als drei Euro kann man sich von Padang Bai aus per Fährschiff hinüberbringen lassen.

Die gesamte nördliche Inselhälfte wird vom Gunung Rinjani dominiert, dem mit über 3726 Meter zweithöchsten Vulkan des indonesischen Archipels und den Insulanern genauso heilig wie den Balinesen ihr Gunung Agung. Der Inselsüden wird von einer weitaus niedrigeren, nichtvulkanischen Gebirgskette gebildet und im Zentrum der Insel breitet sich eine weite und fruchtbare Alluvialebene aus, in der ein Großteil der rund zweieinhalb Millionen Einwohner Lomboks sein Auskommen findet. Lombok vorgelagert liegen gleich mehrere Inselchen à la Malediven mitsamt Kokospalmen, weißem Sandsaum und Korallenring ringsherum; im Norden locken Steilküste und tief in die Vulkanflanken eingefressene Urwald-Schluchten; der Westen rühmt sich seiner Sandstrände im Palmensaum; der Süden hingegen ist für einsame Buchten von eher wildem Gepräge gut.

Trotz all seiner landschaftlichen Vielseitigkeit führt Lombok in touristischer Hinsicht ein Schattendasein neben der berühmten Nachbarinsel, da Kunst und Kultur hier niemals ein Niveau erreichten, das dem Balis vergleichbar wäre. Dies liegt wahrscheinlich darin begründet, dass die Insel jahrhundertelang unter Fremdherrschaft stand. Erst war sie Bestandteil des Majapahit-Reiches (14. und 15. Jahrhundert), dann Streitobjekt zwischen den muslimischen Fürsten von Makassar/Südsulawesi, die sich auch Sumbawa einverleibt hatten, und den hinduistischen Herrschern des ostbalinesischen Reiches von Karangasem. Im 18. Jahrhundert eroberten die einen den Osten Lomboks, die anderen den Westen. Dann unterjochten die Balinesen die ganze Insel und 1894 schließlich wurde sie von den holländischen Kolonialherren einverleibt.

Alles in allem ist Lombok für den eher an Landschaft denn an Kultur Interessierten ein ebenso interessantes Reiseziel wie Bali; und ein Besuch ist selbst bei kurz bemessener Zeit kein Problem, denn die Insel ist verkehrstechnisch gut erschlossen und schnell zu erreichen.

Weiß, von Wellen umspült und ein Palmenhain in sattem, tropischem Grün: Traumstrand auf Lombok

Riesig, aber scheu: der kreischende Nashornvogel, einer von rund 2000 Vogelarten des indonesischen Archipels

Feuerrot: die Blüten des riesigen Flammenbaums

Die Wallace-Linie – ein Grenzfall

Setzt man mit der Fähre von Bali nach Lombok über, legt man zwar nur etwa 35 Kilometer zurück – in Wirklichkeit aber liegen Welten zwischen den beiden Inseln. Die Meerenge namens *Lombok Strait* trennt nicht nur die Großen Sunda-Inseln (Java, Sumatra, Bornco) von den Kleinen Sunda-Inseln (Lombok, Sumba, Sumbawa, Komodo, Flores, Timor), sondern sie ist eine Trennlinie auch für die Pflanzen- und Tierwelt auf diesen Inseln, für diese ist sie die *Wallace-Linie*. Der Name geht zurück auf den britischen Naturforscher Sir Alfred Wallace, der über sieben Jahre lang Flora und Fauna der Sunda-Inseln analysierte und zu dem Ergebnis kam, dass östlich dieser Linie die Pflanzen- und Tierwelt eine völlig andere ist als westlich davon. Tatsache ist, dass sich 356 im Westen Indonesiens bekannte Pflanzenarten östlich der Wallace-Linie nicht finden und dass andererseits 225 Arten Ost-Indonesiens im Westen unbekannt sind.

Dieses Phänomen resultiert aus der erdgeschichtlichen Vergangenheit des Archipels: Sumatra, Java, Borneo und Bali (das eigentlich geografisch schon zu den Kleinen Sunda-Inseln gezählt wird) liegen dem *Sunda-Schelf* auf und waren für lange Perioden mit dem asiatischen Festland verbunden, sodass Tiere und Pflanzen einwandern konnten. Eine ähnliche Situation trifft für Australien und Neuguinea zu. Die Inseln dazwischen sind durch tiefe, 125 Millionen Jahre alte Meeresgräben abgetrennt, sodass nur wenige asiatische Arten von Westen und nur wenige australische von Südosten her eindringen konnten, meist Vögel. Durch diese Isolation haben sich auf den Kleinen Sunda-Inseln Formen gebildet, die sonst nirgends auf der Erde vorkommen. Es sind dies Arten wie zum Beispiel der Hirscheber mit seinen großen, an den Spitzen aufgerollten oberen Eckzähnen oder der baumbewohnende Tarsius.

Andere Arten zeichnen sich dadurch aus, dass sie wesentlich kleiner sind als vergleichbare Arten auf dem Festland – zum Beispiel der Gemsbüffel oder der (inzwischen ausgestorbene) Elefant, der gerade einhalb Meter Schulterhöhe erreichte. Doch kommt es in der Isolation von Inseln nicht nur zu Zwergformen – auch »Riesen« können gedeihen: Der Komodo-Waran (s. S. 116 f.), mit bis zu vier Meter Körperlänge die größte lebende Echse überhaupt, ist dafür bestes Beispiel.

Die Wallace-Linie bildet darüber hinaus eine Klimascheide: westlich davon tropische Monsunzone, östlich davon (vom australischen Kontinent verursachte) relative Trockenzone.

Und drittens grenzt die Wallace-Linie auch Völker gegeneinander ab. Westlich des ethnischen Grabens herrscht der malaiische Typus vor, östlich davon, insbesondere östlich von Sumbawa, dominieren die dunkelhäutigen und kraushaarigen *Melanesier*, die oft noch animistischen Glaubensvorstellungen anhängen und völkerkundlich kaum erforscht wurden.

Service & Tipps:

✈ Anreise mit dem Flugzeug

Vier indonesische Fluggesellschaften bedienen mehrmals täglich die Route Bali–Lombok bzw. umgekehrt (ab ca. € 20 je Weg). Am zuverlässigsten und auch sichersten ist Merpati. Die Airporttaxe beträgt 30 000 Rupiah, 45 Min. vor Abflug sollte man einchecken:

Merpati

Jl. Melasti 51
80235 Denpasar
✆ (03 61) 23 53 88
www.merpati.co.id
Tägl. 4–6 Flüge auf der Strecke Bali–Lombok und zurück. Tickets erhält man in vielen Reisebüros (in jedem Touristenzentrum), direkt bei der Airline oder – mit Abstand am billigsten – über deren Website.

🚢 Anreise mit der Fähre

Die Fähren von Padang Bai nach Lembar/Lombok sind im 2-Std.-Takt rund um die Uhr in beiden Richtungen im Einsatz und benötigen jeweils etwa 3 1/2 Std. Tickets (um € 3) kann man entweder am Hafen kaufen (rechts vor dem Eingang) oder in einem der zahlreichen Reisebüros in den Touristenzentren, die auch die Anfahrt zur Fährstation organisieren und – auf Lombok – die Weiterfahrt zum gewünschten Ziel. Den mit Abstand besten Service bietet:

Perama Tourist Service

Jl. Legian 30
80361 Kuta
✆ (03 61) 75 15 51 und 75 18 75
www.peramatour.com
Filialen auf Bali in Candi Dasa, Padang Bai, Lovina, Sanur sowie Ubud
Filialen auf Lombok in Senggigi, Bangsal, auf den Gili-Inseln sowie in Kuta
Verfügt über eigene Busse auf Bali und Lombok und bietet auch einen Fähr-/Bustransfer von Bali nach Lombok und weiter nach Komodo und zurück an. Täglich steht zudem eine Überfahrt auf einem motorisierten traditionellen Segelschoner von Padang Bai nach Senggigi/Lombok sowie weiter nach Gili Air auf dem Programm

(300 000 Rupiah). Auch Lombok-Rundreisen werden organisiert (ab 275 000 Rupiah für 1 Tag, ab 700 000 Rupiah für 2 Tage), des Weiteren Trekkingtouren auf den Gunung Rinjani (3 Tage, ab 2,5 Mill. Rupiah). Man kann auch Flüge buchen und anderes mehr.

🚤 Anreise mit dem Schnellboot

Verbindungen zu den Gili-Inseln sowie Bangsal im Nordwesten von Lombok bestehen ab Benoa (Hafen nördlich Nusa Dua) und ab Padang Bai, von wo es schneller geht (weniger als 2 Std.) und günstiger ist (ab 620 000 Rupiah). Mehrere Gesellschaften sind im Einsatz, die Tickets ersteht man in den Reisebüros der Insel, in den Unterkünften von Parang Bai oder auch online. Ausführliche Informationen zu allen Verbindungen unter:
www.bali-gilifastboats.com.

🚐 Transport auf Lombok

Den besten Service bietet wiederum der **Perama Tourist Service** (s. o.), der über eigene Busse verfügt und die Touristendestinationen für wenig Geld mehrmals täglich miteinander verbindet. Auch geführte Lombok-Rundreisen stehen im Angebot; obendrein kann man Fahrzeuge mieten, mit oder ohne Chauffeur, ganz wie gewünscht.

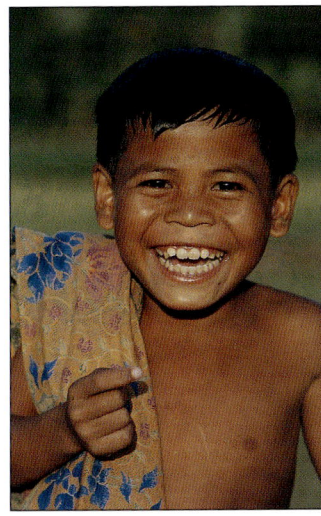

*Relaxen auf den Gili-
Inseln vor der Nordwest-
küste Lomboks*

1 Gili-Inseln

Wenn man nichts als Beachen, in der Sonne liegen und Schnorcheln im Sinn hat und sich verwöhnen lassen möchte, dann bieten sich die drei kleinen und »Malediven«-flachen Koralleninselchen an, die der Nordwestküste Lomboks wenige Kilometer weit vorgelagert sind. Romantische Strandbungalows, weißer Sand im Palmensaum, türkis bis tiefblau das Meer, in dem sich direkt vor der Küste und nur wenige Meter tief Korallengärten von atemberaubender Schönheit erstrecken. Die Korallenriffe legen einen etwa 200 Meter breiten Gürtel um die Inseln, der schon wenige Meter vor dem Strand beginnt und an einem Abbruch endet, wo der Meeresgrund von zwei bis drei Meter auf über 50 Meter Tiefe absinkt. Die marine Unterwasserwelt ist von exotischer Vielfalt und in den Morgenstunden ziehen immer wieder mal große Delfinschwärme auf Nahrungssuche vorbei. Unvergesslich auch die Sonnenauf- und -untergänge, wenn der Gunung Rinjani, von hier aus gigantisch anzusehen, im Licht der Farben aufleuchtet.

Die dem Festland am nächsten gelegene Insel, **Gili Air**, zählt rund 600 Einwohner und misst etwa zwei Kilometer in der Länge und einen Kilometer in der Breite. Die Strände sind teils sehr steinig und eher mittelmäßig, das Preisniveau in den zahlreichen Bungalowanlagen ist relativ hoch.

Gili Meno: Weiße, feinpulvrige Sandstrände im Palmensaum, grün schimmerndes Meer – so stellt man sich im Allgemeinen die Malediven vor. Auch die Größe des nur von einem Pfad erschlossenen Eilandes (2 km²) entspricht dem Klischee. Sonnen, Baden, Schwimmen, Schnorcheln – damit steht es bestens. Aber auch dieses Paradies ist nicht vollkommen, denn es gibt insbe-

*Gili-Inseln: Riesige
Pferdehufmuscheln lie-
gen im weißen Sand*

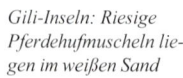

sondere von Oktober bis März Zeiten, in denen einen die Mücken, die aus einem im Inselinnern gelegenen Salzsee aufsteigen, abends schier um den Verstand bringen.

Gili Trawangan, von Gili Meno durch eine rund 600 m breite Wasserstraße getrennt (Vorsicht: lebensgefährliche Strömungen), misst fast vier mal zwei Kilometer und ist die einzige der Gilis, die nicht vollkommen flach ist. Hier wohnen rund 400 Insulaner und die meisten leben vom Tourismus: Gili Trawangan ist die populärste der drei Inseln. Die Zahl der Bungalowanlagen wird jährlich größer, sodass man zwischen über zwei Dutzend Bungalowdörfchen wählen kann. Während der Saison sind die Trawanganer eindeutig in der Minderheit, es geht teils sehr laut zu.

Taucher vor den Gili-Inseln bekommen mit Glück auch ihn zu sehen: den Langnasenbüschelbarsch

Service & Tipps:

Anreise
Die Gili-Inseln werden täglich viele Male sowohl von Lombok (Bangsal) als auch von Bali (s. S. 107) aus angesteuert. Über alle Verbindungen informieren ausführlich die Websites:
www.gili-paradise.com
www.bali-gilifastboats.com

Ein Touristenbüro gibt es nicht, doch umfassende Informationen zu allen drei Inseln liefert die Website: www.gili-paradise.com

Auf Gili Meno und Gili Air ist hinsichtlich **Nachtleben** kaum etwas los, dafür aber um so mehr auf Gili Trawangan, das sich in Kreisen junger Reisender einen Namen als Party-Insel gemacht hat. Gerade auch die Vollmond-Partys sind berühmt-berüchtigt.

Auf jeder der drei Inseln gibt es mehrere **Tauchzentren**, die sowohl vielfältige Tauchexkursionen als auch Tauchkurse anbieten. Schnorchelausrüstungen lasssen sich hier und auch über die Unterkünfte ausleihen.

Weißer, feinpulvriger Strand auf Gili Meno

Sasak-Kinder auf Lombok

Wetu Telu

Ethnische Balinesen stellen heute rund zehn Prozent der Bevölkerung von Lombok; sie hängen etwa zur Hälfte dem Hinduismus balinesischer Prägung an. Alle anderen Einwohner, die *Sasak*, sind Muslime, aber sie bekennen sich zu mehr als einem Drittel zu einem Islam einzigartiger Prägung, in dem Animismus, Ahnenkult, Hinduismus und Islam verschmolzen sind. *Wetu Telu* lautet der Name dieser Religion und er bedeutet übersetzt so viel wie »Dreigeteiltheit«.

Dementsprechend prägen drei Glaubensgrundsätze das Leben, nämlich »Glauben an den einen Gott« (Allah), »Nächstenliebe« sowie »Gutes Tun«. Als Versammlungsort für Andacht und Gebete dient zwar die Moschee, aber Beten ist keine Pflicht, denn es soll von Herzen kommen. Auch der Genuss von Schweinefleisch und Alkohol ist nicht verboten (denn alles, was von Allah kommt, ist gut), anstatt des einmonatigen *Ramadan*-Fastens begnügen sich die Sasak mit einem dreitägigen Gebets- und Meditationsfest und die Wallfahrt nach Mekka ist unbekannt.

Dies sind nur die gravierendsten Unterschiede zwischen Wetu Telu und Islam, die in Vergangenheit häufig zu Spannungen zwischen »echten« Muslimen und Wetu-Telu-Muslimen geführt haben.

2 Gunung Rinjani

Der vulkanische Riese gehört mit seinen 3726 Metern zu den höchsten Gipfeln Indonesiens. Höher sind nur die paar Viertausender auf Irian Jaya (West-Neuguinea). Ein Treck zum Kratersee oder zum luftigen Gipfel ist gerade das Richtige nach ein paar faulen Strandtagen – empfehlenswert aber nur in der Trockenzeit von April/Mai bis Oktober.

Ausgangspunkt für all jene, die den Vulkan stürmen wollen, ist das im Norden von Lombok am Vulkanhang gelegene Dorf **Senaru**, wo mehrere schlichte Unterkünfte einladen und es nie ein Problem ist, einen Führer zu finden. Wer

◁ *Halbmondförmiger, von Palmen gesäumter Strand: die Senggigi-Bucht an der Westküste von Lombok*

112

wenig Zeit hat, startet gegen Mitternacht, erreicht zum Sonnenaufgang den auf etwa 2500 Metern Höhe gelegenen **Kraterrand** und ist schon gegen Mittag zurück am Ausgangspunkt. Die Fernsicht sowie der Blick auf den türkisfarbenen Kratersee Segara Anak gehören zum Großartigen einer Indonesienreise. Im Rahmen von zweitägigen Touren wird in der Regel auch der 3726 Meter hohe **Gipfel** erklommen (Übernachtung im Basislager auf 1950 Meter); und wer drei Tage Zeit hat, steigt auch hinab zum **Kratersee Segara Anak**, an dessen Ufer übernachtet wird.

REGION 5
Lombok

Service & Tipps:

ⓘ Umfassende Informationen zum Rinjani und zu den **Wanderungen**, die man auch buchen kann, geben die Websites:
www.gunungrinjani.com
www.rinjanionline.com
www.rinjanimountain.com
www.lombok-network.com/rinjani

ⓘ **Rinjani Trek Centre**
Oberhalb von Senaru am

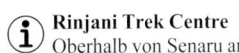 Weg zum Gipfel
83355 Senaru
www.gunungrinjani.com
Hier erhält man ausführliche Informationen zu Berg und Wanderungen; außerdem kann man Führer sowie Träger und über die Website auch geführte Touren von bis zu 5 Tagen Dauer buchen.

Ein weiterer Anbieter ist Perama Tourist Service (s. S. 107).

Zweitägige Touren kosten um 2 Mill. Rupiah.

Der vulkanische Riese auf Lombok: Gunung Rinjani

3 Kuta

Für Naturliebhaber und Freunde wildromantischer und einsamer Strände ist dieses Ferienzentrum mit gleichnamiger Bucht im äußersten Süden von Lombok ein wahres Kleinod. Die Infrastruktur ist gut, aber nicht aufgebläht, und östlich wie westlich von Kuta beeindruckt Lomboks Südküste mit einigen der vielleicht schönsten **Sandstrände** des indonesischen Archipels. Der **Pantai Kuta** selbst ist, bei aller Schönheit, zwar nur sehr bedingt badetauglich (gezeitenabhängig, das von Korallen- sowie Muschelbänken durchzogene Meer zieht sich bei Ebbe extrem weit zurück), doch nach Osten wie auch Westen schließen sich unzählige weitere Strände an. Wer möchte, kann zu Fuß oder per gemietetem Moped den mittlerweile gut ausgebauten Straßen von Traumstrand zu Traumstrand folgen.

Nach rund eineinhalb Kilometern geht der Pantai Kuta jenseits eines Felskaps in den von schneeweißem Sand gesäumten **Pantai Putri Nyale** über, vor dem rotbraune und wie von Zyklopenhand hingeschleuderte Felsen Akzente setzen. Die Optik ist perfekt; und da sich am vorgelagerten Riff gewaltige Brandungswellen abrollen, hat der Strand auch in Surferkreisen einen herausragenden Namen (Surfbretter kann man in Kuta ausleihen).

Wegen seiner Wellen beliebt bei Surfern: Kuta an der Südküste von Lombok

Viele weitere Strände schließen sich gen Osten zu an, aber auch im Westen von Kuta muss man einfach mal auf Strandsuche gegangen sein. Der mit Abstand schönste Strand ist nach rund neun Kilometern erreicht und trägt den Namen **Pantai Mahun:** Sein schneeweißer Sand beschreibt eine vielleicht 500 Meter durchmessende und durch grün bewachsene Felsen nahezu gänzlich abgeschlossene Bucht, in der sich Korallen- sowie Sandbänke abwechseln. Zum Baden und Schnorcheln ist es ideal, ebenso zum Faulenzen und Sonnen.

Service & Tipps:

 Ein offizielles Touristenbüro gibt es nicht, aber die Unterkünfte sowie Reisebüros in Kuta informieren umfassend. Ebenso auch die Website: www.kutalombok.com.

Sasak-Dörfer
Zufahrtsstraße nach Kuta
Auf den letzten Kilometern vor Kuta liegen zahlreiche traditionelle Dörfer der Sasak (s. S. 112) am Weg, die mit ihren charakteristischen Palmwedeldächern ins Auge fallen. Als die schönsten gelten **Sade** und **Rembitan**.

Die meisten der Sasak-Dörfer verstehen sich auch als **Weberdörfer** und jede einzelne Ortschaft hat ihre eigenen traditionellen Muster. Außer *sarongs* (s. S. 61) sind es insbesondere bis zu 4 m lange Gürtel *(sabuk)* und festliche Stoffe *(kain)*, die gefertigt werden. Als unumstrittenes Zentrum der Webereien gilt das Dorf **Sukarara** östlich von Praya.

Wasserfall im Hinterland von Senggigi

4 Senggigi

Die Westküste von Lombok wird in ihrem südlichen Abschnitt von der Inselhauptstadt Mataram bzw. dem Trio, das sie mit Ampenan und Cakranegara bildet, bestimmt und ist hier eher langweilig und unschön. Ein paar Kilometer nördlich hingegen, bei Senggigi, reihen sich gleich mehrere halbmondförmige Buchten aneinander, ist der Strand breit, von eher heller Färbung und feinsandig sowie von Palmen gesäumt. Im Frühling 1987 wurde das erste Hotel eröffnet, 1988 folgten weitere Luxusbauten, die ersten Pauschaltouristen trafen 1989 ein. Heute präsentiert sich Senggigi als das bedeutendste Ferienzentrum von Lombok, das sich mit seinen Vier- bis Sechssternehäusern, Geschäften, Cafés, Restaurants, Reisebüros und Shoppingzentren als eine gekonnte Mischung aus Balis Kuta und Sanur präsentiert.

5 Tetebatu

Hier ist sie wieder, die Zufluchtsstätte für alle, die dem schwülheißen Tropenklima für ein paar Tage zu entkommen suchen. Tetebatu, ein noch relativ traditionelles Sasak-Dorf am Südhang des Gunung Rinjani, liegt auf rund 1000 Meter Höhe, erfreut mit kühlen Temperaturen sowie reicher Aussicht und einigen der vielleicht romantischsten Bungalowanlagen der Insel.

Service & Tipps:

Wer eine aktive Ader hat, kann von Tetebatu aus zu zahlreichen **Wanderungen** ins bilderbuchschöne Umland aufbrechen, wo Aussichtspunkte und Wasserfälle, traditionelle Sasak-Dörfer und Wälder voller Affen von sich sehen machen. In den Unterkünften erhält man alle erforderlichen Informationen, kann zudem für wenig Geld Führer mieten – dies auch für einen Aufstieg zum Kraterrand des Gunung Rinjani. ✤

◁ *Lange weiße Sandstrände an Lomboks Westküste: Senggigi*

Komodo

Wo die »Drachen« hausen

*Eine Übersichtskarte
von Komodo finden Sie
in der vorderen
Umschlagklappe.*

Aus dem Dornengestrüpp dringt ein furchterregendes Fauchen und Röcheln und der Boden vibriert, als sich etwas Schweres und Großes seinen Weg durchs Unterholz bahnt: Ein braunes, schuppenbesetztes Monstrum von etwa drei Meter Länge kriecht aus dem Busch, schlägt peitschend seinen Schwanz auf den Boden und lässt eine fast einen Meter lange, grüngelbe und vorn gespaltene Zunge aus seinem blutroten Schlund schießen. Die Schreckensrufe der Zuschauer übertönen das Fauchen des Untiers. Alle springen wie auf Kommando zurück, wenn sich die Kreatur mit unglaublicher Behändigkeit nach vorn bewegt, wo eine geschlachtete Ziege im Baum hängt. Weitere Echsen kommen herbei, reißen Fleischstücke aus dem Opfertier und versuchen es mit Haut und Haar herunterzuwürgen. Dieser Anblick kann einem schon mal auf den Magen schlagen. Das Mienenspiel der Besucher schwankt zwischen Ekel und Faszination.

Noch vor Kurzem war es üblich, dass sich jeder Besucher oder jede Gruppe eine Ziege als Köder für die Warane schlachten ließ. Die Raubtiere hörten auf als solche zu leben, wurden träger und träger und ließen sich nur noch füttern. Damit ist es nun vorbei: Wer die Warane zu Gesicht bekommen möchte, muss mit einem Parkranger (englischsprachig) auf Inselexkursion gehen, um die Echsen in freier Wildbahn zu suchen. Das scheint auch deshalb vernünftiger, da es dann nicht die »Essgebaren«, sondern die Tiere selbst sind, die begeistern und einen Eindruck von der Fauna vermitteln, die vor rund 60 Millionen Jahren, also während des *Eozäns*, auf der Erde lebte. Zu diesem Zeitpunkt starben die letzten Riesenechsen der Saurier-Ära weltweit aus. Nur hier nicht, auf Komodo, dieser gottverlassenen Insel zwischen Sumbawa im Westen und Flores im Osten.

*Komodo-Waran, die
größte Landechse der
Erde*

»Sir P. A. Owens entdeckte meterlange Drachen; neue Akzente in der Evolutionstheorie« – diese Meldung ging im Jahre 1912 um die Welt. In der Tat lässt der Anblick der hier beheimateten größten Landechsen der Erde die alten Sagen von feuerspeienden Drachen verständlicher scheinen. Auch für die Evolutionstheorie war die Entdeckung außerordentlich bedeutsam, geht die Wissenschaft doch heute davon aus, dass es sich bei diesem Tier um das *missing link*, das Bindeglied zwischen Echsen und Schlangen handelt.

Der *Varanus komodoensis*, der bis zu vier Meter lang, 150 Kilo schwer und 150 Jahre alt werden kann, vermag auf Bäume zu klettern, zu schwimmen, in nur 20 Minuten sein eigenes Körpergewicht durch Nahrungsaufnahme zu verdoppeln und davon im Notfall bis zu 15 Wochen zu leben. Er frisst alles, was ihm in die Quere kommt – meist wild lebende Schweine und Rehe. Ob er auch Menschen mag, ist umstritten, aber wahrscheinlich, denn einige frühe Besucher Komodos kehrten nie wieder zurück. Deshalb ist es auch verboten, auf der zum Nationalpark erklärten und rund 340 Quadratkilometer großen Insel ohne Parkranger auf Entdeckungstour zu gehen. Möglichkeiten für geführte Wanderungen gibt es viele, denn ein Netz von Pfaden überzieht das straßenlose und nur von rund 500 Menschen bewohnte Eiland, das man am besten zwischen April und Oktober besucht (Trockenzeit). Optimal sind die Monate April und Mai, weil dann, direkt nach der Regenzeit, das stark hügelige Land noch lindgrün anstatt braun verbrannt daliegt, die Hitze (40 Grad Celsius im Schatten sind normal) nicht gar so extrem ist.

REGION 6
Komodo

Nachtaktiv: Der Nautilus lebt an den Riffhängen im Komodo National Park

Service & Tipps:

Touren nach Komodo
Fast jedes Reisebüro in den Touristenzentren von Bali und Lombok hat mittlerweile eine Tour nach Komodo fest im Programm. Die Mindestteilnehmerzahl beträgt im Allgemeinen 2 Personen, die Tourdauer beläuft sich auf 4 Tage und 3 Nächte und der Preis liegt je nach Anbieter bei € 200–300 pro Person und Tag.

Die mit Abstand abenteuerlichste Tour erfolgt mit umgebauten Kuttern bzw. kleinen Motorseglern von Lombok aus: Viele Anbieter in allen Touristenorten offerieren 3–5 Tage während »Kreuzfahrten« von Lombok via Sumbawa nach Komodo (1 Tag Aufenthalt) und weiter nach Labuhanbajo/Flores. Der Preis liegt bei ca. € 110/ 150 je Weg (Decksplatz/Kabine), Vollpension inklusive. Erfahrenster Anbieter ist Perama (s. S. 107).

Anreise mit Flugzeug und Boot
Ob nun Labuhanbajo auf Flores angeflogen wird (ab ca. € 60 je Weg) oder Bima auf Sumbawa (ca. € 40 je Weg), stets ist die indonesische **Merpati** (s. S. 107) auf den Routen im Einsatz. Tickets kann man entweder bei der Gesellschaft direkt kaufen oder in einem der zahlreichen Reisebüros in den Touristenzentren, wo man auch Auskunft darüber erhält, welche andere Fluggesellschaft von Bali aus nach Labuhanbajo und/oder Bima fliegt. Zur Zeit der Recherchen drängten mehrere Anbieter auf den Markt, doch abzuwarten bleibt, ob sie sich halten können.

In Labuhanbajo ist es kein Problem, ein vakantes Boot zu chartern, und schon am Flughafen wird man in aller Regel von Anbietern bestürmt. Kontaktadressen sind ansonsten die Unterkünfte im Ort. Um den Bootspreis zu feilschen ist ein Muss, denn nicht selten werden US-$ 500 oder mehr verlangt, wohingegen der reguläre Preis je Boot (und nicht je Passagier!) zur Zeit der Recherchen pro Tag bei etwa US-$ 80–150 (je nach Bootsgröße) lag. Wenn man erst am folgenden Tag zurückfährt und der Skipper wartet, sollte die Passage nicht mehr als US-$ 100–170 kosten.

Landet man in Bima, muss man zunächst mit dem Bemo nach Sape, dem Fährhafen von Sumbawa, und dann mit dem Boot weiter nach Kommodo (s. u.).

Anreise mit Bus und Fähre
Wer die günstigen Verkehrsmittel Bus/Fähre bevorzugt, muss über Bima auf Sumbawa nach Komodo reisen. Es gibt mittlerweile

Direktbusse ab Bali dorthin, in die man auch auf Lombok zusteigen kann (Tickets über die Reisebüros auf Bali bzw. Lombok). Abfahrt in Denpasar gegen Mitternacht, ab Lombok gegen 6 Uhr morgens, an Bima gegen 20 Uhr abends.

Da zu dieser Stunde kein reguläres Bemo mehr nach Sape, dem Fährhafen, verkehrt, muss man eines chartern (um € 15). Dann per Charterboot nach Komodo, für das man (nach Verhandeln) ungefähr US-$ 150 ansetzen muss. Lässt man den Skipper bis zum folgenden Tag auf Komodo warten und fährt wieder mit ihm zurück nach Sape sind es um US-$ 220.

 Komodo National Park
86554 Komodo
 ✆ (03 58) 440 04 und 410 04
Fax (03 58) 410 06
www.komodonationalpark.org
Die Insel ist Nationalpark, nach der Ankunft muss man sich im Hauptquartier registrieren lassen und Eintritt bezahlen sowie die sogenannte »Conservation Fee« in Höhe von US-$ 15 pro Person. Hier bucht man auch die Unterkunft, die Waranbeobachtung und andere Touren. Weitere Informationen über Komodo bietet folgende Website: www.komodo-gateway.org.

✗ **Restaurant Parawisata**
Park-Hauptquartier
86554 Komodo
Die Auswahl an Gerichten ist minimal und in der Regel beschränkt auf Reis, gebratenen Reis, Nudeln, gebratene Nudeln oder Instant-Nudelsuppe; an Getränken stehen Trinkwasser, Cola, Fanta und Bier bereit. Und wer glaubt, mit solch karger Kost nicht auskommen zu können, sollte sich etwas mitbringen.

 Komodo bietet neben der **Waranbeobachtung** (mit Führer, ca. € 7 pro Tag, natürlich ohne »Waran-Garantie«) reichlich Gelegenheit auch für andere abenteuerliche Touren, die eine Woche schnell füllen können. Für alle ist ein Parkranger als Führer erforderlich.

Sehr lohnend ist u. a. eine 1- bis 2-Tage-Tour zum **Gunung Arab**, dem mit 826 m höchsten Berg der Insel

(nahe dem Gipfel wurde ein Shelter errichtet), oder auch die Fahrt mit einem gecharterten Boot (ca. € 60 pro Tag) zur Westseite der Insel, wo man

mitunter angeblich **Wale beobachten** kann. Empfehlenswert sind auch Touren zur vorgelagerten Insel **Pulau Lasa** (Schnorchelparadies), nach **Pulau Padar** oder **Pulau Rinca** (auch dort gibt es Warane, aber auch Wildpferde), nach **Pulau Kalong** (wo »Fliegende Hunde« zu Tausenden an den Bäumen hängen) oder überhaupt irgendwohin im Komodo-Archipel, wo die weißesten Sandstrände vor dem klarsten Wasser mit den üppigsten Korallenriffs zu finden sind. ✻

Schillernde Unterwasserwelten im Komodo National Park: Echte Karettschildkröte (oben) und Riesensepien (unten)

◁ *Rush Hour am Batu-Bolong-Riff im Komodo National Park*

Toraja-Mädchen auf Sulawesi

Sulawesi

Geheimnisvolles Toraja-Land

Sulawesi, das ehemalige Celebes, erstreckt sich beidseitig des Äquators zwischen Borneo und den Molukken, den Philippinen und Flores. Mit rund 189 000 Quadratkilometern Fläche (und 15 Millionen Menschen) ist es die viertgrößte Insel der Republik und drittgrößte der Großen Sunda-Inseln. Sie umfasst rund zehn Prozent des indonesischen Staatsgebietes. Von ihrem Kern, einem schwer zugänglichen Bergland, erstrecken sich vier Halbinseln weit ins Meer hinaus, was ihr das Aussehen eines Tintenfisches (der seine Arme nach Osten und Süden ausstreckt) oder auch einer Orchideenblüte verleiht. In der Tat ist Sulawesi eine bemerkenswerte Blüte des Pazifischen Ozeans – sie besitzt eine eigene geologische Struktur, eine eigenständige Flora und Fauna, eine ungeheure Vielfalt an Landschaftsformen und vor allem auch ein mannigfaltiges Völkerbild.

Alle anderen indonesischen Inseln sitzen den Asien und Australien verbindenden, untermeerischen Gebirgsketten auf, Sulawesi aber wird durch tiefe Meeresstraßen, insbesondere die Straße von Makassar und die Molukken-Straße, davon getrennt, was zur Entwicklung einer asiatisch-australischen Mischflora und einer faszinierenden Fauna mit zahlreichen endemischen (also nur hier vorkommenden) Arten führte. Zwischen unzähligen Bergen und Vulkanen, manche bis über 3400 Meter hoch, breiten sich neblige und kalte Hochplateaus, immergrüne Reistäler, einsame Seen, bizarre Kalksteinformationen, riesige Primär-Urwälder, trockene Savannen und liebliche Hügellandschaften aus. Und wie sich die meisten Regionen landschaftlich völlig voneinander unterscheiden, so variiert auch die Bevölkerung ethnisch und kulturell je nach Landstrich, was sich wiederum in Kunst und Lebensformen manifestiert. Das Volk der *Toraja*, aufgrund ihres Totenkultes und der »Hängenden Gräber« weltweit bekannt, ist nur eine der hier beheimateten Ethnien.

»Entdeckt« wurde die Insel im 16. Jahrhundert von den Portugiesen. Damals stand der Norden unter der Herrschaft des Sultans von Ternate/Molukken, der Rest unter der des Sultans von Makassar. Vorher hatte die Insel zur Machtsphäre des hinduistischen Majapahit-Reiches von Ostjava gehört, davor zum buddhistischen Srivijaya-Reich, aber sogar schon kurz nach der Zeitenwende muss es hier frühe Hochkulturen gegeben haben, wie Funde (buddhistische Statuen), die auf das vierte/fünfte Jahrhundert datiert werden, annehmen lassen. Doch die Anfänge der Besiedlung reichen noch weiter zurück, bis etwa 10 000 v. Chr., worauf Höhlenmalereien bei Ujung Pandang im Süden hinweisen. Damals wanderten die sogenannten *Negritos* und *Weddiden* ein, von denen einige letzte Stämme noch bis vor wenigen Jahrzehnten ihrer mesolithischen Sammlerkultur anhingen. Den Portugiesen folgten 1625 die Holländer, die bald alle Küsten-

Exportschlager aus dem Toraja-Land: Kaffee

120

bereiche von Sulawesi beherrschten, nicht jedoch das Landesinnere, das die Kolonialherren erst Anfang des 20. Jahrhunderts wirtschaftlich ausbeuten konnten.

Das ökonomische Rückgrat bilden heute die Produktion landwirtschaftlicher Exportgüter wie Kopra, Kaffee, Tabak, Kautschuk, Gewürze und die Ausbeutung reicher Gold-, Nickel-, Eisen- und Kupfervorkommen. Zunehmende Bedeutung erlangt auch der Tourismus, der sich aber im Großen und Ganzen auf die Provinz Südsulawesi konzentriert.

Südsulawesi umfasst die gesamte südwestliche Halbinsel sowie auch den größten Teil des stark gebirgigen und bis zu 3455 Meter hohen Zentrallandes. Mit rund 73 000 Quadratkilometern und ca. zehn Millionen Einwohnern ist es die größte und bevölkerungsreichste Provinz der Insel und wird – da sind sich alle Landeskenner einig – eines Tages einen ebensolchen touristischen Stellenwert haben wie heute Bali. Wie jenes ist es von großer landschaftlicher Schönheit und Vielfalt und umfasst bedeutende, teils sehr »exotische« Kulturkreise, als deren herausragendste die der jungmalaiischen *Buginesen* und *Makassaren* im Süden sowie die der altmalaiischen Toraja im Norden gelten. Insbesondere dem Toraja-Land, ethnisch wie landschaftlich gleichermaßen einzigartig, wird eine große touristische Zukunft bevorstehen und schon heute zählt es zu den beliebtesten Reisezielen in ganz Indonesien.

Service & Tipps:

✈ Anreise ab Bali

Die Strecke Bali–Ujung Pandang–Bali wird mehrmals täglich u. a. von Merpati (s. S. 107) und der indonesischen Garuda geflogen. Die erste Maschine von Bali startet zwischen 7 und 9 Uhr morgens (1 Std. Flugzeit), die letzte ab Ujung Pandang (Hasanuddin Airport) in den Abendstunden. Kaufen kann man die Tickets (Rückflug gleich reservieren) in unzähligen Reisebüros oder direkt bei den Airlines. Die Airporttaxe auf Bali beträgt 50 000 Rupiah, in Ujung Pandang 30 000 Rupiah, 45 Min. vor Abflug sollte man einchecken.

Garuda
Jl. Sugianyar 5
80235 Denpasar
✆ (03 61) 25 47 47
Fax (03 61) 22 62 98
www.garuda-indonesia.com

🚌 Ujung Pandang – Toraja-Land

Zahlreiche Busgesellschaften bedienen die rund 330 km lange Strecke von Ujung Pandang nach Rantepao mehrmals täglich (um € 7, ca. 10 Std.); Abfahrtsort ist der nahe dem Flughafen gelegene Terminal Daya, wo man auch die Tickets kaufen kann. Die komfortabelsten Busse haben:

Bintang Prima
✆ (04 11) 477 28 und

Litha
✆ (04 11) 32 48 47

🚗 Ujung Pandang – Toraja-Land

Autoverleih-Stationen gibt es auf Sulawesi nicht, aber dafür unzählige Taxi- und Minibus-Besitzer (auf dem Parkplatz vor der Ankunftshalle des Hasanuddin-Flughafens), die für die rund 7 Std. lange Strecke (inklusive dem Abstecher zum Paotere-Hafen von Ujung Pandang) ca. 700 000 bis 1 Mill. Rupiah verlangen, teils inklusive, teils exklusive einem Benzingeld in Höhe von etwa 200 000 Rupiah je Weg. Macht zusammen also rund 1 Mill. Rupiah, aber auch wenn 1,5 Mill. Rupiah verlangt werden, ist das okay. Zweite (aber teure) Möglichkeit ist, sich an eines der Reisebüros in Ujung Pandang zu wenden, die nicht nur Fahrzeuge mit Fahrer vermitteln, sondern auch englisch-, französisch- und deutschsprachige Führer, die sich im Toraja-Land gut auskennen. Empfehlenswert sind u. a.:

Pacto Ltd.
Jl. Jen. Sudirman 52
90125 Ujung Pandang/Makassar
✆ (04 11) 87 32 08
Fax (04 11) 85 39 06
www.pactoltd.com und
Losari Tours
Jl. Mappanyukki 1A
90125 Ujung Pandang/Makassar
✆ (04 11) 562 30 40
Fax (04 11) 87 53 40
www.losari-tours.com

Kleiner Junge auf einem Wasserbüffel

121

*Pelabuhan Paotere, der
alte Hafen von Ujung
Pandang*

1 Ujung Pandang/Makassar

Reisende, die von Bali in einstündigem Jetsprung nach Ujung Pandang (auch: Makassar) herüberkommen, der mit bald schon zwei Millionen Einwohnern sechstgrößten Stadt des indonesischen Archipels, sehen sich ihrer meist exotischen Erwartungen beraubt. Die hektische und geschäftige Metropole Sulawesis zeigt sich fortschrittlich, kaum jedoch charmant. Sie ist ein Moloch, der ständig wächst, reichlich Armut und auch manche Hässlichkeit kennt.

Die Tage des alten *Makassar*, wie Ujung Pandang früher hieß, sind eben längst dahin, doch sucht man nostalgisch ihre Spuren, kann man am **Pelabuhan Paotere** fündig werden. Dort, am alten Hafen, liegen meist Dutzende von Windjammern vor Anker, die ihre schnittigen weißen Holzleiber über die Kaianlage recken. Turmhohe Masten knarren im Wind, weiße Segel flattern und Matrosen klettern in Rahen umher. Dockarbeiter sind unermüdlich damit beschäftigt, Frachtsäcke über schmale Holzplanken an Bord der bis zu 40 Meter langen, 15 Meter breiten und über 250 Tonnen schweren Segler zu schleppen.

Die Heimathäfen dieser *pinisi* genannten Schoner befinden sich größtenteils hier auf Sulawesi, wo sie, im äußeren Süden, auch heute noch und wie zu Urgroßvaters Zeiten vom Volk der *Bugis* aus Teakplanken und Holzdübeln zusammengezimmert werden. Bei guten Windverhältnissen können die Schiffe stolze 15 Knoten erreichen. Bis ins ferne Sumatra, Irian Jaya oder zu den Philippinen tragen sie ihre Lasten. Ein Innenausbau, wie wir ihn kennen, ist unbekannt, geschlafen wird auf Deck und auch Kompass und Sextant sind den meisten Bugis-Kapitänen bis auf den heutigen Tag fremd geblieben. Sie orientieren sich an den Sternen, Strömungen, an der Wasserfarbe, können – wie es heißt – Korallenriffe riechen und gelten als die intimsten Kenner aller Meere des indonesischen Archipels.

Aber die Konkurrenz der Motorschiffe wird übermächtig und so gehen die Bugis mehr und mehr dazu über, ihre Schoner nicht nur mit den traditionellen Rechtecksegeln, sondern zusätzlich noch mit Dieselmotoren auszustatten. Auch werden heute nicht mal mehr halb so viele Segelschiffe gebaut wie noch vor zehn Jahren; und es ist wohl nur eine Frage der Zeit, bis moderne Stückgutfrachter und Containerschiffe der Windjammer-Ära auch hier endgültig den Garaus machen. Doch noch kann man sich am Anblick der eleganten Schoner erfreuen und vielleicht auch mal einen Blick auf Deck werfen.

Service & Tipps:

 Pelabuhan Paotere – Hafen der Frachtensegler
Jl. Martadinata
90161 Ujung Pandang
Der gegenwärtig wahrscheinlich

weltweit größte Hafen für Segelschiffe; ständig liegen hier mehr als ein Dutzend *Pinisi*-Schoner vor Anker. – Herrliche Ansichten, einzigartige Eindrücke, zumal es kein Problem ist, an Bord solcher Schiffe zu gehen.

2 Tana Toraja

Auch wenn Ujung Pandang das Herz von Sulawesi sein mag, charakteristisch für Sulawesi ist es nicht. Ein Ausflug ins Tana Toraja im Norden ist daher unbedingt zu empfehlen. Schon die Fahrt ist ein Erlebnis. Kaum liegt die Peripherie der Stadt zurück, schlängelt sich die nur noch spärlich und zunehmend von Ochsenkarren befahrene Straße durch Palmpflanzungen und Reisterrassen, bevor sie an lange Sandstrände heranführt. Herrliche Blicke auf den Ozean mit zahllosen kleinen Inseln, palmenbedeckten Atollen und sanften Lagunen tun sich auf. Verführerisch schimmern die Korallenriffe durchs glasklare Uferwasser und immer wieder ziehen kleine Dörfer vorbei, die noch genauso aussehen, wie sie Joseph Conrad in seinem »Lord Jim« oder »Freya von den sieben Inseln« zu Anfang des 20. Jahrhunderts beschrieben hat.

Bei Parepare, einer vitalen Hafenstadt auf etwa halber Strecke, wird man kurzzeitig von der Gegenwart eingeholt, aber dann verlässt die Straße den flachen Saum der Westküste und führt durch ein liebliches, sanft gewelltes Hügelland hindurch. Die äquatoriale Hitze weicht einer milden Frische, goldgelbes, kniehohes Steppengras und die üppig grünen Reisfelder der Niederungen bilden eine prächtige Kulisse. Je weiter man kommt, desto dünner besiedelt ist das allmählich ansteigende Land, aus dem bald grauschwarze, urwaldgesäumte Felsgiganten aufragen.

Nach etwa sechs bis sieben Stunden Fahrt ist der Rand des zwischen 900 und 1300 Meter hoch gelegenen Tana Toraja erreicht.

Tana(h) Toraja, meist zu *Tator* verkürzt, ist das Land der Toraja (*tanah:* Land), die zu den Altvölkern Indonesiens gerechnet werden und in direkter Übersetzung *to-ra-ja* die »Menschen im Innern« sind, nämlich im Innern von Süd- und auch Zentralsulawesi. Der Verwaltungsbezirk Tanah Toraja, um den es hier geht, schließt allerdings nicht alle Gebiete ein, in denen Torajas (insgesamt rund 800 000) leben, sondern umfasst nur den rund 3600 Quadratkilometer gro-

An Restaurants herrscht im Toraja-Land kein Mangel. Die Palette der Gerichte ist groß, aber alle Speisen sind dem europäischen Geschmack angepasst. Wer Authentisches kosten will, sollte im Hotel nach einem Rumah Makan Toraja *fragen. Dort gibt es dann etwa Huhn im Bambusrohr (piong ayam) oder Hühnchen mit Reis und Kokosmilch in jungem Bambus gedünstet (paprong) und dazu balok, den lokalen Palmwein, der säuerlich und erfrischend ist, freilich auch sehr schnell den Geist verwirren kann.*

Dorfbewohner beim Reis-Dreschen

ßen Bezirk, in dem die Süd- oder *Sadang*-Toraja beheimatet sind. Dieses Kernland des einst aus dem südchinesischen Raum eingewanderten Volkes wird von rund 300 000 Menschen bewohnt, die zur Hälfte zum Christentum bekehrt sind (ohne ihre animistischen Vorstellungen deshalb aufgegeben zu haben) und zu fünf Prozent zum Islam; die restlichen Toraja halten weiterhin an ihrer uralten, heidnischen Religion fest.

Verwaltungszentrum des auf durchschnittlich 700 Meter Höhe gelegenen Toraja-Landes ist **Makale**. Touristenzentrum und eigentliche Hauptstadt jedoch ist **Rantepao**, ein rund 30 000 Einwohner zählendes großes Dorf im Tal des Sadang-Flusses. Von hier aus lassen sich die traditionellen Dörfer in der Umgebung im Rahmen von individuell gestalteten oder auch geführten Tagesausflügen – teils mit öffentlichen Verkehrsmitteln, teils zu Fuß – leicht erreichen.

Größter Touristenmagnet im Toraja-Land sind die **Toraja-Dörfer** Lemo, Londa und Kete Kesu, die man möglichst am frühen Morgen besuchen sollte, denn nur bis gegen zehn Uhr, wenn die Siedlungen noch ganz archaisch im zarten Dunstschleier liegen, sind die Lichtverhältnisse optimal. Später, wenn die Besucherscharen eintreffen, geht es sehr touristisch und teils wie auf einem Souvenirmarkt zu.

Lemo, ein paar Kilometer südlich von Rantepao, ist bekannt als das Dorf mit den spektakulärsten »Hängenden Gräbern«. Der ca. 40 Meter hohen, senkrecht aufragenden Felswand hinter dem Ort verdankt Lemo seinen touristischen Stellenwert, denn dort dienen Hunderte künstliche Steinkavernen den Verstorbenen des Dorfadels *(makada)* als letzte Ruhestätte. Vor den Grabkammern wurden kleine Nischen eingemeißelt und darin stehen hölzerne *Tau Tau*-Figuren, die als symbolische Abbilder der Verstorbenen oft deren realistische Züge tragen. Sie gelten als Aufenthaltsort ihrer Seelen und sollen auch als Grabschützer dienen.

Leider wurden von Grabschändern in den 1980er-Jahren über 100 der ältesten und von neurotischen Kunstsammlern am höchsten dotierten Figuren ge-

Sulawesi: Bauer mit seinem Wasserbüffel

*Symbolische Abbilder
der Verstorbenen: Tau
Tau-Galerie an der
Grabwand von Lemo*

stohlen. Die betroffenen Familien sahen ihr Heiligstes verloren, die Toten jetzt schutzlos dem Bösen ausgeliefert – und retteten, was zu retten war: Sie entfernten die wenigen verbliebenen Figuren und stellten sie in den Schutz ihrer Häuser. Kahl und schmucklos präsentierten sich nun die Gräber. Die Touristen fühlten sich um eine Attraktion geprellt. Bestürzung zeigte auch das Touristik-Ministerium in Jakarta, um unverzügliches Wiederaufstellen wurde »gebeten«. Ob die Toraja dieser Aufforderung nun nachkamen oder stattdessen Imitationen platzierten, bleibt ungewiss. Heute zeigt sich die Galerie der Ahnen von Lemo zwar gelichtet, aber doch weitgehend authentisch.

In **Londa** sind zwei Höhlen zu besichtigen und insbesondere die auf zwei Simsen über den Eingängen errichteten Balkone, auf denen, eng gedrängt, das größte Tau-Tau-Figuren-Kabinett des Landes steht. Den Weg durch die Höhlen leuchtet uns ein Führer aus. Im linken Gang liegen unzählige, teils mit Totenköpfen dekorierte Särge kreuz und quer, im rechten Berge von Knochen und die Schädel eines Liebespaares, das sich vor Gram selbst erdrosselte, weil es nicht zusammen sein durfte – anbei auch der dazugehörige Strick.

Kete Kesu wurde in den vergangenen 30 Jahren, in denen sich das Toraja-Land zu einem Touristenmagneten entwickelte, mehrfach restauriert und präsentiert sich heute mit 16 überaus schmucken Tongkonan-Häusern in einem gepflegten musealen Zustand. Die Hauptfassaden der meisten Häuser sind mit Büffelköpfen und -hörnern und verschiedenfarbigen Mustern verziert. Das Schmuckwerk spiegelt den sozialen Status der Eigentümer wider, wohingegen die Farben der Ornamente symbolischen Charakter haben: Gelb steht für die Gestirne und die Götterwelt, Schwarz für den Tod, Rot und Weiß symbolisieren das Leben. Und wie sich alles zwischen Tod und Leben spannt – oder gemäß der Toraja-Kosmologie zwischen Süden (Sphäre des Todes) und Norden (Sphäre des Lebens) –, so sind auch die Häuser selbst exakt nach diesen beiden Gegenpolen ausgerichtet.

Über einen Trampelpfad gelangt man zu einem Grabplatz in einer Nische unter einer überhängenden Felswand, zu dem Tau-Tau-Figuren, verzierte Steinsärge und dekorativ drapierte Skelettteile von Verstorbenen gehören.

Nördlich von Rantepao erhebt sich in **Tallunglipu** ein mächtiges Tongkonan-Haus, unter dessen Giebelfirst zwei Totenköpfe in einem Glaskasten prangen. Diese sind Relikte aus jenen Tagen, als zum Anlass von Begräbniszeremonien nicht nur Büffel und Schweine geopfert wurden, sondern hier und da auch mal Sklaven. Menschenopfer hat es seit Anfang des 20. Jahrhunderts nicht mehr gegeben, aber Tieropfer sind beim Totenfest noch immer gang und gäbe. Je nach Ansehen des Toten werden bis zu hundert Büffel rituell getötet – manche kosten über 5000 Euro.

Ebenfalls am Standardweg des Tourismus liegt **Pangli**; seinen Zeremonialplatz schmücken Megalithen und eine in einem Steinsessel ruhende Tau-Tau-Figur.

In **Palawa**, zwei Kilometer entfernt, steht das größte und am überschwänglichsten mit mehr als 70 Büffelköpfen verzierte Tongkonan-Haus des Landes;

Die vorgezogenen Satteldächer der Tongkonan-Häuser erinnern an Schiffsrümpfe

und in **Sadan** schließlich wird in mehreren Häusern noch nach traditioneller Art auf horizontalen Webstühlen gewebt.

Service & Tipps:

ⓘ **Government Tourist Office**
Jl. A. Yani 62A
91831 Rantepao
✆ (04 23) 212 77
Gute Informationsquelle zum Toraja-Land; man kann auch geführte Touren buchen.

ⓘ Im Internet macht sich das Toraja-Land noch rar; die beste Website ist:
www.batusura.de.
Dutzende Orte werden mit Fotos bzw. Videos vorgestellt, auch über die Kultur wird vorbildlich informiert, lediglich praktische Tipps kommen ein wenig zu kurz.

ⓘ **PT Emerald Indonesia Tours & Travel**
Jl. Monginsidi 1
91831 Rantepao
✆ (04 23) 251 00
Fax (04 23) 251 00
www.go2indo.com
Empfiehlt sich für geführte Touren ins Toraja-Land; es wird auch Deutsch gesprochen.

👥 Zahlreiche **Souvenirgeschäfte** auf der Hauptstraße von Rantepao (Jl. Pahlawan) bieten insbesondere Miniaturausgaben von traditionellen Toraja-Häusern, Holzarbeiten jeder Art und Größe, die mit den klassischen geometrischen Ornamenten der Toraja verziert und den traditionellen Farben Rot, Weiß, Gelb und Schwarz bemalt sind. Sonst viele Webarbeiten, Silberwaren und Münzen. Wahre Berge von »Mariatheresientalern« und »Straits-Dollars« werden feilgeboten – alles Imitationen. ✦

Weberin in Sadan (Sulawesi)

Die Toraja

Diese vor über 4000 Jahren eingewanderte altmalaiische Bevölkerungsgruppe siedelt in souverän lebenden Dorfgemeinschaften, von denen über die Hälfte zum christlichen Glauben bekehrt sind. Doch die überlieferten animistischen Glaubensvorstellungen prägen unverändert das Alltagsleben.

Charakteristisches Merkmal eines jeden Toraja-Dorfes sind die langen, schmalen, auf Pfählen errichteten Bambushäuser mit den geflochtenen Wänden und den weit geschwungenen Dächern. Diese fast an Archen erinnernden Wohnstätten sind von außen mit geschnitzten Brettern versehen, die, bemalt mit schwarzen, weißen, gelben und roten Mustern, von der hohen Kunstfertigkeit der Toraja zeugen. Andere Hausfassaden werden zusätzlich mit geschnitzten Büffelköpfen oder Büffelhörnern verziert. Büffel sind Symbole des Reichtums, wobei sich der Wert nach der Farbe richtet: Rosa gefleckte Büffel stehen am höchsten im Kurs, gewöhnliche schwarze am niedrigsten. Bewohnt werden diese Häuser, die *Banua Tongkonan*, stets von einer Großfamilie; sie sind sparsam mit rohen Bänken und einem Tisch möbliert, niemals aber mit Betten: Die Torajas schlafen in *sarongs* gehüllt auf dem Boden.

Wichtigster Leitsatz des Toraja-Glaubens ist, dass jeder Mensch zwei Seelen hat: eine Lebensseele, die für die individuelle Persönlichkeit verantwortlich ist, und eine Todesseele, die darauf achtet, dass man sein vorbestimmtes Ende findet, sein eigentliches Sein. So ist der Tod eines Menschen denn auch kein trauriges Ereignis, sondern vielmehr Anlass für das wohl imposanteste Ritual der Toraja, das Totenfest *Rambu solo*.

Nun gilt es den Verstorbenen milde zu stimmen, mögliche Schulden bei ihm zu begleichen, hat er doch die Macht, Wohlstand oder Verderben über alle zu bringen. Je nach Ansehen des Dahingeschiedenen kann so ein Fest zwischen einem Tag und einer ganzen Woche dauern. Es gehört mit zum Faszinierendsten, was man in Indonesien erleben kann. Die Leiche wird nach dem körperlichen Tod üblicherweise in Decken gehüllt und in ein verdunkeltes Zimmer gelegt; zur Einbalsamierung wird heute meist Formalin verwendet. Erst nach mehreren Monaten, wenn der Leichnam völlig ausgetrocknet ist, wird es Zeit für die Bestattungsriten: Von überall her kommen Gäste angereist, schwer bepackt mit Geschenken, die teils als Huldigung für den Toten, teils als Zurückzahlung eventueller Schulden anzusehen sind.

Giebelseite eines Tongkonan-Hauses in Palawa

Erst wenn alle Geschenke registriert worden sind – Reis und Tuak, Hühner, Schweine und vor allem Büffel – beginnen die eigentlichen Zeremonien mit rituellen Gesängen, Tänzen und Tieropfern: Die Schweine werden stranguliert, den Büffeln werden mit einer Machete die Halsschlagadern durchschnitten. Je nach Ansehen des Toten werden so bis zu 100 Ochsen getötet – heutzutage immer weniger, weil die indonesische Regierung eine Büffel-Opfer-Steuer für jeden so getöteten Büffel erhebt. Danach wird die Leiche aus der Kammer herausgetragen, unter wilden Schreien mehrmals in die Luft geworfen und dann vorsichtig mit den Füßen nach Süden niedergelegt.

Erst jetzt ist der wirkliche Tod eingetreten, die Leiche wird zurückgetragen und das eigentliche Freudenfest der Lebenden beginnt. Bis zur Bestattung jedoch können erneut mehrere Monate vergehen; der Tote wird dann in einem bootsförmigen Sarg in ein ausgehauenes Felsengrab gelegt. Handelt es sich um eine hochgestellte Persönlichkeit, werden lebensgroße holzgeschnitzte Figuren, die *Tau Tau*, in einen Sims vor das Grab gestellt; sie sollen vor bösen Geistern schützen.

In zehn Etappen unterwegs zu den Höhepunkten der Insel

Balinesisches Wappen

*Astronaut bis Valentino
Wo sieht man sie alle
zusammen? Lapaloma,
Love Thunder, Rose
Star, Comet, Ora et La-
bora, Mississippi, Camp
David, Donald Duck,
Mona Lisa, Golden Dra-
gon, Robin Hood,
King's Crown, Rolex,
Summerday, Heaven,
Sheriff, Cash and Carry,
Taurus, Orion, Stardust,
Warship, Nazareth,
Veni Vidi Vici, La Belle,
Concorde, Liberty,
Chevy, El Rojo, Sally,
Paramount, Bernhard
& Bianca, Snoopy,
James Bond, Big Stone,
Mount Everest, Panther,
Superstar, Astronaut,
Peace, Casanova, Bo-
nanza, Valentino, Sala-
mander, Bimbo, Cae-
sar ... Das sind nur
einige der vielen Bemo-
Namen, die man in
einer x-beliebigen Stadt
auf Bali bestaunen
kann.*

◁ *Nach dem Pura Besa-
kih der zweitwichtigste
Tempel auf Bali: der im
Bratan-See gelegene
Pura Ulan Danu*

*Akteur eines Barong-
Tanzdramas in Batubu-
lan: Affenkönig Hanuman*

Die zehn Tagesetappen teilen Bali in sinnvolle Stationen auf und unterbreiten so Vorschläge für eine Traumreise zu den Höhepunkten der Insel. Sie beginnt im Süden, an der »Copacabana« Indonesiens, folgt den an Stränden reichen Küstenlinien ebenso wie den Wegen durch die vulkanische Bergwelt des Inselinneren. Die Routen führen auf Krater, in Urwälder und zu Seen, auf Feste und Märkte, in Tempel und Dörfer.

Bis auf drei Tagesetappen liegen alle Routen unter 100 Kilometern, die meisten sogar unter 80, was vor allem deshalb sinnvoll ist, da man auf Bali angesichts der für europäische Verhältnisse schlechten Straßenzustände und des oftmals chaotischen Verkehrs eine Durchschnittsgeschwindigkeit von 30 bis 40 Kilometern pro Stunde kaum überschreiten kann. Außerdem finden sich wahrhaft traumhafte und exotische Motive in Hülle und Fülle; und nicht umsonst heißt es, dass die Seele nur beim langsamen Reisen Schritt halten kann.

Die Zeit- und Kilometerangaben beziehen sich auf die direkteste Fahrstrecke mit Aufenthalt an den genannten Sehenswürdigkeiten.

1 Balis Herzstück
Von Sanur durch den Süden nach Candi Dasa

Route: Sanur – Batubulan – Klungkung – Padang Bai – Candi Dasa (72 km)

km	Zeit	Route
0	8.30	Abfahrt von **Sanur** (von Kuta 12 km, von Nusa Dua 23 km).

6	9.30	**Batubulan**, Besichtigung der Steinmetzwerkstätten und Besuch eines Barong-Tanzdramas.
9		**Celuk**, Besuch einer Silberschmiede.
11		**Sukawati**, Spaziergang über den Kunst- sowie den Obst- und Gemüsemarkt.
14	12.00	**Batuan**, Dorf der Möbelschnitzer.
24		Dorf Kutri mit dem **Pura Bukit Dharma** (Unterweltstempel).
27		**Gianyar**, Textilzentrum Balis.
38	13.30	**Klungkung**, Spaziergang über den Markt, Besuch der Gerichtshalle Kerta Gosa; Lunchpause.
45		Fischerdorf **Kusamba**.
50	15.00	**Goa Lawah**, heilige Fledermaushöhle.
57		**Padang Bai**, Fischer- und Badeort; alternatives Routenziel.
72	16.30	**Candi Dasa**.

Mit öffentlichen Verkehrsmitteln: Per *Bemo* (Minibus) ab Kuta und Nusa Dua zum Terminal Tegal in Denpasar, ab dort Zubringer-Bemo zum Terminal Kereneng, der von Sanur direkt zu erreichen ist; weiter per Bemo nach Blahbatu und dann von Ort zu Ort bis Candi Dasa. – Es ist völlig problemlos, so zu reisen, Tausende Bemos sind auf der Route im Einsatz, sodass man nur wenige Minuten warten muss.

Abstecher: Von Sukawati ins Dorf **Puaya** (4 km hin und zurück; nördlich vom Markt in Sukawati nach Passieren der Polizeistation links ab), wo Holzmasken, Schattenspielfiguren und Requisiten für Tempelzeremonien hergestellt werden.
Von Gianyar nach **Bona**, dem Dorf der Korbflechter (ca. 6 km hin und zurück).
Von der Straße Gianyar – Klungkung (ca. 4 km hin und zurück; der Abbiegung nach Bangli folgen) nach **Sidan**, Dorf mit einem halben Dutzend sehenswerter Tempel.

Opferschrein zu Ehren von Dewi Sri, der Reisgöttin, im Reisfeld

131

Vom Ausgangspunkt **Sanur** aus, wo sich die von Kuta und Nusa Dua kommenden Straßen kreuzen, folgt man der Straße in Richtung Gianyar, die um Denpasar, die unbalinesische Hauptstadt Balis (s. S. 18 ff.), herumführt. Während dort chronisches Verkehrschaos herrscht, ist diese Straße breit, zu Beginn mehrspurig und schwach frequentiert, was die Umstellung auf den Linksverkehr erleichtert, sodass man bald schon genug Muße hat, die fremden Eindrücke auf sich wirken zu lassen: Heerscharen bunt uniformierter Schulkinder, Bauern auf den Reisfeldern, Wasserbüffel im Schlammbad, Palmwedel- und Wellblechhütten neben weißen Villen …

Nach wenigen Kilometern werden die Abstände zwischen den Häusern geringer und dann säumen Flügellöwen und Himmelsnymphen, Götterfiguren und Dämonenmasken als exotische Steinphalanx die

Straße. **Batubulan** (s. S. 58) ist erreicht, das Zentrum der balinesischen Steinmetzkunst, und was hier an Formenvielfalt auf profaner Bühne ausgestellt wird, kann einem schon mal die Sprache verschlagen. Ebenso auch das Tanzspiel *Barong,* zu dessen allmorgendlicher Aufführung auf den vier Touristenbühnen des Ortes man im Rahmen dieser Tour gerade rechtzeitig kommt.

Wieder unterwegs, erfordert am Ortsausgang eine gefährlich scharfe Rechtskurve die Aufmerksamkeit – und schon befindet man sich in **Celuk** (s. S. 60), das mit Batubulan zusammengewachsen ist und als Hochburg balinesischer Schmuckherstellung gilt.

Übergangslos folgt **Sukawati** (s. S. 68 f.), bevor es weitergeht zum nächsten Dorf: **Batuan** (s. S. 57). Dieses ist leicht zu erkennen an den zahlreichen Schildern mit der Aufschrift »Woodcarving«, denn der Ort

Barong-Tanz-Maske

gilt zusammen mit Mas bei Ubud als Balis Zentrum für Holzschnitzkunst.

Hinter Sakah führt die Straße durch zunehmend dichter besiedeltes Land und entsprechend stark ist sie auch frequentiert. Eine bunte Blechlawine japanischen Ursprungs wälzt sich hupend, knatternd und stinkend dahin. Auch Bali, man weiß es längst, ist vom Fortschritt erfasst, doch inmitten der Dynamik modernen Lebens erstaunen immer wieder Bilder, die aus vergangenen Jahrhunderten stammen könnten: festlich gekleidete Dörfler, die Opfergaben zu Tempeln tragen; Frauen, die den Hausgöttern, die in kleinen Schreinen wohnen, oder den Dämonen, die an gefährdeten Stellen hausen (u. a. Straßenkreuzungen, Brücken), Nahrung und Räucherstäbchen darbringen.

Nach rund 24 Kilometern ab Sanur ist das Dorf **Kutri** (s. S. 64) erreicht; hier muss man langsam fahren, um das rechts der Straße aufgestellte Schild »Durga Kutri« nicht zu verpassen. Hinter dem Hinweis verbirgt sich eine Tempelanlage, der Pura Bukit Dharma, zu Deutsch der »geheiligte Hügeltempel«.

Die Route führt weiter nach **Gianyar** (s. S. 60), dem Verwaltungssitz eines der acht Bezirke Balis. Auf der nun folgenden Strecke öffnet sich das Land, das hier dünner besiedelt, aber dennoch vollkommen der Reiskultur unterworfen ist. Man quert zwei flussdurchströmte Niederungen, in deren braunen Fluten sich Kinder und Büffel erfrischen, und bald ist **Klungkung** (s. S. 38 ff.) erreicht. Die Bezirkshauptstadt von Ostbali blickt auf eine reiche Vergangenheit und bietet sich mit unzähligen Esslokalen für eine Lunchpause an.

Auf den letzten 30 Kilometern der Route führt die Straße durch eine Bilderbuchlandschaft. Alle Hänge, und seien sie noch so flach, sind terrassiert, Kokospalmen und Bambus stehen Spalier und darüber schwebt der Kegel des Gunung Agung zum Göttergruß. Dieser Berg, der erst gegen Ende der Rundreise wieder aus dem Blickfeld verschwindet, gilt als symbolischer Mittelpunkt des Universums und als »Sitz der Götter« (s. S. 44). In seiner Macht liegt es, Katastrophen zu bringen, zum letzten Mal 1963

Wesensmerkmal des ▷ Legong, dem Einführungspart des Barong-Tanz-Schauspiels, sind synchrone Bewegungen der Tänzerinnen

Hausaltar mit Opfergaben

*Bambus überschattet oft
das nur noch schwach
frequentierte Asphalt-
band zwischen Padang
Bai und Candi Dasa*

*Seine Farbe macht den
Javist (auch Java King-
fisher) zu einem der auf-
fälligsten Vögel in den
Reisfeldern Balis*

durch einen Vulkanausbruch geschehen – ein wenige Kilometer
außerhalb von Klungkung am rechten Straßenrand gelegenes Lavafeld
erinnert daran. Auch das breite
Flusstal des Yehunda, das zuvor auf
hoher Brücke zu queren ist, blieb
nicht verschont. Erst am nahen
Meer, beim Fischerort **Kusamba**
(s. S. 40 f.), kam seinerzeit der glut-
flüssige Brei zum Stillstand.

Bald erstreckt sich linker Hand
ein großer Parkplatz. Reisebus steht
neben Reisebus – Grund ist die sich
in einem angrenzenden Kalksteinkliff öffnende Fledermaushöhle **Goa
Lawah** (s. S. 40 f.), die hier zu besichtigen ist.

Nach rund sechs weiteren Kilometern und zahlreichen Ausblicken
aufs Meer, den Agung und die
hügelige Reisterrassen-Landschaft
geht es rechts nach **Padang Bai**
(s. S. 41 ff.). Der als Ort eher wenig

attraktive Fährhafen nach Lombok
gilt wegen der benachbarten reizvollen Sandbuchten als Geheimtipp,
und es ist eine Frage des persönlichen Geschmacks, ob man den Tag
hier oder in Candi Dasa ausklingen
lassen möchte. Von der Hauptstraße, die zweieinhalb Kilometer nördlich von Padang Bai verläuft, sind
es noch elf Kilometer bis dorthin.
Die Landschaft wird immer eindrucksvoller und grüner Farn, Bambus und Palmen überschatten oft
das nur noch schwach frequentierte
Asphaltband. Hier und da zweigen
auch Stichwege zu kleinen Stränden
ab. Schließlich führt die Straße wieder direkt ans Meer heran und dort,
wo sie die Küste berührt, beginnt
Candi Dasa (s. S. 37 f.), ein zwei
Kilometer langer Strandort an der
palmenreichen Amuk-Bucht mit
einer Handvoll vorgelagerter kleiner Inseln.

2 Im Angesicht des Weltenberges
Zum Pura Besakih und den »Wassern des Ganges«

Route: Candi Dasa – Tenganan – Besakih – Tirtagangga (115 km)

km	Zeit	Route
0	7.00	Abfahrt von **Candi Dasa**.
4		**Tenganan**, Spaziergang durch das Dorf der Ureinwohner Balis; dann zurück nach Candi Dasa.
21		Subagan, links Richtung Rendang.
57		Rendang, den Schildern »Ke Denpasar« bis zur Hauptstraße folgen, dann rechts abbiegen nach
66	10.00	**Besakih**, Besichtigung des heiligsten Tempels der Insel; dann zurück in Richtung Subagan.
85	12.30	**Putung Cottages**, Lunchpause.
115	14.30	**Tirtagangga**, ehemaliges Wasserschloss.

Timing: Der Zeitplan sollte möglichst eingehalten werden, denn spätestens zwischen 11 und 12 Uhr hüllt sich der Gunung Agung in dichte Quellwolken, was die
Fahrt nach Besakih, aber auch Besakih selbst weniger reizvoll macht.

Mit öffentlichen Verkehrsmitteln: Per Ojek (Motorradtaxi) ab Kreuzung Haupt-
mit Landstraße in Candi Dasa nach Tenganan und zurück, dann ab Hauptstraße Bemo
Richtung Amlapura/Karangasem, in Subagan aussteigen. Ab hier (Kreuzung Haupt-

*Eine Bäuerin erntet die
Reissetzlinge*

mit Landstraße nach Rendang) weiter mit Bemo nach Rendang, ab dort Ojek- oder Bemo-Anschluss nach Besakih. Wieder zurück bis Subagan, dann zu Fuß (ca. 2 km) oder per Bemo zum Abzweig nach Tirtagangga und per Bemo dorthin. Die Fahrt ist so problemlos möglich, aber zeitaufwendiger als oben aufgeführt (Ankunft in Tirtagangga etwa gegen 17 Uhr).

Zusatztag(e) in Tirtagangga: Der Ort ist idealer Ausgangspunkt sowohl für verschieden lange Wanderungen über die Dämme der Reisterrassen-Labyrinthe als auch für Spaziergänge durch zwar kleine, aber nichtsdestotrotz hinreißend schöne Primärwald-Enklaven und bietet sich schließlich auch als »Basislager« für eine Besteigung des 3142 m hohen **Gunung Agung** an (s. S. 36 sowie auch S. 44), wofür man aber mindestens einen (sehr langen) Tag, besser zwei Tage, ansetzen muss. Für den Weg auf den »Olymp« der Insel und auch für die anderen Wanderungen empfehlen wir die Mitnahme eines Führers. Erstens, weil man nicht über alle Reisfelddämme laufen darf (schnell ist das Tages- oder auch Wochenwerk eines Bauern zerstört), zweitens, weil die spektakulärsten Regenwald-Haine nicht leicht zu finden sind, und drittens, weil man ohne versierte Begleitung auch keine erklärenden Worte bekommt.

Am Südrand von **Candi Dasa** führt die Straße nach Tenganan landeinwärts und sofort drängt sich das Gefühl auf, die schmale Spur sei eine Art Wellssche Zeitmaschine. Sie führt durch das dunkle Grün eines dichten Palmenwaldes und vorbei an hölzernen Pfahlbaudörfern, an denen das 20. Jahrhundert spurlos vorübergegangen zu sein scheint. Hier beginnt das alte Bali, und das ganz alte, das noch in prähinduistischer Kultur verharrt, wird nach rund vier Kilometern am Ende der Straße erreicht. Dort erstreckt sich jenseits einer dunklen Mauer **Tenganan** (s. S. 49), ein Dorf mit etwa 300 *Bali Aga,* den Ureinwohnern der Insel.

Auf dem Rückweg folgt man der Hauptstraße, die links durch Candi Dasa und eine panoramareiche Hügellandschaft führt. Nach einem kurvenreichen Abschnitt überblickt man von einer luftigen Höhe aus die rund 35 Kilometer breite **Lombok Strait**, die Bali von Lombok trennt, und genießt anschließend das majestätische Heraussteigen des lavagrauen Gunung Agung aus einer sattgrünen Reisfeldebene. Noch präsentiert sich

der Vulkan als Kegelstumpf, aber schon wenige Fahrminuten später beeindruckt er durch seine gleichermaßen elegante wie Respekt einflößende Form. – Dies zumindest dann, wenn der Gipfel nicht von Wolken verdeckt ist: Durch den Luftstau, den die hohen Berge bewirken, hüllt sich der Kratergipfel Tag für Tag ab etwa zehn oder elf Uhr in erste Schleier, die sich bald zu Quellwolken verdichten, sodass um die Mittagszeit herum meist nur noch die unteren Lagen des Berges sichtbar sind.

So sollte man sich beeilen, Besakih, das Hauptziel der heutigen Route, noch vor den Wolken zu erreichen, und Aufenthalte auf den folgenden 45 Kilometern vermeiden. Die kann man später, nach Besichtigung von Besakih, wenn die Zeit nicht mehr drängt und man über die gleiche Straße wieder zurückfährt, nachholen.

Die Naturkulisse bietet hinter jeder Kurve neue Eindrücke; ist das Land erst mit einem grünen Reisfeldteppich ausgelegt, schlängelt sich die holprige Straße bald durch alte Wälder hindurch. Die Wipfel der Riesen-

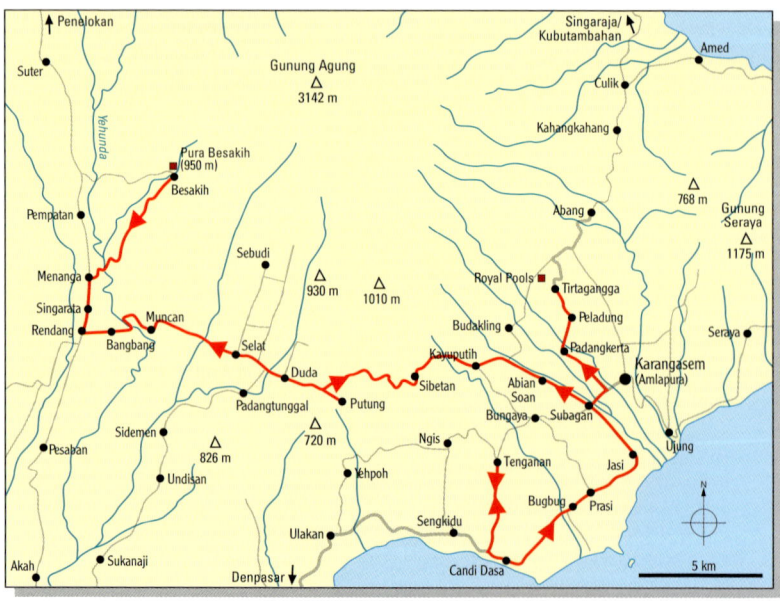

*Tempelkomplex des Pura
Besakih an der Flanke
des Gunung Agung*

bäume treffen in der Höhe zusammen, Lianen hängen von den Zweigen, Farne, Bambus, Lilien und Philodendron wuchern. Und immer gewährt das Grün einen Ausblick auf den imposanten Vulkan, in den die Regenwasser im Laufe der Jahrtausende radial angeordnete Kerben genagt haben. Kleine Dörfer schmiegen sich an steile Hänge, der Wald tritt zurück und in nicht enden wollendem Auf und Ab kurvt man nun durch eine vollständig terrassierte Landschaft.

Hinter Rendang, einem lang gestreckten Dorf, führt die Route durch eine sanft ansteigende Reisfeldlandschaft weiter zum **Pura Besakih** (s. S. 44 ff.).

Nach der Besichtigung dieses »Muttertempels« der Insel geht es zwar auf dem gleichen Weg zurück, Richtung Osten, aber die Landschaftsbilder präsentieren sich jetzt ganz anders. Auch hat man Zeit, sie zu genießen, kann in einem der zahlreichen Dörfer am Weg halten, über die dort fast täglich stattfindenden Obst- und Gemüsemärkte schlendern und im Dorf Duda, rund zwölf Kilometer hinter Rendang, nach rechts zu dem ausgeschilderten **Putung Hilltop Resort** (s. S. 47) abbiegen, um zu Mittag zu essen, sich zu erfrischen oder schlicht die Aussicht zu genießen.

Schließlich erreicht man wieder Subagan und damit die Hauptstraße, der man nach links folgt, wo schon die ersten Häuser von **Amlapura** (s. S. 35 ff.) auftauchen.

Die Hinweisschilder »Tirtagangga/Singaraja« weisen den weiteren Weg zum bald erreichten Ende der Tagesetappe. In **Tirtagangga** (s. S. 51) lässt es sich in der schönen Parkanlage hervorragend entspannen.

*Steinerner Wächter im
Palastgarten von Tirtagangga*

3 Insel aus Feuer und Meer
Um den Gunung Agung und auf das Dach der Insel

Route: Tirtagangga – Kubutambahan – Penulisan – Kintamani – Penelokan (138 km)

km	Zeit	Route
0	8.00	Abfahrt von **Tirtagangga**.
7		**Tista**, Aussichtspunkt.
19		**Tulamben**, Schwarzsandküste und Schnorchelparadies.
36	9.30	**Sambirenteng**, zweites Frühstück im Restaurant der Tauchbasis Alam Anda. Dann über
79		**Kubutambahan**, im Ortszentrum links Schildern »Kintamani« folgen, nach
115	12.30	**Penulisan**, Passhöhe (1650 m) und Aussichtspunkt **Pura Tegeh Koripan**, Bergheiligtum (1745 m).
120	14.00	**Kintamani**, Besichtigung des **Pura Ulun Danu Batur** (Tempel der Göttin der Gewässer).
126		**Penelokan**, Dorf am Rande des Batur-Kraters; Lunchpause im Lakeview, dem panoramareichsten Restaurant der Insel.
132	16.00	**Pura Jati**, Einstieg für die morgige Wanderung zum Batur-Krater. Auf dem Weg zurück Richtung Penelokan unterhalb der Surya-Bungalows Bad im Batur-See. Übernachtung hier oder in
138	17.30	**Penelokan.**

Timing: Möglichst zeitig ins Bett gehen, denn morgen muss man sehr früh aufstehen.

Mit öffentlichen Verkehrsmitteln: Per Bemo oder Bus ab Durchgangsstraße in Tirtagangga bis Kubutambahan, dort umsteigen ins Bemo nach Kintamani und Penelokan. Das Unterbrechen der Fahrt ist problemlos, denn die Bemos/Busse verkehren etwa im 30-Minuten-Takt. Von Penelokan per Bemo Richtung Kedisan, nach der Gefällstrecke an der (einzigen) Kreuzung aussteigen, Anschluss-Bemo nach links, Richtung Toya Bungkah, nehmen, in Pura Jati absetzen lassen. Dann möglichst nicht zurück nach Penelokan, sondern am See Quartier nehmen, weil sonst der morgige Anmarsch zum Ausgangspunkt der Wanderung zu weit wäre.

Eine Schule Stachelmakrelen über dem Wrack der »U.S. Liberty« vor der Küste von Tulamben

Zusatzprogramm: Anstatt von Tirtagangga via Tista direkt in den Nordosten Balis zu fahren, kann man auch einer bei Karangasem/Amlapura beginnenden **Küstenstraße** folgen, die den östlichsten und vom Gunung Seraya (1175 m) dominierten Zipfel Balis umrundet und spektakuläre Ausblicke auf die Steilküste, die Lombok Strait und (bei guter Wetterlage) auf Lombok bietet, allerdings teilweise in desolatem Zustand ist (Piste möglichst nur mit Allrad befahren). Von Touristen wird diese Route selten benutzt, entsprechend scheu sind die Menschen. Ab Amlapura-Zentrum den Schildern Richtung Ujung/Floating Palace folgen, am »Schwimmenden Palast« (von dem nur noch Ruinen übrig sind) vorbei, nach 8 km links auf die Küstenpiste, die beim Dörfchen **Culik** (zwischen Tista und Tulamben) wieder auf die Hauptstraße stößt. Dann zunächst nach links bis zur Passhöhe von **Tista**, ab dort zurück und via Culik weiter nach **Tulamben**. Gesamtstrecke bis Tulamben über diese Route rund 52 km (anstatt 19 km), Mehraufwand gut 2 ¹/₂ Std.

Auch passionierte Langschläfer sollten sich an diesem Morgen aufraffen. Das Schauspiel der ersten Sonnenstrahlen auf den blauviolett leuchtenden Bougainvilleen, den blutroten Lilien und in weißer Taupracht glitzernden Gardenien, die den Wildgarten von Tirta Ayu zieren, ist überwältigend. Und dann der Lotos mit seinen weißen und hellrosafarbenen Knospen, die alle Teiche und Tümpel Tirtaganggas schmücken und denen man jetzt, ganz wie im Zeitraffer, bei ihrem plötzlichen Entfalten zuschauen kann. Auch wer in Tirta Ayu übernachtet hat, sollte das Frühstück auf der Terrasse des oberhalb gelegenen Kusumajaya einnehmen, mit einer Aussicht, wie sie sich kein zweites Mal auf dieser Reise bietet. In der Tiefe erstreckt sich eine alle Nuancen von Grün durchlaufende Reisterrassen-Ebene, überflutete Parzellen reflektieren glitzernd das Sonnenlicht und von rechts schaut

der Kegel des Agung ins Bild, das im Osten vom olivfarbenen Meer begrenzt wird.

Durch diese Landschaft führt die Route während der ersten Kilometer. Beim Dörfchen **Tista** (s. S. 51) wird eine knapp 350 Meter hoch gelegene Passhöhe erreicht. Hier sollte man die erste Parkmöglichkeit wahrnehmen und der abschüssigen

Füttern der vom Aussterben bedrohten Balirinder (Banteng) im Bali Barat Nationalpark (Westbali)

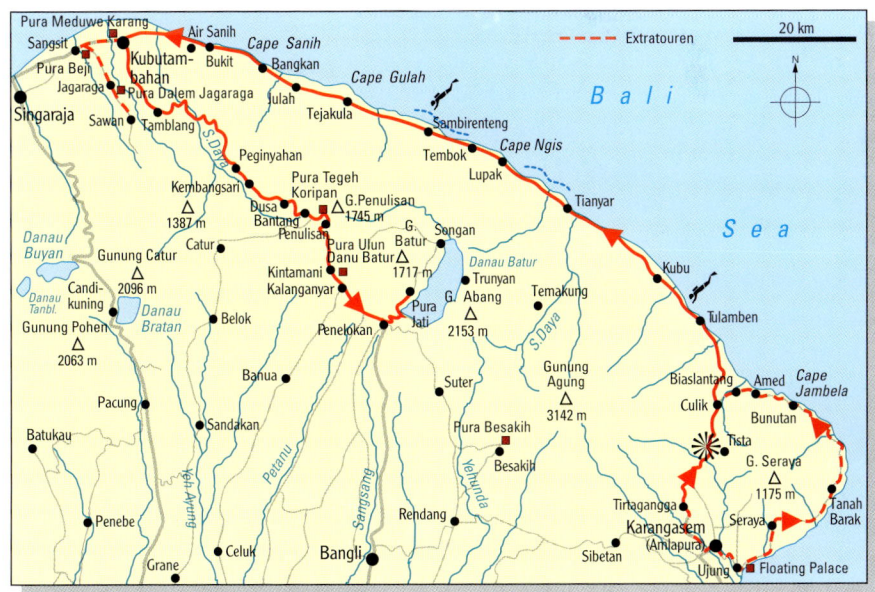

141

*Die am meisten verbrei-
tete Anbaumethode für
Reis: der Nassreisanbau*

Straße für ein paar Hundert Meter
zu Fuß folgen, um die Reisterras-
sen-Anlagen des Dorfes zu bestaunen, die zu den spektakulärsten des
Landes überhaupt gezählt werden.

Nach dieser grünen Welt führt die
Route aus der Schlucht in ein wei-
tes, zum Meer hin offenes Mulden-
tal. Bald ragt von links der Gunung
Agung ins Bild und eine schwarz
schimmernde, tief in die rotbraune
Flanke eingeschnittene Lavafurche,
die direkt auf die Straße zuläuft,
verleiht dem Berg etwas Bedrohliches. Damit passt er so gar nicht in
die üppig fruchtbare Landschaft.
Doch schon wenige Minuten später
dominiert das Schwarz-Braun-Grau
von erstarrter Lava das Bild. Je weiter man fährt, desto unwirklicher
erscheint alles, und man muss sich
an diese »Ur«-Landschaft, die
durch die letzte Eruption des
Gunung Agung 1963 entstanden ist,
erst gewöhnen.

Vor allem Ziegen fühlen sich hier
wohl; und nur direkt am Meer, das
man bald und nach Überquerung
eines Lavabettes erreicht, finden
sich Kokospalmen in dem ansonsten wüstenhaften Landstrich. Tief-

schwarz erstreckt sich der kilometerlange Strand entlang der Bali-See
und auf dem glühend heißen Sand
liegen Hunderte kleine weiße Auslegerboote, denen die Fischer mit
bunten Farben weit aufgerissene
Haifischmäuler verpasst haben. So
lassen sich die Geister täuschen, das
Fischen wird gefahrlos.

Aber auch ohne solchen Schutz
kann man es wagen, sich bei
Tulamben (s. S. 51) in die Fluten
zu stürzen. Sie bringen allerdings
keine Erfrischung, höchstens Erhit-
zung, und nur begeisterte Wrack-
schnorchler werden sich damit
arrangieren können. Vor dem Dorf
liegt nämlich seit über 50 Jahren die
»U.S. Liberty« auf zehn bis 30 Meter tiefem Grund.

Weiter geht es durch ödes Land;
erst beim Dörfchen **Kubu**, wo Bewässerung in größerem Maßstab
betrieben wird, sind kleine Oasen
entstanden. Auf den folgenden
18 Kilometern bis zum Marktfleck
Tianyar fährt man mal durch Wüste,
mal durch Grün. Nun ist es nicht
mehr weit bis zum Örtchen **Sambirenteng** (s. S. 49) mit der ganz und
gar auf Taucher zugeschnittenen

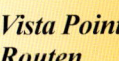
Bungalowanlage Alam Anda, deren malerisches Open-Air-Restaurant sich für ein zweites Frühstück anbietet.

Bald ändert sich das Bild, endlich hat der Regengott Indra wieder ein Einsehen und ermöglicht durch das Senden erhöhter Niederschläge intensivere Landwirtschaft. Die Bevölkerungsdichte ist entsprechend höher, die Straße endlos von Häusern gesäumt. Der Blick aufs Meer macht sich rar und während der nächsten halben Stunde gibt es außer dem Quellheiligtum Air Sanih bei Kilometer 70 kaum etwas zu sehen. So fährt man durch bis **Kubutambahan** (s. S. 95), wo es einen der figurenreichsten Tempel der Insel zu bestaunen gilt.

Die Schilder »Kintamani« weisen die weitere Richtung und während der sich anschließenden rund 36 Kilometer langen Steigungsstrecke wird man immer wieder anhalten, um die grandiosen Ausblicke zurück aufs Tiefland, aufs Meer und in tief eingeschnittene Kerbtäler zu genießen.

Nahe **Penulisan** (s. S. 99 ff.) wird der höchste per Straße erreich-bare Punkt auf Bali erreicht, und vor der Weiterfahrt bietet es sich an, auch den höchstgelegenen Tempel der Insel zu besuchen.

Sind Penulisan und der gleichnamige Berg schon Höhepunkte – nicht nur in geografischer Hinsicht –, so überwältigt auf den nächsten Fahrkilometern das Landschaftsbild um den **Batur-Krater** durch braungoldene Sulfur- und schwarzgraue Magmafarben, einen lapislazuliblauen See und jadegrüne Steilhänge, die zum 1717 Meter hohen, sechskraterigen **Gunung Batur** hin ansteigen. Auf diesen Vulkan wird die morgige Wanderung führen, doch zunächst steht die Teilumrundung der Caldera entlang dem Grat ihres westlichen Randes bevor. Ständig verschiebt sich die Perspektive und liefert immer neue Bilder. Man sollte langsam fahren, um beim Schauen nicht vom Weg abzukommen.

Dann wird das lang gestreckte Dorf **Kintamani** (s. S. 94 f.) mit dem **Pura Ulun Danu Batur** erreicht und schließlich auch **Penelokan** (s. S. 99), wo sich die Straße gabelt und man bei monumentaler Aussicht das Mittagessen einnehmen kann.

Anschließend geht es hinab in den Kessel des Batur, um den Einstieg für die morgige Wanderung (Pura Jati) noch bei Tageslicht auszumachen. Dazu folgt man der steil zum See hin abfallenden Straße, biegt im Calderagrund an der einzigen Kreuzung nach links und erreicht nach etwa zwei Kilometern eine Holzhütte mit einem Schild »Stop, start here for Batur«. Gut vorbereitet für den nächsten Tag kann man nun zurück Richtung Penelokan fahren. Am Weg liegt das Surya Hotel, wo eine Badestelle zum Schwimmen im angenehm erfrischenden See reizt. Entweder man bezieht auch gleich hier Quartier oder fährt noch weiter zurück bis Penelokan.

Diademseeigel vor Kubu

143

4 Im Reich des Gunung Batur
Aufstieg zum Krater und Bootsfahrt auf dem Vulkansee

Route: Penelokan – Gunung Batur – Toya Bungkah – Penelokan (28 km)

km	Zeit	Route
0	3.00	Abfahrt vom Hotel.
6		**Pura Jati**, Ausgangspunkt der Wanderung zum **Gunung Batur** (vom Batur-See etwa 2 km).
	5.00	**Kraterrand des Gunung Batur**, Aussichtspunkt für den Sonnenaufgang.
	8.30	Abstieg.
12	10.30	Zurück zur Unterkunft, spätes Frühstück.
20	13.00	**Toya Bungkah**, Bootsfahrt nach
	13.30	**Trunyan** und zurück oder Seerundfahrt, anschließend Bad in den heißen Quellen. Dann zurück nach
28	17.30	**Penelokan**, Einnehmen der Logenplätze im Lakeview zur Beobachtung des Sonnenuntergangs.

Achtung: Bitte erst bei einer Tourist Information oder im Surya Hotel nachfragen, ob die Besteigung des Gunung Batur wieder erlaubt ist. Im November 2009 wurde sie wegen erneuter vulkanischer Beben bis auf Weiteres verboten.

Leicht fällt es nicht, gegen drei Uhr in der Frühe das Bett zu verlassen, aber wer das Erlebnis eines Sonnenaufgangs über Bali aus der Vogelperspektive vom **Gunung Batur** aus genießen will, der muss sich jetzt aufraffen. Also, warme Kleidung anziehen und dann los zum Ausgangspunkt der Wanderung bei **Pura Jati**. Grandios ist nicht allein der Sonnenaufgang aus der Höhe, sondern auch die Erkundung des Kraterkessels, in dem es immer noch zischt und dampft. Der Weg ist ausführlich ab Seite 88 beschrieben.

Zwar ist man noch am Vormittag zurück in der Unterkunft, doch nach dem frühen Aufstehen und den ungewohnten Anstrengungen braucht man zunächst eine Dusche und ein Frühstück und wird dann auch nicht mehr allzu viel unternehmen wollen. Eine Bootsfahrt ist da genau das Richtige. Dazu fährt man nach **Toya Bungkah** (s. S. 91), zwei Kilometer hinter Pura Jati am Batur-See, wo zahlreiche Boote auf Kundschaft warten. Hier hat man nun zwei Möglichkeiten – eine ist die prospektgepriesene Bootsfahrt nach Trunyan, einem Bali-Aga-Dorf auf der anderen Seeseite.

144

Am Anlegesteg von **Trunyan** (s. S. 91), einer kleinen Siedlung, die sich auf einem schmalen Landstreifen zwischen dem Seeufer und der senkrecht aufragenden Kraterwand erstreckt, werden die Touristen von lärmenden und Geld fordernden Kindern empfangen. Ob man zahlt oder nicht, die »Bittsteller« werden einen begleiten und zum Haupttempel des Ortes führen. Im **Pura Puser Jagat**, dem Tempel »Nabel der Welt«, befindet sich die vier Meter hohe Statue des *Dewa Ratu Gede Pancering Jagat,* der obersten Gottheit der Bewohner von Trunyan. Aber die Statue, ein Relikt der megalithischen Epoche Balis, ist nicht für fremde Augen bestimmt. Nur an den Jahresfesten der Gottheit ist sie zu sehen, wenn sie gewaschen, geschmückt und mit Honigwasser gesalbt wird. Überhaupt hat man das Gefühl, hier wie im ganzen Dorf nicht erwünscht zu sein. Ein starkes Misstrauen ist spürbar, selbst die Kinder wirken eher aggressiv als wohlmeinend.

Schnell legt man wieder ab und ein paar Hundert Meter weiter am **Friedhof** des Dorfes erneut an, denn auch der wird vermarktet. Mit gemischten Gefühlen betritt man den Ort, über dem weit mehr Fliegen brummen als üblich. Der Grund wird bald schon klar, denn am Wegesrand sind die mehr oder weniger bleichen, mit mehr oder weniger vielen Resten ihrer einstigen körperlichen Hülle behafteten Skelette der verstorbenen Trunyaner als Attraktion präsentiert. Dabei kann man noch von Glück sagen, sieht man sich hier nicht Schlimmerem gegenüber, denn die Trunyaner betten ihre Toten nicht in die Erde wie etwa die Tengananer, überlassen sie auch nicht dem Feuer, wie bei den Balinesen üblich, sondern bahren sie offen auf und lassen die Tiere, insbesondere Vögel, den Transport des Verstorbenen in eine andere Welt übernehmen. Auch dies verdeutlicht, dass die Kultur der Trunyaner in uralten Traditionen wurzelt, denn solche Beisetzungssitten gehören zum altmalaiischen Brauchtum, das fast überall sonst in Südostasien schon vor rund 2000 Jahren aufgegeben wurde.

Schön an dem Ausflug nach Trunyan ist vor allem die Bootsfahrt, die herrliche Ausblicke bietet. Diese kann man allerdings auch bei einer Seerundfahrt ab Toya Bungkah genießen.

Anschließend bietet sich ein Bad in den **Hot Springs** an, den heißen Quellen nahe am Ufer im Ortskern. Oder man fährt hinauf an den Kraterrand und unternimmt von dort aus einen kleinen Abstecher in Richtung Gunung Abang (ab dem Lakeview – wo man später hervorragend den Sonnenuntergang beobachten kann – Richtung Bangli, dann die erste Straße links). Unterwegs findet man idyllische Plätze, von denen sich das Landschaftsbild Batur ungestört betrachten lässt.

Stehender Tempelwächter am Pura Jati

5 Eintauchen ins Land
Auf der »Straße der Heiligtümer« nach Ubud

Route: Penelokan – Bangli – Tampaksiring– Pejeng – Ubud (63 km)

km	Zeit	Route
0	8.00	Abfahrt von **Penelokan**.
16		**Desa tradisional**.
21		**Bangli**, Besichtigung des **Pura Kehen;** anschließend vom Parkplatz aus weiter auf der Einbahnstraße zurück zur Hauptstraße, dort links, im Kreisverkehr rechts Richtung Seribatu. Dort links nach
43	11.00	**Tirta Empul**, Quellheiligtum und Wallfahrtsziel; Lunchpause. Auf der Weiterfahrt an der Kreuzung zunächst Richtung Denpasar; in Tampaksiring dann, nach wenigen hundert Metern erreicht, links nach
46	12.30	**Gunung Kawi**, megalithische Gedenkstätte.
56		**Pura Penataran Sasih** in **Pejeng** mit dem berühmten »**Mond von Bali**« (Bronzegong).
58		**Goa Gajah**, »Elefantengrotte«.
63	15.00	**Ubud**, Balis Kulturmetropole.
	19.30	Besuch einer Tanzvorführung.

Wenn sich Riesenkrater, See und Vulkan im schönsten Licht zeigen, gibt es wohl niemanden, dem der Abschied leicht fällt. Doch schon bald erfreuen wieder neue Eindrücke: Auch die Straße nach Bangli präsentiert sich als Traumstraße, aber hier beeindrucken nicht grandiose Panoramen, sondern idyllisch ins Grün der sanften Hänge hineingestreute, gepflegte Dörfer.

Kilometer um Kilometer geht es so bis kurz vor Bangli, wo ein großes Schild mit der Aufschrift **Desa tradisional** (s. S. 57) nach rechts weist. Am Ende der rund 500 Meter langen Stichstraße trifft man auf die schon von ihrer Anlage her schönste Siedlung, die man bislang auf Bali gesehen hat. Und auch auf der Dorfstraße, der wir zu Fuß nach rechts folgen, werden die Erwartungen

Gunung Kawi, megalithische Gedenkstätten, in einer Schlucht unweit von Tampaksiring

erfüllt, ja überflügelt. Die entgegen-
kommenden Menschen lächeln, sind
freundlich und natürlich, obwohl sie
Tag für Tag und Jahr für Jahr von
neugierigen Fremden mit Blicken
auf ihre Authentizität hin überprüft
werden.

Auf der Weiterfahrt biegt man hinter dem Ortsschild von **Bangli**
(s. S. 55 ff.) zum **Pura Kehen** ab.
Nach der Besichtigung dieses Tempels geht es entlang der sanft ansteigenden und kaum frequentierten
Nebenstraße weiter durch Palmen-
haine und Reisterrassen Richtung
Seribatu, wo die von Bangli kommende Nebenstraße in die Hauptstraße des Tourismus einmündet.
Dann weist ein Schild nach rechts
zum Quellheiligtum von **Tirta
Empul** (s. S. 69 f.), einem der bedeu-
tendsten Wallfahrtsziele der Balinesen.

Es schließt sich an die Fahrt zur
megalithischen Gedenkstätte **Gunung Kawi** (s. S. 63), die bei Tampaksiring in einer tiefen Schlucht
liegt. Nächstes Ziel ist **Pejeng** mit
dem sogenannten »**Mond von Bali**«
(s. S. 67) in der **Pura Penataran
Sasih** und – zwei Kilometer weiter –
der imposanten Grotte **Goa Gajah**
(s. S. 67), von wo nur noch fünf
Kilometer bis **Ubud** (s. S. 71 ff.),
dem heutigen Tagesziel, zurückzu-
legen sind.

Der Verkehr wird von Minute zu
Minute dichter; und das erste, was
man von Balis Kulturzentrum zu
Gesicht bekommt, ist blauer Abgas-
dunst, der wie eine Wolke über der
unsauberen Hauptstraße hängt.
Dann fällt der Blick auf unzählige
Boutiquen, Pizzerien, Souvenirläden
und Pubs. Aus Musikshops dröhnt
der Sound nach dem neuesten
Strickmuster der Branche. Dieser
Kulturschock lässt den Wunsch auf-
kommen »nichts wie durch und
weg«.

Und den sollte man auch in die Tat
umsetzen, denn Ubud ist zwar vielleicht sehens-, aber im direkten Zentrum nicht unbedingt bewohnens-
wert. Also fahren wir weiter entlang
der Hauptstraße, die nach rund einem
Kilometer in die wesentlich ruhige-
ren Vororte Campuan bzw. Penestanan führt, wo sich zahlreiche gute
Herbergen anbieten.

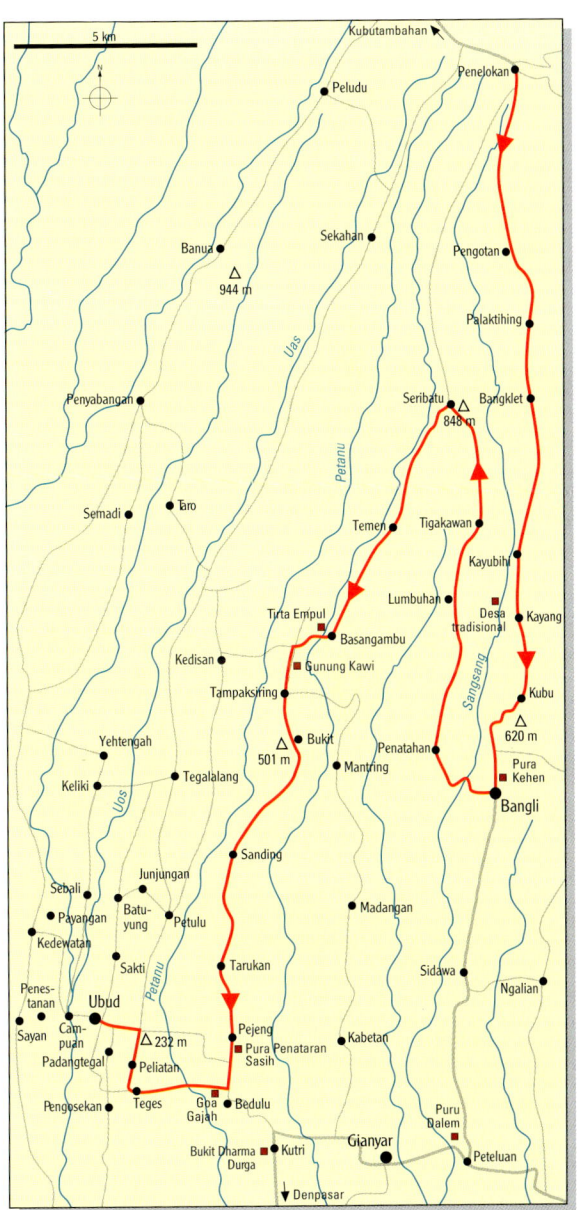

*»Nachfahre des Affenkö-
nigs Hanuman«: Lang-
schwanzmakak im Mon-
key Forest (Affenwald)
am nördlichen Ortsrand
von Sangeh*

6 Ubud
Balis Kulturmetropole zwischen gestern und morgen

Vormittag: Beginn der Besichtigungstour im Vorort Campuan mit Besuch des **Neka-Museums**.

Nachmittag: Besuch des **Puri Lukisan** (Palast der Gemälde), anschließend entlang der Monkey Forest Road zum **Monkey Forest** (Affenwald). Dann entweder direkt zurück ins Zentrum von Ubud oder in etwa einstündigem Spaziergang durch eine schöne Reisfeldlandschaft nach Campuan, zum Ausgangspunkt. Nun, je nach Lust, ins Shopping-Gewühl von Ubud stürzen oder ein wenig ausruhen.

Abend: Besuch einer weiteren **Tanzveranstaltung,** einer **Schattenspiel-Vorführung** oder eines **Hahnenkampfes**.

Alle Informationen zu Ubud finden Sie ab Seite 71.

7 In die Bergregenwälder
Von Ubud zum Bratan-See

*Auf Bali sehr beliebt: die
Wüstenrose*

Route: Ubud – Sangeh – Mengwi – Bratan-See (70 km)

km	Zeit	Route
0	8.00	Abfahrt von **Ubud** durch Campuan, vorbei am Neka-Museum. An der
4		Kreuzung bei Kedewatan links Richtung Denpasar bis
10		Kengetan, rechts Richtung Kapal, ab Mambalkajanan der Ausschilderung Sangeh folgen.
22		**Sangeh**, Besuch des **Affenwaldes** (Monkey Forest) und des **Pura Bukit Sari**.
34		**Mengwi** mit dem **Pura Taman Ayun**, der zweitgrößten Tempelanlage der Insel, und dem benachbarten **Museum Manusia Yadnya**. Weiterfahrt an der großen Kreuzung im Zentrum rechts Richtung Bedugul.

148

59	12.00	**Pacung**, Lunchpause.
61		Baturiti, weiter geradeaus, nicht dem Abzweig nach Bedugul folgen.
70		**Danau Bratan**, Bergsee und Tagesziel. Besuch des **Kebun Raya** (botanischer Garten), Seerundfahrt per Tret- oder Motorboot, evtl. Spaziergang in den Regenwald.

Mit öffentlichen Verkehrsmitteln: Es ist etwas umständlich, aber es geht (wenn auch im ersten Abschnitt auf anderer Route). Per Bemo von Ubud zurück nach Denpasar (Kereneng-Terminal), umsteigen ins Bemo zur Jl. Kartini/Denpasar, ab dort Anschluss nach Sangeh (oder – ab Ubung-Terminal – direkt nach Mengwi). Bemo retour Richtung Denpasar nehmen, an der Straße nach Mengwi aussteigen (5 km), weiter mit einem nach rechts verkehrenden Bemo nach Mengwi. Ab hier gute Bus-/Bemo-Verbindungen zum Ziel.

Alternativroute: Wer über ein robustes Fahrzeug verfügt, kann von **Mengwi** aus einen lohnenden Umweg über das Bergheiligtum **Pura Luhur Batukau** nach Pacung machen. Die Distanz beträgt nur rund 45 km (anstatt 25 km), da die Straße jedoch teils in schlechtem Zustand ist, muss man 1 1/2 Fahrstunden mindestens einplanen, während die Besichtigung des in entrückter Bergwelt auf 900 m Höhe an der Südflanke des Gunung Batukau gelegenen Tempels gut eine halbe Stunde in Anspruch nimmt.

In Mengwi dann nicht nach rechts Richtung Bratan-See abbiegen, sondern nach links in Richtung Denpasar. Nach etwa 3 km wird die Hauptstraße Gilimanuk – Denpasar erreicht, hier rechts nach Tabanan (7 km), wo man den Schildern »Pura Luhur Batukau« folgend erneut nach rechts abschwenkt. Weiter geht die Fahrt via Penatahan (mit den heißen Quellen Yeh Panas) zum Bergdorf Wangayagede; von dort sind es noch 3 km bis zum selten von Touristen besuchten Heiligtum, in dem der Berggott Mahadewa verehrt wird.

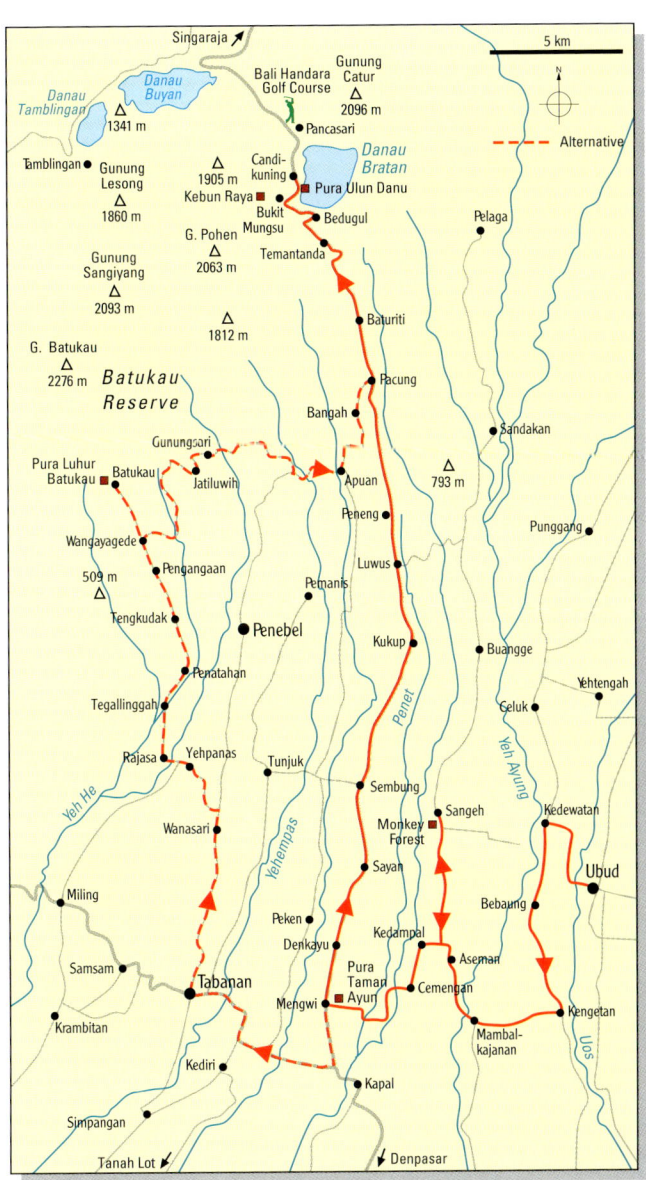

In **Wangayagede** (nun rechts ab) beginnt eine schmale und schlaglochreiche Piste, die aber durch schöne Berglandschaft über Jatiluwih und Gunungsari nach **Pacung** führt. Hier nach links, nach etwa 200 m ist das Restaurant für die Mittagsrast erreicht.

*Reisterrassen-Landschaft
nahe Ubud*

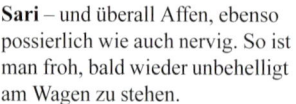

Das erste Ziel der heutigen Route, der Ort **Sangeh** (s. S. 68), ist bekannt durch den dunklen **Affenwald**, der sich am nördlichen Ortsrand, direkt an der Straße, erstreckt. Mitten darin der Tempel **Pura Bukit Sari** – und überall Affen, ebenso possierlich wie auch nervig. So ist man froh, bald wieder unbehelligt am Wagen zu stehen.

Man folgt der Straße zurück und dann den Schildern »**Mengwi**« (s. S. 64 ff.). Am Eingang der Stadt liegt der Tempel **Pura Taman Ayun** mit dem benachbarten **Museum Manusia Yadnya**. Nach einem gemütlichen zweiten Frühstück im angeschlossenen Café sollte man im Zentrum von Mengwi den großen Obst- und Gemüsemarkt besuchen.

Auf den nächsten 30 Kilometern bis Bedugul sind rund 1200 Höhenmeter zu bewältigen und während der gesamten Strecke bleibt die waldgrüne Kuppe von Balis zweithöchstem Vulkan, dem 2276 Meter messenden **Gunung Batukau**, stets im Bild. Dieser Berg hat im Gegensatz zu den bisher gesehenen nichts Bedrohliches an sich, sondern fügt sich harmonisch in die Landschaft ein, die ganz langsam ihr Aussehen verändert. Mehr und mehr Plantagen rücken ins Bild und ab dem Dörfchen Luwus, rund 17 Kilometer von Mengwi entfernt, dominieren Obstbäume. Links und rechts bieten kleine Verkaufsstände exotische Früchte, zu verheißungsvollen Pyramiden gestapelt.

Man kann gar nicht anders, als immer wieder die Fahrt zu unterbrechen, um von den Köstlichkeiten der tropischen Breiten zu kosten. Was für eine Vielfalt! Man sollte zusätzlich eine Mischung davon mitnehmen und am Abend mit Rum oder Whisky und Sprite als Sektersatz eine erfrischende Fruchtbowle zubereiten.

Um Gaumenfreuden geht es auch zur Mittagsrast im direkt links an der Straße und hoch über Reisfeld-

*Schulkinder am Tempel
Pura Taman Ayun in
Mengwi*

tälern thronenden **Saranam Eco Resort** (s. S. 92), das fast den Rang einer Sehenswürdigkeit innehat. Über Terrassenstufen zieht sich die Anlage den steilen Hang hinab und vollendet baulich die Landschaft, während die Speisen der chinesischen, indonesischen und internationalen Küche, die in verschiedenen Panoramaräumen serviert werden, den Besuch in gastronomischer Hinsicht abrunden.

Zwei Kilometer weiter markiert das Dörfchen Baturiti die Grenze zum Gebirgsregenwald. Riesige Farne säumen nun die kurvenreiche Straße und immer wieder tun sich

fantastische Aussichten auf, schließlich auch direkt auf den malerisch in den Waldsaum gebetteten **Danau Bratan** (s. S. 91 ff.). An der Seeuferstraße verleiht ein Restaurant Tret- und Motorboote.

Ein Stückchen weiter lädt der Botanische Garten **Kebun Raya** (s. S. 92 f.) ein, doch die Hauptattraktion ist hier der Tempel Pura Ulun Danu. Der Besuch ist ein »Muss«, sollte aber möglichst auf den kommenden Morgen verschoben werden, da man hier tagsüber vor lauter Besuchern kaum etwas vom Reiz des Heiligtums mitbekommen kann.

Fischer am Lovina Beach

8 Auf Traumstraßen Richtung Norden
Vom Danau Bratan nach Lovina Beach

Route: Bratan-See – Passhöhe – Tamblingan-See – Gitgit – Singaraja – Lovina Beach (60 km)

km	Zeit	Route
	6.00	Besuch des **Pura Ulun Danu** am Bratan-See.
0	8.00	Abfahrt vom Danau Bratan.
3		Fahrt über den **Bali-Handara-Golfplatz** (6 km)
12		**Passhöhe** (1220 m); hier links, an der nächsten Straßengabelung, ca. 5 km weiter, geradeaus Richtung Munduk (nicht rechts der Ausschilderung Singaraja folgen), am Wegweiser »Lake Tamblingan« nach links

19		Wanderung zum **Danau Tamblingan** (hin und zurück 7 km).
38	12.00	**Gitgit**, Spaziergang zum gleichnamigen **Wasserfall** (15 Min. je Weg); dann Mittagessen im Restaurant des Gitgit-Hotels.
48		**Singaraja**, Hauptstadt von Nordbali, Besuch der historischen Bibliothek **Gedung Kirtya**. Auf der Weiterfahrt nach etwa 12 km rechts den Schildern »Nirwana/Angsoka« folgen.
60	15.00	**Kalibukbuk** mit **Lovina Beach**.

Mit öffentlichen Verkehrsmitteln: Auf der Strecke vom Bratan-See nach Singaraja verkehren zahlreiche Bemos und auch Busse (Gitgit liegt am Weg), ab Singaraja alle paar Minuten Zubringer zum Lovina Beach.

Alternativroute: Anstatt von der Gratstraße über dem Lake Tamblingan direkt zur Nordküste zu fahren, kann man ihr auch weiter folgen (ausgeschildert mit »Munduk«). Die sehr kurvenreiche Strecke bietet einzigartige Panoramen, bevor sie jenseits von **Munduk** ebenfalls zur Nordküste führt.

Wenn sich kurz nach sechs Uhr morgens im Dämmerlicht die Vulkankegel als Schattenrisse gegen den leuchtenden Himmel abheben, dann sollte man den **Pura Ulun Danu** (s. S. 91 f.), am und teilweise im Bratan-See gelegen, besuchen. Später, wenn es hier von Touristen und Souvenirverkäufern wimmelt, ist von dem wahren Reiz des Heiligtums von Dewi Danu, der Göttin des Meeres und der Seen, nur noch wenig zu spüren.

Dann bleibt der Bratan-See zurück, bald folgt rechts der Abzweig zum **Bali-Handara-Golfplatz** und auf guter, aber mit vielen »Geschwindigkeitsbrechern« gespickter Straße durchquert man das außerordentlich gepflegte Grün, das sich malerisch an die Wurzel des dschungelbewachsenen Kraterwalls, der auch den Bratan-See umfasst, anlehnt.

Zur Hauptstraße zurückgekehrt, sieht man bald links die schillernde Wasserfläche des **Danau Buyan**, der sich auf dem folgenden Kilometer am fotogensten präsentiert, während die Straße am bewaldeten Kraterwall hinaufführt. Doch Vorsicht beim Aussteigen: Die Strecke wird in diesem Abschnitt von einer Horde aggressiver Affen unsicher gemacht – und Sie wären nicht die Ersten, die die biestigen Primaten in einen Wassergraben scheuchen …

Auf der folgenden **Passhöhe** (1220 Meter über dem Meer) gabelt sich die Straße, man folgt dem linken Abzweig und schon bald bieten sich Ausblicke auf den See, als säße man nicht im Auto, sondern im Flugzeug. Die Straße, die dem Grat des Kraterwalls folgt, ist eine der romantischsten der Insel überhaupt. Rechts fällt der Blick fast 4000 Fuß

Pura Ulun Danu: Vishnu und Dewi Danu, der Göttin des Wassers, geweihte mehrstöckige Merus im Bratan-See

tief aufs Meer, links bilden die scharlachroten Blütenbüschel exotischer Pflanzen eine Mauer. Tritt man näher an das von Riesenbäumen beschattete Geflecht, sieht man am Fuß des Steilhangs zwei opalfarbene, teils vom Dschungel überwucherte Seen – den Danau Buyan und den **Danau Tamblingan**.

Doch es soll nicht beim Draufblick bleiben; so folgt man der Straße weitere sieben Kilometer bis zum Ausgangspunkt für den dreieinhalb Kilometer langen Fußmarsch zum Tamblingan-See. Mit einem allradbetriebenen Fahrzeug könnte man den See über eine extreme Piste erreichen, umwelt- und naturfreundlicher allerdings ist der Spaziergang, der vorbei an kleinen Dörfchen und

vereinzelten Gehöften steil hinabführt. Nach knapp einer halben Stunde zweigt in einer Ansiedlung mit einem Kiosk links der Weg zum Ufer ab, an dem ein kleiner Tempel steht.

Anschließend geht es zum Pass zurück. Dort fährt man links, dem Tiefland des Nordens entgegen und durch zahlreiche Gewürznelken-Plantagen. Rund zwölf Kilometer jenseits des Passes, nun noch etwa 400 Meter hoch und aus dem Bereich der Nelkenpflanzungen schon wieder heraus, ist das Dörfchen **Gitgit** (s. S. 93 f.) mit dem gleichnamigen **Wasserfall** erreicht.

Nur wenige Minuten trennen einen nun noch von **Singaraja** (s. S. 101), der rund 25 000 Einwohner zählenden Hafenstadt, die mit

Die Gewürznelke

Die Nelkenbäume waren für die holländischen Kolonialherren »Geldbäume«, denn die getrockneten Knospen wurden auf den europäischen Märkten mit Gold aufgewogen. Insbesondere die Molukken, die sagenhaften Gewürzinseln, erzeugten diese Spezereien; unzählige Schlachten wurden geschlagen, um in den Besitz des *cengeh* zu gelangen. Heute bringt ein Kilo Nelken gerade noch 250 000 Rupiah und nur der geringste Teil geht in den Export. Das Gros des duftenden Stoffes wandert in die Zigarettenfabriken des Landes, wo er mit Tabak gemischt wird. Das Produkt heißt *kretek,* fast hundert Milliarden solcher Glimmstängel werden jährlich hergestellt und meist im Lande selbst verraucht. Jeder zweite Indonesier inhaliert am liebsten diese Art des blauen Dunstes. Wer kosten will, sollte an einem Kiosk eine Packung »Djarum«, »Gudang Garam« oder »Bentoel« erstehen und dann ganz vorsichtig einen Zug nehmen, denn die Zigaretten enthalten zwei- bis dreimal so viel Nikotin und Teer wie das konventionelle Rauchkraut und sind entsprechend stark.

der **Gedung Kirtya** die bedeutendste *Lontar*-Bibliothek beherbergt. In weiteren 12 Kilometern ist **Lovina Beach** (s. S. 98 f.), das Ziel dieses Tages, erreicht. Hier steht das

Meer im Mittelpunkt – mit Tauchen und Schnorcheln, Baden und Bootstouren, jeder nach seinem Geschmack. Zum Übernachten bietet sich Kalibukbuk an.

9 Zeitsprung in den Süden
Von Lovina Beach nach Kuta

Route: Lovina Beach – Banjar – Tanah Lot – Kuta/Legian (130 km)

km	Zeit	Route
	5.00	Start einer **Delfin-Tour** im Auslegerboot ab Lovina Beach, anschließend evtl. Riffschnorcheln.
0	11.00	Abfahrt von **Lovina Beach**; von der Hauptstraße rechts ab und nach ca. 6 km bei Tangguwesia links den Schildern »Brahma Vihara/Air Panas« folgen, an der Straßengabelung bei Banjar (rechts geht es zu den heißen Quellen) geradeaus zum

Wie breite Treppen, die direkt in den Himmel führen: Der Reisanbau hat auf Bali eine lange Tradition

*Reis wird in der Sonne
zum Trocknen ausgebrei-
tet*

9		**Brahma Vihara Arama**, dem einzigen buddhistischen Tempel und Kloster der Insel; zurück zur Straßengabelung und jetzt links abbiegen.
11	12.30	Besuch der **Air Panas**, der heißen Quellen, evtl. Bad in den vom Dschungel gesäumten Auffangbecken; anschließend Mittagessen im Komala-Tirta-Restaurant nahe den heißen Quellen.
	14.00	Zurück auf die Hauptstraße, hier nach links, bei Seririt wieder links (ausgeschildert »Denpasar 91 km«) und Fahrt über das Rückgrat der Insel Richtung Süden über Pupuan nach
63	15.30	Antosari, ab hier auf dem »Bali-Highway« nach links.
79		Tabanan.
85		Abzweig rechts vom »Highway« nehmen zum
98		Tempelheiligtum **Pura Tanah Lot** am Meer; Klippenspaziergang und ab 18 Uhr Beobachtung des Sonnenuntergangs. Zurück zum Abzweig und Richtung Kapal.
116		Straßengabelung hinter Kapal halb rechts Richtung »Kuta« (eine skulpturengeschmückte Verkehrsinsel markiert die Kreuzung).
130	20.00	**Kuta/Legian**, größtes Touristenzentrum der Insel (alternativ Übernachtung in Sanur, Nusa Dua, Ubud oder Yeh Panas); an der Kreuzung mit Verkehrsinsel rechts auf die Jl. Pantai Kuta, die direkt zur Uferpromenade führt, wo die besten Hotels liegen. Wenn die Straße wieder landeinwärts abbiegt, beginn die Jl. Melasti mit den preisgünstigen Herbergen.

Mit öffentlichen Verkehrsmitteln: Bemo ab Lovina bis Banjar, ab dort ca. 2 km zu Fuß bis zum buddhistischen Tempel und 2 km weiter zu den heißen Quellen, dann 3 km zurück zur Hauptstraße. Ab hier (und ab Lovina Beach) zahlreiche Busse und Bemos (nach links), die über Seririt und Pupuan, Antosari und Tabanan Richtung Denpasar fahren.

Für Tanah Lot an der ausgeschilderten Kreuzung aussteigen, umsteigen ins Bemo nach Kediri, ab dort Anschluss zum Tempel. Nach Kuta/Legian kommt man nach Sonnenuntergang nur mit gemietetem Bemo (ca. 100 000 Rupiah); sonst zurück nach Kediri, ab dort Bemo nach Denpasar Ubung-Terminal, weiter zum Tegal-Terminal mit Anschluss nach Kuta und Legian.

Erst ist der Himmel schwarz, doch von transparenter Tiefe. Dann geht blendend der Morgenstern auf und schließlich nähert sich der Tag mit violetten Schatten. Jetzt verläuft eine feine Spur Orange am Horizont und gleich darauf flutet leuchtend gelbes Licht in breiten Streifenbahnen über das Meer. Plötzlich durchstoßen überall Delfine die Wasseroberfläche, krümmen sich und sinken wieder hinab, um entlang der Abbruchkante zur Tiefsee, über der das Boot dümpelt, nach einer Mahl-

zeit Ausschau zu halten. Der Skipper der **Delfin**-Tour (s. S. 98) lächelt, er ist sich eines guten Trinkgeldes sicher. Bevor es in küstennahe Gewässer zurückgeht, bietet er seinen Passagieren ein Bali-Frühstück – Reiskuchen, gebackene Bananen und Kaffee – auf hoher, vom Land rund acht Kilometer entfernter See. Nun wirft er den Außenborder wieder an und knatternd durchpflügt das vier Meter lange, dabei nur einen halben Meter breite, aber von Auslegern gesicherte Gefährt die Wasserfläche. Fliegende Fische springen mit rasender Geschwindigkeit vorbei. Dann geht es wieder an Land.

Das erste Ziel der heutigen Route ist das buddhistische Kloster **Brahma Vihara Arama** (s. S. 86), ein Unikat auf Bali und in Indonesien schlechthin.

Das nächste Ziel sind die **Air Panas** (s. S. 86), die »heißen Quellen«. Vom ausgeschilderten Parkplatz sind es noch 200 Meter bis zur Anlage (Badesachen nicht vergessen). Aus den gemauerten Becken, in die sich die Wasser der heißen Quellen ergießen, steigt Dampf auf. Sauber und gepflegt liegt das Refugium in einer kleinen Dschungelschlucht. Es ist ein Hautkitzel der besonderen Art, sich in den Bassins zu erhitzen, dann herauszuklettern und trotz Tropenwärme ein flüchtiges Frösteln zu erfahren.

Nach dem Mittagessen im **Komala-Tirta-Restaurant** (s. S. 86) geht es nach Süden. Man könnte auch den langen Westarm von Bali umrunden, würde aber auf der Strecke von insgesamt rund 187 Kilometern kaum mehr als Reisfelder sehen. Die Straße über das gebirgige

Zwei Kinder sind genug

»Dua Anak Cukup« – Zwei Kinder sind genug – verkünden Schilder allerorten auf Bali bzw. in Indonesien. Aber das damit propagierte Leitbild der Musterfamilie kollidiert mit den realen Bedürfnissen der Bevölkerungsmehrheit, weil nur Kinderreichtum die fehlende staatliche Altersversorgung ersetzen kann. Ungeachtet aller staatlichen Programme zur Familienplanung liegt der Geburtenüberschuss auf Bali jährlich bei über 100 000 Menschen und die Bevölkerung verdoppelt sich alle zwei bis drei Jahrzehnte. Das kann das Eiland, auf dem sich bereits über 600 Menschen einen Quadratkilometer teilen müssen (in Deutschland sind es 230), beim besten Willen nicht mehr verkraften. Schon sind um 70 Prozent aller Balinesen (und Indonesier schlechthin) jünger als 15 Jahre. Die Zeitbombe »Überbevölkerung« tickt immer lauter.

Den letzten Ausweg aus dem Dilemma sah die Zentralregierung in Jakarta in dem Programm *transmigrasi,* der organisierten Umsiedlung von Menschen in dünner bevölkerte Gebiete. Unter der Suharto-Regierung wurden seit 1969 über sieben Millionen Balinesen (und Javaner) auf die sogenannten Außeninseln Irian Jaya, Kalimantan und Sumatra – wo die Bevölkerungsdichte nur dreieinhalb bis 60 Einwohner pro Quadratkilometer betrug – verfrachtet. Doch diese »Völkerwanderung« kostete umgerechnet rund 15 000 Euro pro Transmigrant. Darüber hinaus verlagerte sie nur die Probleme, ohne sie zu lösen, und ignorierte obendrein die menschliche Komponente. Die Balinesen (und Javaner) litten ihrer insularen Wurzeln beraubt unter dem Gefühl des Identitätsverlusts und kehrten häufig schon nach wenigen Monaten in die angestammten Gebiete zurück. Aber dort fanden sie auch keine Lebensgrundlage mehr vor und so wanderten sie weiter, diesmal in die Elendslager der Nation, die Großstädte. So ist beispielsweise die Einwohnerzahl von Denpasar von rund 50 000 im Jahre 1967 auf zurzeit über 600 000 angestiegen und die von Jakarta, der Hauptstadt Indonesiens, im gleichen Zeitraum von viereinhalb auf über 18 Millionen. Im Jahre 2020 werden voraussichtlich mehr als 25 Millionen Menschen in Jakarta leben, womit es dann wohl zu den fünf größten Städten auf Erden zählen wird.

Rückgrat der Insel hat dagegen noch einige Highlights zu bieten, zum Beispiel herrliche Ausblicke auf erst sanft, dann steil ansteigende Terras-

reichen und von Fremden nur selten befahrenen Straße, die immer wieder auch kleine Dörfer passiert. Hier leben die Menschen noch ruhig, eingebettet in ihre Traditionen.

Von Kilometer zu Kilometer wird die Landschaft lieblicher, Reisterrassen-Hügel säumen den Tropenweg, der schließlich bei Antosari in den »Bali-Highway« mündet, jene stark frequentierte Straße, die Gilimanuk, den Fährhafen für Schiffe von Java, mit Denpasar verbindet. Man muss sich konzentrieren, um im herrschenden Tohuwabohu des scheinbar regellosen Verkehrs zurechtzukommen, und ist heilfroh, dem blechernen Durcheinander 22 Kilometer weiter, hinter Tabanan, wieder zu entkommen.

Auf den nächsten Kilometern geht es durchs Flachland der südlichen Küstenebene bis zum Straßenende mit mehreren fußballfeldgroßen Parkplätzen. Der Andrang ist enorm, Platzeinweiser walten ihres Amtes, und nachdem man sich durch Einkaufsstraßen hindurchgemüht hat, liegt vor einem die berühmteste und am meisten fotografierte Tempel-Silhouette Balis, vielleicht Südostasiens. Romantisch ragt der (bei Flut) gischtumbrandete Tempel **Tanah Lot** auf, der ein bizarr geformtes Felsenriff bedeckt und maßgeblich dafür verantwortlich sein soll, dass die Dämonen der Unterwelt, die im Meer zu Hause sind, die Insel seit nunmehr fast 900 Jahren verschont haben. Aber die Atmosphäre ist alles andere als romantisch, es geht zu wie auf einem Rummelplatz. Wer Ruhe sucht, sollte einem bei den Aussichtsrestaurants beginnenden und nach links – gen Osten – führenden Klippenpfad folgen. Dann hat man schon wenig später das mit hoher Dünung heranbrandende Meer, die dunklen Klippen und versteckten Buchten ganz für sich allein. Höhepunkt des Tages ist die Beobachtung des Sonnenuntergangs am Tanah

Auch bei Ebbe und ruhiger See ist Tanah Lot von Balis Festland getrennt

senhänge, über denen die Kegelgipfel unzähliger ehemaliger Vulkane aufragen. Bald sieht man auch den Gunung Batukau, dann klaffen tiefe Schluchten beiderseits der kurven-

Lot von einem der Panoramaplätze 50 Meter über dem Meer.

Bei der Weiterfahrt im Dunkeln muss man sich daran gewöhnen, dass längst nicht jeder mit Licht fährt, dafür aber manch einer mit Fernlicht. Über eine Nebenstraße umgeht man Denpasar, das auch zu dieser Stunde einem Nadelöhr gleicht. Wer allerdings den Abzweig verpasst, muss 26 Kilometer bis Kuta zurücklegen. Nach rund neun Kilometern über den stockdunklen Asphalt passiert man den Abzweig zum Oberoi-Hotel, dann liegt das Lichtermeer der Jalan Legian voraus und bald ist auch **Kuta** erreicht, Lichtjahre von dem entfernt, was man unterwegs als Bali kennengelernt hat.

10 Andere Welten
Der Inselsüden

Route: Kuta/Legian – Denpasar – Sanur – Nusa Dua – Ulu Watu – Kuta/Legian (74 km)

km	Zeit	Route
	Vormittag	Besuch des **Kuta-Strandes**, anschließend Bummel durchs **Touristenzentrum**; Mittagessen.
0	13.00	Abfahrt nach

Vishnu-Statue in Denpasar

10		**Denpasar**, Inselhauptstadt; Besuch des **Puputan-Platzes** und des **Bali-Museums**.
17	15.00	**Sanur**, zweitgrößtes und -beliebtestes Ferienzentrum der Insel.
42		**Nusa Dua**, das wahrscheinlich komfortabelste Touristenghetto Asiens. Weiter über Bualu und Pecatu zum
60	17.30	**Pura Luhur Ulu Watu**, hoch über dem Meer und dem Südkap der Insel auf Felsklippen gelegener Tempel. Von hier nach
74		**Kuta/Legian** (alternativ Sanur, Nusa Dua oder Ubud).

Mit öffentlichen Verkehrsmitteln: Von Kuta aus verkehren pausenlos Bemos zum Tegal-Terminal in Denpasar. Das Zentrum mit Tanah Lapang Puputan erreicht man von dort am einfachsten per Stadt-Bemo, das in Richtung Kereneng-Terminal fährt. Ab Kereneng dann auch Bemos nach Sanur und von dort nach Nusa Dua. Von beiden Orten aus ist Ulu Watu mit öffentlichen Verkehrsmitteln nicht zu erreichen, es gibt auch keine Querverbindung nach Kuta. Vom Tegal-Terminal in Denpasar verkehren zwar sporadisch Bemos nach Ulu Watu, aber meist nur an Feiertagen.

Alternativer Routenendpunkt: Ab Ulu Watu sind auch Nusa Dua, Sanur und Ubud gut zu erreichen.

Zehn Kilometer sind es von Kuta bis **Denpasar** (s. S. 18 ff.), der lauten und übervölkerten, ja geradezu chaotischen Hauptstadt der Insel, die alles andere als eine Schönheit ist. Entsprechend machen die meisten Touristen einen Bogen um sie, doch das Bali-Museum und der Hauptplatz (Tanah Lapang Puputan) lohnen durchaus den Besuch.

Nur wenige Kilometer weiter erreicht man **Sanur** (s. S. 28 ff.), das zweitliebste Kind des Tourismus auf Bali. Der Ort beginnt etwa dort, wo an einer großen Ampelkreuzung geradeaus das Bali Beach Hotel ausgeschildert ist. Hier rechts fahren und dann die nächste Abfahrt in Richtung Meer nehmen. Man passiert das Konsulat der Vereinigten Staaten von Amerika und kann allein daran ablesen, dass es sich um einen etablierten Ort handeln muss. Und in der Tat: Das Publikum ist gesetzter als in Kuta, es geht

weniger locker-australisch, sondern mehr distinguiert-europäisch und diszipliniert-japanisch zu.

In **Nusa Dua** (s. S. 28), 25 Kilometer weiter südlich, hat sich der Exklusivtourismus etabliert. Hier versteht sich jede Hotelanlage als eine autarke Ferieneinheit mit allem, was ein verwöhntes Herz begehrt. Auch mit Kultur, denn die wird »importiert«, sodass der Gast das Urlaubsghetto gar nicht erst verlassen muss, um Bali »kennenzulernen«.

Doch alles lässt sich nicht nach Nusa Dua verpflanzen. Schon gar nicht der Sonnenuntergang, den man am konkurrenzlos schönsten Sunset-Platz von Bali, dem **Pura Luhur Ulu Watu** (s. S. 31 f.), erleben sollte. Am Ende der Reise befindet man sich hier an einem der großartigsten Orte von Bali. Weit hinten im Westen bilden die Schemen von Java den Horizont, aus der Tiefe vernimmt man das dumpfe Grollen von *Waruna,* dem gefürchteten Meeresgott, und im Norden liegt die Spitze des Agung in rosafarbenen Wolkenkissen. Die Schatten werden länger, im Tempel hebt jetzt das vielstimmige Gebetsmurmeln der Gläubigen an. Dann taucht die Sonne ins Meer. ✦

Seestern bei Ebbe in Nusa Dua

Unterkünfte
Resorts, Hotels, Bungalowanlagen und Losmen

Der Bali-Reisende kann aus einem extrem breit gefächerten Angebot an Unterkünften wählen; und sowohl in den touristischen Ballungszentren an der Küste als auch auf dem Land hat man keine Probleme, eine adäquate Schlafstätte zu finden. Die Bandbreite reicht von erlesenen **Villenhotels** und **First-Class-Resorts** mit bis zu 5 Sternen über komfortable **Bungalowanlagen** und **Mittelklasse-Hotels** bis hin zu *Losmen* oder *Homestay* – landesübliche Unterkünfte der stets günstigen Art, in denen häufig eine familiäre Atmosphäre gepflegt wird.

Die in diesem Buch verwendeten Preiskategorien werden durch $-Zeichen unterschieden und beziehen sich stets auf ein Doppelzimmer bzw. einen Bungalow, der für 2 Personen ausgelegt ist; Einzelreisenden wird üblicherweise ein günstigerer Tarif eingeräumt.

Die deutlich höheren Unterkunftspreise in den Touristenzentren des Südens erfordern eine Zweiteilung der Kategorisierung:

Kuta/Legian, Sanur, Nusa Dua:
$	– bis 30 Euro
$$	– 30 bis 60 Euro
$$$	– 60 bis 100 Euro
$$$$	– 100 bis 150 Euro
$$$$$	– über 150 Euro

Alle anderen Orte:
$	– bis 15 Euro
$$	– 15 bis 20 Euro
$$$	– 20 bis 40 Euro
$$$$	– 40 bis 60 Euro
$$$$$	– über 60 Euro

Palmengarten am Strand: das Luxushotel Alila Manggis in der unberührten Natur Ostbalis

Unterkünfte auf Bali

Candi Dasa

Alila Manggis
Buitan, 80871 Manggis/Candi Dasa
$\mathcal{C}$ (03 63) 410 11, Fax (03 63) 410 15
www.alilahotels.com
1995 eröffnetes Luxushotel mit 53 Zimmern, das durch seine architektonische Eleganz, sein Gourmet-Restaurant und die Lage inmitten eines Palmengartens am Strand besticht. Die Küche gilt als die beste von Ostbali und der an den Strand angrenzende Swimmingpool erfreut mit »olympischen« Maßen. $$$$$

Candi Cottages
80801 Candi Dasa
$\mathcal{C}$ (03 63) 412 34, Fax (03 63) 411 11
www.candibeachbali.com
Etwa 1 ^{1}/$_2$ km südlich von Candi Dasa und sehr ruhig gelegene Bungalowanlage der gehobenen Mittelklasse. Die Zimmer sind zweckmäßig eingerichtet (mit Klimaanlage) und verfügen alle über eine Veranda zum Garten hin. Swimmingpool und Restaurant liegen unnachahmlich direkt über dem Meer. $$$$–$$$$$

Puri Bagus Candidasa
80801 Candi Dasa
$\mathcal{C}$ (03 63) 411 31
Fax (03 63) 412 90
www.candidasa.puribagus.net
Die 46 balinesischen Villen liegen direkt an einer ruhigen Bucht. Alles ist vor Ort: Swimmingpool, Bar und Restaurant sowie vielfältige Spa-Angebote. Eine ideale Unterkunft für Taucher. $$$$–$$$$$

Bali Santi
Jl. Raya Candi Dasa, 80801 Candi Dasa
$\mathcal{C}$ (03 63) 416 11, www.balisanti.com
Wunderschöne Gartenanlage mit 14 komfortablen Bungalows aus Naturstoffen in verschiedenen Kategorien sowie Größen. Es werden u. a. Trekkingtouren

Entspannung pur: erholsame Massagen

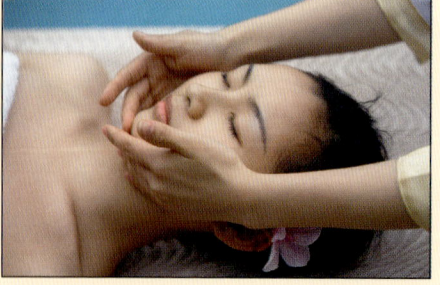

und Massagen angeboten, des Weiteren Healing; man kann Motorräder und Autos ausleihen. Und wer seinen Bali-Urlaub gleich hier beginnen will, kann den bequemen Airport-Pickup-Service nutzen, der rund € 25 kostet.
$$$–$$$$

Kelapa Mas Home Stay
Jl. Raya Candi Dasa, 80801 Candi Dasa
$\mathcal{C}$ (03 63) 413 69, Fax (03 63) 419 47
www.welcometokelapamas.com
Nahe beim unübersehbaren Dorftempel gelegene Gartenanlage in einem mehr als 5000 m^2 großen Palmenhain. Darin locker verteilt die 14 Bungalows, deren 22 Zimmer teils mit Ventilator, teils mit Aircondition ausgestattet sind und einen wesentlich höheren Standard haben, als die Preise vermuten lassen. Man fühlt sich wohl, und das schon seit mehr als 25 Jahren. $$–$$$

Danau Batur

Lakeview Hotel (Puncak Sari)
80652 Penelokan
$\mathcal{C}$ und Fax (03 66) 510 73
Die Lage am Kraterrand mit Blick auf See sowie Vulkan ist schlicht grandios und in Vollendung von den unlängst renovierten Mittelklassezimmern aus zu genießen. Da das Lakeview häufig ausgebucht ist, sollte man unbedingt vorher telefonisch reservieren. Wer den Batur besteigen will, kann an den hier organisierten Touren teilnehmen. $$$

Surya Hotel
Jl. Kedisan, Lake Batur, 80652 Kedisan
$\mathcal{C}$ (03 66) 513 78, www.suryahotel.com
Ab Penelokan der steil zum See hin abfallenden und nach Kedisan ausgeschilderten Straße folgen, im Calderagrund an der einzigen Kreuzung nach links, dann noch 100 m. Kostenloser Abholdienst von Zentralbali aus, für $ 10 auch von den Touristenzentren des Inselsüdens. Kleine Steinbungalows der schlichten, aber sauberen Art (mit Terrasse, Bad/ WC), die teilweise auf den Batur-See blicken; es gibt auch gepflegte Aircondition-Zimmer. Angeschlossen ist ein hübsches Pavillon-Restaurant mit See- und Batur-Blick und auch Trekkingtouren zum Batur werden organisiert. $–$$$

Danau Bratan

Saranam Eco Resort
Jl. Raya Baturiti, Durchgangsstraße Mengwi – Bratan-See km 59
82191 Bedugul
$\mathcal{C}$ (03 68) 210 38, Fax (03 68) 210 43
www.saranamresortbali.com
Wie das Restaurant, so die Zimmer des ehemaligen Pacung Asri Mountain Resort: vom Allerfeinsten – ausgestattet mit dem Komfort eines internationalen Top-Hotels, teils sogar mit offenem Kamin (nachts wird es kühl). Zur architektonisch überaus ansprechenden Terrassenanlage gehören ein (beheizter) Swimmingpool, Shops und eine Bar. Wer höchste

Umgeben von Tamariskenbäumen: der Eingang zum Bali Handara Kosaido Country Club in Pancasari, einem der angeblich schönsten Golfplätze der Welt

Ansprüche an eine Unterkunft stellt, sollte nicht direkt am Bratan-See, sondern hier im 11 km entfernten Resort übernachten. $$$$$

 Bali Handara Kosaido Country Club
 Bali Handara Golfclub, 2 km nördlich des Bratan-Sees an der Durchgangsstraße
82191 Pancasari
℃ (03 62) 226 46, Fax (03 62) 230 48
www.balihandarakosaido.com
Bungalowanlage auf dem Areal eines der angeblich schönsten Golfplätze der Welt, die vielen als das Nonplusultra gilt. Die freitragende Betonhalle der Lobby würde jedem Hilton zur Ehre gereichen. Die Steinbungalows befinden sich zwischen gepflegten Blumenrabatten und sind sehr luxuriös (wenn auch leider nicht gemütlich) ausgestattet, u. a. auch mit offenem Kamin. Zu den Gemeinschaftseinrichtungen gehören u. a. ein Fitnesscenter, Tennisplätze, Sauna, Hallenbad. $$$$$

 Enjung Beji Resort Villa
 Jl. Raya Singaraja, beim Tempel Pura Ulun Danu
Candikuning, 82191 Bedugul
℃ (03 68) 214 90
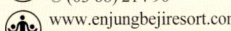 www.enjungbejiresort.com
Schön am Seeufer gelegene Bungalowanlage der Mittelklasse mit gepflegten Steincottages in einem hübschen Garten. $$$$–$$$$$

 Ashram Guesthouse
 Jl. Raya Singaraja, direkt rechts der Durchgangsstraße am Seeufer
Candikuning, 82191 Bedugul
℃ (03 68) 214 50
Fax (03 68) 211 01
Der Name stammt noch aus alten Tagen, als sich hier »Blumenkinder« der Selbstfindung hingaben. Was einst ein billiges Gästehaus war, ist heute eine überaus atmosphärische Bungalowanlage in einem Park am terrassierten Hang direkt

über dem See. Von den schicken Steinbungalows aus (die besseren verfügen u. a. auch über fließend Warmwasser) bietet sich ein traumhaftes Panorama; am Ufer dienen kleine Pavillons zur Entspannung. $$–$$$$

 Lila Graha Bungalows
Jl. Raya Singaraja, links der Durchgangsstraße, gegenüber Ashram Guesthouse ausgeschildert
Candikuning, 82191 Bedugul
℃ (03 68) 214 46
Dieses Government-Resthouse ist auch für Touristen zugelassen und erstreckt sich mit vielen locker verteilten Steinbungalows auf einem üppig umrankten Hügel hoch über dem See. Wieder ein faszinierendes Panorama, aber die Häuschen (alle mit Bad/WC, Warmwasser) haben ihre besten Tage hinter sich und bedürfen dringend einer Renovierung. Wer nur schön, nicht unbedingt komfortabel wohnen will, wird sich hier dennoch wohlfühlen. $$–$$$

Jimbaran

 Four Seasons Resort
80361 Jimbaran Bay
℃ (03 61) 70 10 10, Fax (03 61) 70 10 20
www.fourseasons.com
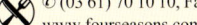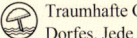 Traumhafte Gartenanlage im Stil eines balinesischen Dorfes. Jede der rund 200 m² großen Villen ist in traditioneller Architektur erstellt, höchst luxuriös eingerichtet und bietet außer dem eigenen Pool einen atemberaubenden Blick auf den Sandstrand der Jimbaran Bay südlich Kuta. Mehrere Restaurants und ein umfassendes, kostenloses Wassersportangebot setzen diesem Top-Hotel das i-Tüpfelchen auf. $$$$$

 Sari Segara Resort, Villas & Spa
Jalan Pantai Kedongan, 80361Jimbaran
℃ (03 61) 70 36 47, Fax (03 61) 70 33 30
www.sarisegara.com

Luxusresorts legen Wert auf ein vielseitiges Wellness- und Spa-Programm

 Großzügiges Wellnesshotel in einem tropischen Garten direkt hinter dem Sandstrand. Umfassendes Angebot an Aktivitäten, auch 2 angenehm dimensionierte Swimmingpools und 125 höchst komfortable Zimmer, teils im Haupthaus, teils in Villen. Außerordentlich gutes Preis-Leistungs-Verhältnis – gerade dann, wenn man nicht direkt über das Hotel bucht, sondern über eine Buchungsmaschine, was bis über 50 % Rabatt bringen kann. $$$–$$$$$

Kuta/Legian/Seminyak

Oberoi Bali
Jl. Kayu Aya, 80361 Legian
 ℂ (03 61) 73 03 61
Fax (03 61) 73 07 91
 www.oberoihotels.com
Fürstliche Bungalows in tropischer Parkanlage direkt am ruhigen Seminyak-Strand. Mit Swimmingpool, Bar, Restaurant und allem, was das Herz begehrt. Das Nonplusultra in Kuta, wenn man Ruhe und puren Luxus sucht. $$$$$

Bali Padma Hotel
Jl. Padma 1, 80361 Legian
 ℂ (03 61) 75 21 11, Fax (03 61) 752 40
www.hotelpadma.com
 Exklusive Anlage unweit vom Meer in herrlichem Landschaftsgarten. Räume im Cottage-Stil und luxuriöse Chalets, mehrere Restaurants, Livemusik in der Lounge, Happy Hour und Jazz im Pub. Tennis, großer Swimmingpool und Kinderklub (4- bis 10-Jährige). $$$$–$$$$$

Hotel Santika Beach Resort
Jl. Kartika Plaza, 80361 Kuta
 ℂ (03 61) 75 12 67, Fax (03 61) 75 12 60
www.santikabali.com
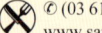 171 Zimmer und Bungalows (verschiedene Komfortstufen) in gepflegter Parkanlage an der Strandpromenade. Ruhig und dennoch zentral, mit 2 Swimmingpools und mehreren Restaurants. $$$–$$$$

Grand Balisani Suites
Jl. Batubelig Beach, 80361 Seminyak
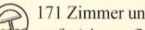 ℂ (03 61) 76 37 01, Fax (03 61) 76 37 03
www.bali-sani.com/grand
 Nördlich von Kuta in abgeschiedener, ruhiger Strandlage befindet sich diese kleine, gemütliche Anlage (71 Zimmer) im balinesischen Stil. Indonesische und internationale Küche, Swimmingpool direkt am Sandstrand. $$$–$$$$

Legian Beach Hotel
Jl. Melasti, 80361 Legian
 ℂ (03 61) 75 17 11
Fax (03 61) 75 26 51 und 75 26 52
 www.legianbeachbali.com
Zimmer, Apartments und Bungalows im balinesischen Stil mitten in einem tropischen Garten am Meer. Swimmingpool, Tennis, Squash und auch ein Fitness-Center befinden sich auf dem Gelände. $$$–$$$$

Three Brothers Bungalows
Jl. Legian Tengah, 80361 Legian
 ℂ (03 61) 75 15 66, Fax (03 61) 75 60 82
www.threebrothersbungalows.com

Etwa 5 Gehminuten vom Strand entfernte Gartenanlage mit Swimmingpool und außerordentlich ansprechenden, teils zweigeschossigen Bungalows, die auch von innen halten, was sie von außen in Sachen Bali-Stil versprechen. Es ist relativ ruhig, Kinder sind willkommen und finden sogar einen eigenen kleinen Pool. Sehr gutes Preis-Leistungs-Verhältnis. $–$$

Losmen
Die Zahl dieser meist von jungen Rucksackreisenden frequentierten günstigen Unterkünfte ist groß in Kuta. Besonders im Bereich des nördlichen, Legian genannten Strandabschnittes mit Schwerpunkt Jl. Melasti und Jl. Padma ist es kein Problem, ein Zimmer mit Ventilator und Bett zwischen € 8 und € 15 zu finden. Wer mit sanitären Gemeinschaftseinrichtungen vorliebnehmen mag, wird auch um € 5 ein Quartier finden.
Beste Empfehlung in dieser Klasse sind in 80361 Legian:
Senen Beach Inn, Jl. Melasti/Gang Camplung Mas 25, ✆ (03 61) 75 54 70
Sri Beach Inn, Gang Legian Tewngah, ✆ (03 61) 75 58 97
Legian Village Hotel, Jl. Padma, ✆ (03 61) 75 11 82, Fax (03 61) 75 24 55, www.legianvillage.com, ab € 18
In 80361 Kuta empfehlen sich u. a.:
Komala Indah, Jl. Legian/Benesari Lane, ✆ (03 61) 75 31 85
Rita's House, Gang Sorga, ✆ (03 61) 75 17 60
Kedin's, Gang Sorga, ✆ (03 61) 75 05 13

Lovina

Matahari Beach Resort
Jl. Raya Seririt

81155 Pemuteran (westl. Lovina)
✆ (03 62) 923 12, Fax (03 62) 923 13

www.matahari-beach-resort.com

Die Topadresse in Balis Norden: direkt an den feinsandigen Schwarzstrand grenzendes Luxushotel mit 32 Bungalowzimmern im balinesischen Baustil. Äußerst elegantes Interieur, Gourmet-Restaurant mit balinesischer und europäischer Küche, Swimmingpool, großes Sportangebot (auch Tauchbasis). $$$$$

Hotel Angsoka
81155 Kalibukbuk

✆ (03 62) 418 41, Fax (03 62) 41 02 23
www.angsoka.com

Direkt hinter dem Nirwana gelegene Gartenanlage mit Bungalows in mehreren Preis- und Komfortstufen. Wo sonst kann man ab umgerechnet € 4 (für 2 Personen) in sauberen Hütten wohnen und sich davor im schönen sauberen Swimmingpool mit angebauter Bar ergehen?! $–$$$$$

Nirwana
81155 Kalibukbuk

✆ (03 62) 412 88, Fax (03 62) 410 90
www.nirwanaseaside.com

Sehr beliebte Anlage im lichten Wald hinter dem Strand; mit einfachen Rattanbungalows, großen Holzbungalows mit Bad/WC und Balkon und zweigeschossigen Häusern. Letztere sind zu empfehlen, weil

luftig und mit Moskitonetz ausgestattet. Ventilatoren sind obligatorisch. Angeschlossen ein winddurchwehtes Restaurant. $$$–$$$$

Taman Lily's
81155 Kalibukbuk

✆ (03 62) 413 07

www.balilovinahotel-tamanlilys.com
Etwa 200 m vom Strand entfernte Anlage unter holländisch-indonesischer Leitung mit gepflegten Steinbungalows, einem luftigen Restaurant und angenehmer, familiärer Atmosphäre. – Dank der günstigen Monatspreise (ab € 335/Bungalow) gerade auch bei Langzeitreisenden und Überwinterern populär. $–$$$

Nusa Dua

Amanusa
80363 Nusa Dua

✆ (0361) 77 23 33, Fax 77 23 35
www.amanresorts.com

Die 35 Suiten der »Friedlichen Insel« erstrecken sich in extrem ruhiger Traumlage an einem sanft ansteigenden Palmenhang über Strand und Meer. Die Anlage wurde wie das »Amandari« (s. S. 169) von Adrian Zecha gebaut und ist neben diesem das wohl luxuriöseste Resort auf Bali. Ab € 650 pro Nacht.

Meliá Bali
80363 Nusa Dua

✆ (03 61) 77 15 10, Fax (03 61) 77 13 60
www.meliabali.com

Direkt am Strand gelegenes First-Class-Hotel mit großzügig ausgestatteten Zimmern sowie exotisch-

First-Class-Frühstück in Nusa Dua

165

luxuriösen Villen, die wirklich keinen Wunsch offen lassen. 5 Restaurants, großer Swimmingpool, 2 Tennisplätze, Fitness, kostenloses Wassersportangebot, Unterhaltung am Abend und zudem ein Kinderklub. $$$$$

Grand Hyatt Bali

80363 Nusa Dua

✆ (03 61) 77 12 34, Fax (03 61) 77 20 38
www.bali.grand.hyatt.com

Exklusives und luxuriöses exotisches Paradies, einem balinesischen Wasserschloss nachempfunden – mit Wasserfällen, üppigen Gärten und Lagunen. 2 Deluxe-Villen, 40 Suiten. Restaurants mit italienischer, balinesischer, chinesischer und europäischer Küche, Bar, 5 Swimmingpools, Windsurfen, Tauchen, Fischen, Segeln, Golf, Tennis, Squash, Kinderklub. $$$–$$$$$

Padang Bai

Bloo Lagoon

Jl. Silayukti, 80872 Padang Bai

✆ (03 63) 412 11, Fax (03 63) 45 10 99
www.bloolagoon.com

Hoch über dem Blue Lagoon Beach gelegenes Öko-Resort mit außerordentlich geschmackvollen Villen im klassischen Bali-Stil. Komfortabler und panoramareicher als hier wohnt man nirgends im Ort und gerade auch kunstbeflissene Reisende werden hier alles zum Besten finden. $$$$$

Puri Rai Hotel

Jl. Silayukti 7X, 80872 Padang Bai

✆ (03 61) 852 85 21, www.purirathotel.com
Hübsche Bungalowanlage mit 3 kleineren Swimmingpools und insgesamt rund 30 Zimmern, die alle mit Bad/WC sowie Balkon/Terrasse und teils mit Fan, teils mit Aircondition ausgestattet sind. $$$–$$$$$

Kerti Beach Inn

Jl. Silayukti, 80872 Padang Bai

✆ (03 63) 413 91

Einfache Zimmer mit Ventilator oder Aircondition in Reihenbungalows, nichts Besonderes, aber relativ günstig. $$–$$$

Zen Inn

Gang Segara 3, 80872 Padang Bai

✆ (081) 933 09 20 12
www.zeninn.com

Die Zimmer dieses kleinen Boutique-Hotels sind außerordentlich gepflegt und mit Liebe eingerichtet, im Restaurant werden Köstlichkeiten der balinesischen, asiatischen und auch internationalen Küche serviert, die Preise sind außerordentlich günstig und die Atmosphäre ist locker und familiär. Kein Wunder, dass die meisten Gäste begeistert sind und Jahr für Jahr wiederkommen. $

Sambirenteng

Alam Anda

Vor Sambirenteng, rechts der Durchgangsstraße

81173 Sambirenteng

✆ (081) 24 65 64 85, www.alam-anda.com

Tauchinfos: www.wernerlau.com
Wunderschöne Anlage an einem kilometerlangen, einsamen Strand. Mit 9 Bungalows, 12 luxuriösen Garten-Bungalows, 2 Luxusvillen, 2 Juniorsuiten, neuem großem Swimmingpool und großzügigem Wellness-Bereich. Idealer Ausgangspunkt für Ausflüge und Abenteuertouren und ein Paradies für Taucher. Die neue, gut ausgestattete Tauchbasis bietet Schnuppertauchgänge und Tauchkurse an. $$$$–$$$$$

Sanur

Bali Hyatt

80228 Sanur

✆ (03 61) 28 12 34, Fax (03 61) 28 76 93
www.bali.resort.hyatt.com

390 Zimmer (2001 komplett renoviert) mit allem nur denkbaren Komfort inmitten eines wunderschönen tropischen Naturgartens direkt am Meer. 2 große Swimmingpools mit Wasserbar und Whirlpool sowie verschiedene Spezialitätenrestaurants. $$$–$$$$$

Inna Grand Bali Beach

Jl. Hang Tuah Sanur, 80228 Sanur

✆ (03 61) 28 85 11, Fax (03 61) 28 79 17
www.innagrandbalibeach.com

Das ehemalige Bali Beach Hotel wurde komplett renoviert und bietet jetzt 570 Komfortzimmer im zehngeschossigen »Tower Wing« sowie schicke Bungalows in einer äußerst weitläufigen Parkanlage direkt am Meer. 4 Swimmingpools, 8 Restaurants, Bars sowie ein umfassendes Sportangebot (auch ein 9-Loch-Golfplatz). $$$–$$$$

Hotel Sanur Beach

Jl. Danau Tamblingan, 80228 Sanur

✆ (03 61) 28 80 11, Fax (03 61) 28 75 66
www.sanurbeachhotelbali.com

425 Zimmer und Suiten, gelegen in einem tropischen Garten. Mit 2 Restaurants, die auf Thai-Küche spezialisiert sind, aber auch orientalische und französische Gerichte anbieten, Seafood im »Seepferdchen«-Restaurant, Bar. Außerdem: Swimmingpool, Fitness, Tennis, Minigolf, Segeln, Windsurfen, Geschäfte und Boutiquen … $$$–$$$$

Sativa Sanur Cottages

Jl. Danau Tamblingan, 80228 Sanur

Der Traumstrand von Nusa Dua ▷

und Fax (03 61) 28 78 81
www.sativahotels.com/sanur/
Romantische Bungalowanlage im Stil eines balinesischen Dorfes. Die geschmackvoll eingerichteten Zimmer (mit Balkon oder Terrasse) sind um einen phantasievoll gestalteten Swimmingpool gruppiert. Weil nicht direkt am Strand gelegen (ca. 5 Gehminuten), sind die Preise äußerst moderat. $$$

Watering Hole I
Jl. Hang Tuah 35, 80228 Sanur
 und Fax (03 61) 28 82 89
www.wateringholesanurbali.com
Gegenüber vom Inna Grand Bali Beach Hotel gelegenes Resort der Mittelklasse mit rund 2 Dutzend Zimmern, die alle mit Bad/WC sowie Balkon ausgestattet sind und auf einen Garten blicken; wahlweise mit Ventilator oder Aircondition. Restaurant und Bar sind angeschlossen, der Strand ist nur ein paar Gehminuten entfernt. Üppiges Kultur- sowie Aktivitätsprogramm: u. a. Yoga-, Tanz-, Mal- und Surfkurse, auch Trekkingtouren und sonstige Exkursionen. Falls ausgebucht, bietet sich das Watering Hole II an, das auch einen Swimmingpool bietet und nur unwesentlich teurer ist. $–$$

Tirtagangga

Tirta Ayu
Wasserschloss, 80852 Tirtagangga
 (03 63) 225 03
www.hoteltirtagangga.com
Auf den Fundamenten des ehemaligen Raja-Palastes errichtete und vom Sohn des letzten Rajas von Karangasem geführte Bungalowanlage mit besonderer Atmosphäre. Die in einem Garten gelegenen Steincottages sind mit balinesischen Antiquitäten ausgestattet, außerordentlich luxuriös und in ihrer Art ganz und gar einzigartig

Bestechende Atmosphäre: das Hotel Tirta Ayu auf dem Areal des ehemaligen Raja-Palastes in Tirtagangga

auf Bali. Großer Swimmingpool, Kochkurse, Yoga, Massagen. Idealer Ausgangspunkt für Wanderungen und Mountainbike-Touren. $$$$$

Cabe Bali
Padangkerta, 80852 Tirtagangga
 und Fax (03 63) 220 45
www.cabebali.com
Kontaktadresse in Deutschland: Barbara und Prihanto Soetarto, St.-Hubertus-Str. 6, D-82538 Geretsried,
 (08 71) 92 98 08, Fax (08 71) 92 98 07,
Psoetarto@aol.com
Rund 1 1/2 km vom Wasserschloss inmitten von Reisefeldterrassen gelegene Bungalowanlage unter deutsch-balinesischer Leitung. Die gepflegten Steinhäuser sind auffallend groß, im klassisch balinesischen Stil eingerichtet und fügen sich harmonisch in einen tropischen Garten ein. $$$$

Kusumajaya
80852 Tirtagangga
 (03 63) 212 50
Oberhalb des Wasserschlosses (Am Wasserschloss vorbei und nach der scharfen Rechtskurve links parken, dann über mehr als 200 Stufen zur ausgeschilderten Anlage hinauf) Zwischen Reisterrassen auf schmalen Absätzen errichtete Steinbungalows in mehreren (aber stets einfachen) Komfort- und Preisstufen (alle mit Bad/WC, Ventilator). Der Blick auf

Viele Resorts und Hotels bieten in eigenen Tauchbasen Schnupperkurse und Tauchgänge an

den Agung, den Wasserpalast, die Kulturlandschaft und das Meer ist extraordinär. $$–$$$

 Prima Bamboo Home
Oberhalb des Wasserschlosses, 300 m weiter als
 Kusumajaya
80852 Tirtagangga
✆ (03 63) 213 16
Bezüglich der Lage ganz ähnlich wie das Kusumajaya, aber das Panorama ist begrenzt, umfasst nur die Felder und das Meer. Dafür sind die Stein- und Holzbungalows ein wenig komfortabler. $$$

Ubud

 Amandari
Kedewatan, 80571 Ubud
 ✆ (03 61) 97 53 33, Fax (03 61) 97 53 35
www.amanresorts.com
 Eines der Aman Resorts von Adrian Zecha, 1989 auf einer Terrasse inmitten von Reisfeldern über der Schlucht des Ayung gebaut. Ein Hotel der Spitzenklasse mit 27 außerordentlich geräumigen und edel eingerichteten Bungalows im Stil eines balinesischen Dorfes. 6 der Bungalows verfügen über einen eigenen Swimming-pool. Zur weitläufigen, ruhigen Anlage gehören ein fürstlich eingerichtetes Restaurant (mit ebenso fürstlichen Preisen) ein Salzwasserpool und Tennisplätze. Ab € 620 pro Nacht.

 Hotel Tjampuhan (auch Campuan)
Campuan, 80571 Ubud
 ✆ (03 61) 97 53 68, Fax (03 61) 97 51 37
www.tjampuhan.com
 Der Speiseraum ist hallenhoch und edel eingerichtet, der Blick hinaus in eine tief eingeschnittene Schlucht fasziniert und Gamelan-Klänge bieten die passende musikalische Untermalung. Dann lässt man sich die Bungalows zeigen, die auf Terrassen über der dschungeligen Kluft liegen, findet sie tipptopp und greift gern ein wenig tiefer in die Tasche. Höchst romantisch kann man hier wohnen, wie einst auch der Maler Walter Spies (s. S. 71), der sich weiter unten am Hang gar einen Swimmingpool ins Tropenidyll setzen ließ. Nebenan sind Badminton- und Tennisplätze entstanden. $$$$$

 Villa Chempaka
Jl. Bisma, 80571 Ubud
 ✆ (03 61) 963 12, Fax (03 61) 963 12
www.chempaka.com
 10 große Komfortbungalows von einem Garten umrahmt, sehr ruhig am Rande von Reisfeldern gele-

Inbegriff für Luxus: Infinity Pool in einem Luxus-Resort in Ubud

gen. Die Ausstattung ist exzellent, auch ein kleiner Pool ist vorhanden und die Preise sind günstig. $$$–$$$$$

Taman Sakti
Jl. Suweta, 80571 Ubud

✆ (03 61) 97 75 90, Fax (03 61) 97 75 91
www.tamansaktibaliresort.com

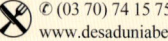

Taman Sakti bedeutet übersetzt so viel wie »spiritueller Garten« und der Name gibt durchaus ein wenig die Realität dieses intimen Familienbetriebes wieder, dessen 8 Villen aufwendig im Bali-Stil eingerichtet sind. Trotz zentraler Lage angenehm ruhig, mit Swimmingpool. $$$–$$$$

Monkey Forest Road
Dies ist nicht die Bezeichnung einer Unterkunft, sondern der Name einer Straße, die im Zentrum hinter dem Markt abzweigt und zum sogenannten Affenwald führt. Sie ist gesäumt von rund 50 Herbergen verschiedener Kategorien. Auch wer nicht reserviert hat, wird hier stets etwas nach seinem Geschmack und Geldbeutel finden. Ab $

Homestays
Unter dieser Bezeichnung werben Dutzende kleiner Bungalowanlagen insbesondere in den Ortsteilen Campuan und Penestanan. Die Ausstattung ist oftmals komfortabel, die Preise sind »geschenkt« ($) und die Atmosphäre stets herzlich.
Empfehlen können wir u. a. das **Anna Sari** (Jl. Penestanan, Campuan, ✆ 03 61-97 72 68), das mit Fan, WC und (auch warmen) Duschen ausgestattet ist, einen netten Garten hat und um € 10 je Doppelzimmer kostet.

Unterkünfte auf Lombok

Auf Lombok sind in den vergangenen Jahren zwar eine Reihe neuer Hotels bzw. Resorts vor allem in der mittleren und oberen Preiskategorie eröffnet worden, doch in weiten Inselabschnitten bilden Bungalowanlagen der Budgetklasse sowie *Losmen* und *Homestays* noch immer die dominierenden Unterkünfte.

Die verwendeten Preiskategorien gelten jeweils für ein Doppelzimmer bzw. einen Bungalow, der für 2 Personen ausgelegt ist:

$ – bis 15 Euro
$$ – 15 bis 20 Euro
$$$ – 20 bis 40 Euro
$$$$ – 40 bis 60 Euro
$$$$$ – über 60 Euro

Gili-Inseln

Die Zahl der Budgetunterkünfte ist groß und insbesondere auf Gili Trawangan, wo sich mittlerweile mehr als hundert Bungalowanlagen etabliert haben, kommt es in dieser Klasse kaum je zu Engpässen. Komfortanlagen aber machen sich rar, und rechtzeitige Reservierung ist für alle Inseln zu empfehlen.

Auf Gili Trawangan:

Desa Dunia Beda
83355 Gili Trawangan

✆ (03 70) 74 15 75, Fax (03 70) 64 15 85
www.desaduniabeda.com

Relativ isoliert im Norden der Insel direkt hinter dem Strand gelegener Resort für gehobene Ansprüche. Die Villen und Bungalows sind im architektonisch sehr ansprechenden Java-Stil gehalten und auch eingerichtet, aber bei allem Luxus lediglich mit Fan ausgestattet. $$$$$

Pesona Resort
83355 Gili Trawangan

© und Fax (03 70) 62 35 21
www.pesonaresort.com

Nahe dem Fähranleger direkt hinter dem Strand gelegene Anlage mit komfortablen Zimmern sowie

Steinbungalows und auch -villen der Mittelklasse. $$$–$$$$

Rumah Saga
83355 Gili Trawangan

© (081) 805 71 43 15, www.rumahsaga.com
Nicht direkt am Strand und daher ruhig gelegen und

eben auch außerordentlich günstig. Die Zimmer gruppieren sich rings um einen kleinen Pool, sind modern und gepflegt und auch mit Aircondition ausgestattet. $$$

Budgetklasse
In dieser Kategorie muss man etwa zwischen € 5 und € 15 je Bungalow/Zimmer ansetzen. Die beste Wahl fürs Geld bietet **Warna Homestay** (© 03 70-62 38 59) mit schicken Bungalows in einem gepflegten Garten hinter dem Strand. Wer in der Partyszene übernachten will, wird das **Sandy Beach Cottage** (© 03 70-62 50 20) mögen, während das direkt am Strand gelegene **Balenta** (© 081-805 20 34 64) eine ruhige Alternative ist.

Auf Gili Meno:

The Sunset Gecko Resort
83355 Gili Meno
© (081) 353 566 774, www.thesunsetgecko.com
Romantische Bungalows aus Naturstoffen mit

Am Strand von Gili Trawangan

1–2 Etagen hinter dem Strand sowie auch direkt auf dem Strand in 4 verschiedenen Größen und Preisabstufungen. Wer auf Aircondition und Mittelklassekomfort verzichten kann, wird sich hier außerordentlich wohl fühlen. $$

Mallias Child
83355 Gili Meno, © (03 70) 62 20 07

www.gilimeno-mallias.com
Direkt hinter dem Strand gelegene Holzbungalows,

einfach aber sauber und unschlagbar günstig. Angenehme familiäre Atmosphäre, viele junge Rucksackreisende. $

Gunung Rinjani

Die Besteigung des Vulkans erfolgt von Senaru aus, wo sich mehrere schlichte Unterkünfte finden:

Pondok Senaru
83355 Senaru
© (03 70) 62 28 68
Die inmitten eines gepflegten Garten panoramareich gelegene Anlage ist die beste des Ortes und auch einzige, die Zimmer mit warmem Wasser bietet (hier kann es nachts recht kalt werden). Die Zimmer selbst sind groß und korrekt, das Restaurant lohnt allein schon wegen der Aussicht. $$$

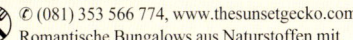

*Sonnenuntergangsblick auf
Bali und den Gunung Agung
von Lombok aus*

Kontiki-Bungalows auf Gili Meno

Pondok Indah

83355 Senaru

📞 (08 17) 578 80 18

Die Aussicht ist auch hier beeindruckend, aber die Zimmer können nicht mit denjenigen des Pondok Senaru konkurrieren, sind lediglich mit einem Bett eingerichtet. $–$$

Kuta

Novotel Lombok

Pantai Putri Nyale

83001 Kuta

📞 (03 70) 65 33 33, Fax (03 70) 65 35 55

www.novotel-lombok.com

Östlich des Kuta-Strandes in Toplage am Meer erbautes Luxusresort mit Dutzenden Bungalows im Stil verschiedener indonesischer Ethnien, die sich um exotische Pools gruppieren; im Haupthaus außerdem rund 70 Zimmer der gehobenen Kategorie. – Ein architektonischer Traum! $$$$$

Surfers Inn

83001 Kuta

📞 (03 70) 65 55 82, www.lombok-surfersinn.com

Mittelklasseanlage nicht nur für Surfer mit schönem Garten und Swimmingpool, Restaurant und Bar sowie 25 Zimmern in 4 verschiedenen Kategorien. Da stark nachgefragt, sollte man so früh wie möglich reservieren. $$–$$$$

Bungalowanlagen

Mehrere dutzend Bungalowanlagen ($–$$$$$) in verschiedenen Komfort- und Preisstufen bieten sich hier zum Übernachten an, wobei man am schönsten in den schlicht möblierten, im Sasak-Stil eingerichteten Hütten der Billiganlagen wohnt.

In der Budgetklasse ($–$$) empfehlen sich das **Agung Rinjani** (📞 03 70-65 48 49), das **Segara Anak** (📞 03 70-65 48 68) sowie das **G'Day Inn** (📞 03 70-65 53 42) mit Preisen zwischen € 4 und € 10, während das westlich des Dorfes gelegene **Kuta Indah** (📞 03 70-65 37 81) gut ausgestattete, auch klimatisierte Bungalows bietet, die ab € 18 pro Nacht zu mieten sind.

Senggigi

Alang-Alang Boutique Beach Hotel

Jl. Raya Mangsit Senggigi

83388 Senggigi

📞 (03 70) 69 35 18, Fax (03 70) 69 31 94

www.alang-alang-villas.com

Wenn das Beste gerade gut genug ist, empfiehlt sich diese Anlage, deren Bungalows und Villen hervorragend eingerichtet sind. $$$$$

Senggigi Beach Hotel

Jl. Pantai Senggigi

83355 Senggigi

📞 (03 70) 69 32 10, Fax (03 70) 69 32 00

www.aerowisata.com

Die 150 Komfortzimmer dieses 4-Sterne-Hauses verteilen sich auf Strandbungalows und das in einer großen Parkanlage gelegene Haupthaus. Mehrere Restaurants und Bars, ein phantasievoll gestalteter Swimmingpool und ein beachtliches Sportangebot. $$$$–$$$$$

Sunset Homestay

Jl. Raya Senggigi 66

83355 Senggigi

📞 (03 70) 69 20 20

Fax (03 70) 64 70 23

www.sunsethouse-lombok.com

Wunderschön am Meer gelegene, kleine und familiäre Anlage mit gepflegten Bungalows im traditionellen Stil, die teils auf den Gunung Rinjani blicken. $$$–$$$$

Tetebatu

Mehr als ein halbes Dutzend Budgetanlagen laden ein, die Mittelklasse macht sich rar, Komforthäuser gibt es nicht.

Wisma Soendjono
83652 Tetebatu
℃ (03 76) 213 09
Inmitten von Reisterrassen, Bächen und einem Garten gelegene Anlage mit rund 3 Dutzend urgemütlichen Bungalows im traditionellen Reisspeicherstil der Sasak. Hier werden auch Wanderführer vermittelt und Inseltouren organisiert. €€€–€€€€

Pondok Bulan
83652 Tetebau
℃ (03 76) 63 25 81
Traditionelle Bambusbungalows, teils im Reisspeicherstil, mit herrlicher Aussicht. Familiäre Atmosphäre. $–$$

Unterkünfte auf Komodo/Flores

Die verwendeten Preiskategorien gelten jeweils für ein Doppelzimmer bzw. einen Bungalow, der für 2 Personen ausgelegt ist:

$ – bis 15 Euro
$$ – 15 bis 20 Euro
$$$ – 20 bis 40 Euro
$$$$ – 40 bis 60 Euro
$$$$$ – über 60 Euro

Auf Komodo

Wisma Parawisata
Loh Liang, Park-Hauptquartier, 86554 Komodo
℃ (03 58) 440 04 und 410 04, Fax (03 58) 410 06
www.komodonationalpark.org
Die Rangerstation Loh Liang an der Slawi-Bucht bietet Betten in einem Touristen-Gästehaus sowie auch Bungalows. Das vom Nationalparkamt verwaltete Haus ist die einzige Unterkunft auf der Insel. $–$$

Labuhanbajo

Da die meisten Besucher über Labuhanbajo nach Komodo reisen, haben sich mittlerweile schon rund 2 Dutzend Hotels bzw. Bungalowanlagen etabliert. Bei Anruf wird man in der Regel kostenlos vom Flughafen abgeholt.

Bintang Flores Hotel
Jl. Pantai Pede
86554 Labuanbajo
℃ (03 85) 420 00, Fax (03 85) 413 33
www.bintangfloreshotel.com
Mehrgeschossiger Hotelneubau der gehobenen Mittelklasse. Am Meer gelegen. Das luxuriöseste Haus am Ort. $$$$$

Bayview Gardens
Jl. Ande Bole
86554 Labuanbajo
℃ (03 85) 415 49
www.bayview-gardens.com
In traumhafter Panoramalage 60 m über Ort und Meer gelegenes Hotel unter holländisch-indonesischer Leitung. Die Zimmer sind hell und luftig, schlicht, aber mit Aircondition sowie auch Fan eingerichtet. $$$

Unterkünfte auf Sulawesi

Die verwendeten Preiskategorien gelten jeweils für ein Doppelzimmer bzw. einen Bungalow, der für 2 Personen ausgelegt ist:

$ – bis 15 Euro
$$ – 15 bis 20 Euro
$$$ – 20 bis 40 Euro
$$$$ – 40 bis 60 Euro
$$$$$ – über 60 Euro

Ujung Pandang

Für den Fall, dass man in Ujung Pandang übernachten will oder muss (weil etwa ein Anschluss nicht funktioniert etc.), hier einige Hotel-Empfehlungen:

Makassar Golden Hotel
Jl. Pasar Ikan 52
90111 Ujung Pandang/Makassar
℃ (04 11) 33 30 00, Fax (04 11) 32 09 51

Zweimaster vor Komodo

www.makassargolden.com
Die Top-Adresse in Ujung Pandang, direkt am Meer gelegen, mit Swimmingpool. Hier finden auch verwöhnte Reisende den gewünschten Komfort. $$$–$$$$$

Hotel Santika Makassar
Jl. Sultan Hasanuddin 440
90111 Ujung Pandang/Makassar
☏ (04 11) 33 22 33, Fax (04 11) 33 22 77
www.santika.com
Funkelnagelneu und nach internationalem First-Class-Standard eingerichtet. $$$$

New Legend
Jl. Jampea 5G
90111 Ujung Pandang/Makassar
☏ (04 11) 31 37 77, www.newlegendhostel.com
Das gepflegte Haus ist die beste Empfehlung in der Budgetklasse; vor allem von jungen Rucksackreisenden frequentiert. $–$$

Rantepao

Insgesamt finden sich in Rantepao und Umgebung wohl mehr als 100 Herbergen aller Kategorien. Zu Engpässen kann es nur in der Hauptsaison im Hochsommer kommen, und das auch nur in den beiden erstgenannten Hotels, wo üblicherweise die Gruppenreisenden untergebracht sind.

Toraja Heritage Hotel
Jl. Kete Kesu

91831 Rantepao
☏ (04 23) 211 92, Fax (04 23) 216 66
www.torajaheritage.com
In traumhafter Panoramalage über Rantepao errichtetes Luxushotel, wo man in originalgetreuen Tongkonan-Häusern übernachten kann. Von innen entsprechen die romantischen Häuser höchstem Komfortstandard, wie das Hotel überhaupt das beste im Toraja-Land ist. Mit Swimmingpool, Spa-Abteilung, es werden auch geführte Touren organisiert. $$$$$

Toraja Cottage/Price Hotel
Jl. Paku Balasara
91831 Rantepao
☏ (04 23) 85 29 23 und 213 69
toraja@yohoo.com
Die Cottages dieser 3-Sterne-Anlage sind locker auf einem 4 km außerhalb von Rantepao gelegenen Hügel verteilt, bieten eine schöne Sicht und großen Komfort. Angeschlossen sind ein Swimmingpool sowie Restaurant und Bar. $$$$

Madarana Hotel
Jl. Sadan 21B
91831 Rantepao
☏ und Fax (04 23) 237 77
www.toraja.net/accomodation/hotels/madarana
Im Toraja-Stil gehaltene Bungalows mit schlichten, in Weiß gestalteten Zimmern, die mit Bad/WC (auch warmes Wasser) und TV ausgestattet sind. Ruhige Ortsrandlage, in dieser Preisklasse der beste Gegenwert. $$–$$$

Wisma Maria
Jl. Ratulangi 23
91831 Rantepao
☏ (04 23) 211 65
Zimmer (mit Bad/WC) in einem zweigeschossigen Langbau; ca. 5 Gehminuten ins Zentrum von Rantepao. Günstig, dennoch gut und sauber. $$

Traditionelle Tongkonan-Häuser im Hochland von Sulawesi

Service von A-Z

Balinese mit traditioneller Kopfbedeckung

An-/Ein- und Ausreise

Anreise:
Seit Jahren wird Balis internationaler **Ngurah Rai International Airport** (DPS; ✆ 03 61-75 10 11, www.ngurahrai-airport.co.id) auch von Europa aus direkt angeflogen. Knapp 14 bis 16 Stunden dauert es, die rund 13 000 km lange Distanz zu bewältigen. Lediglich eine Zwischenlandung legen die holländische KLM, die Lufthansa, Singapore Airlines, die australische Qantas, Malaysia Airlines sowie die thailändische Thai ein. Während man sich bei den erstgenannten 4 Gesellschaften in Singapur ein bis zwei Stunden lang die Beine vertreten oder auch – konkurrenzlos preiswert, falls nicht kostenlos – einen Stopover einschieben kann, fliegen Malaysia Airlines Kuala Lumpur und Thai die Metropole Bangkok an. Auch viele andere Fluggesellschaften bieten das Ziel Denpasar/Bali an, doch währt die Flugzeit dank mehrerer Stopps dann in der Regel um 24 Stunden und mehr.

Etwa ebenso lange dauert es, von Europa aus direkt nach Lombok zu fliegen, dessen **Mataram Selaparang Airport** (AMI) mittlerweile ebenfalls von mehreren internationalen Fluggesellschaften bedient wird. Insbesondere Singapore Airlines bieten sich an, denn die meisten anderen Gesellschaften fliegen via Jakarta bzw. Denpasar, wo man in eine nationale indonesische Fluggesellschaft umsteigen muss.

Auch die Wege nach Süd-Sulawesi/Ujung Pandang, wo der **Hasanuddin Airport** (UPG) angeflogen wird, führen in der Regel über Jakarta oder Bali. Von Europa aus ist man dorthin mindestens 26 Stunden unterwegs.

Die **Flugkosten** sind dann am niedrigsten, wenn man die Tickets nicht bei den Airlines direkt, sondern in einem »Billigflug«-Reisebüro ersteht. Aberhunderte solcher Agenturen haben sich allein in Deutschland etabliert. Einen Überblick über das oft unübersichtliche und teilweise täglich wechselnde Flugangebot bieten Websites, die die Angebote der verschiedenen Agenturen vergleichen. Effektiv sind u. a. www.flugvergleich.com, www.flug.idealo.de sowie www.billig-flieger-vergleich.de. Frankfurt–Denpasar–Frankfurt ist durchaus schon ab ca. € 550 möglich, wobei man in der Regel um € 700 ansetzen muss und zwischen Juni und August sowie über Weihnachten auch € 800 und mehr. In der Hochsaison ist dann auch mit Engpässen bei der Buchung zu rechnen. Lombok ist generell nicht unter € 700–800 ab Europa erreichbar, für Süd-Sulawesi muss man mindestens rund € 800 ansetzen. Wer diese Inseln in Kombination mit Bali besuchen möchte, ist in der Regel am besten mit einem sogenannten **Gabelflug** bedient, bei dem man z. B. nach Bali anreist und ab Süd-Sulawesi bzw. Lombok ausreist.

Ankunft:
Die Flugzeuge aus Europa landen meist in den späten Nachmittagsstunden oder am Abend auf dem 3 km südlich Kuta gelegenen Ngurah Rai International Airport. Zumindest während der Hochsaison (Juni/August und über Weihnachten) ist es daher sinnvoll, das Hotel für die erste Nacht vorab telefonisch oder per E-Mail bzw. Fax zu reservieren. Wer dies nicht getan hat, sollte nach der Ankunft den Zimmerreservierungs-Service im Flughafengebäude kontaktieren, wo auch Prospekte und Preislisten ausliegen.

Zum Wechseln von Bargeld oder Travellerschecks in Rupiah steht im Flughafen ein Wechselschalter zur Verfügung; mit Kreditkarten lässt sich Geld an den Geldautomaten am Gepäckband und vor dem Hauptausgang ziehen. Links gegenüber dem Ausgang kann man am Taxischalter den Coupon für die Fahrt zum gewünschten Ziel erstehen. Dabei ist etwa mit folgenden Kosten zu rechnen: Kuta € 4, Legian € 5, Seminyak und Sanur € 7, Nusa Dua € 8, Ubud € 12–15, Padang Bai und Candi Dasa € 40, Lovina € 50.

Achtung: Zur Tagundnachtgleiche im Frühling feiert Bali das *Nyepi*-Fest und an diesem Tag sind die Möglichkeiten der Fortbewegung deutlich eingeschränkt!

Einreisebestimmungen:
Für die Einreise nach Indonesien ist ein **Reisepass** erforderlich, der am Tag der Ankunft noch mindestens 6 Monate lang gültig sein muss; auch Kinder (selbst Säuglinge) benötigen einen Reisepass. Außerdem muss man im Besitz eines **Ausreisetickets** sein, *open date* wird akzeptiert.

Angehörige u. a. aller europäischen Staaten benötigen seit dem 1. Februar 2004 ein **Visum** zur Einreise nach Indonesien. Das Visum wird bei der Einreise erteilt *(Visa on Arrival, VOA)* und kostet US-$ 25 für einen Aufenthalt bis zu 30 Tagen (zahlbar in US-Dollar; Euro können getauscht werden, die Ausgabe des Rückgeldes erfolgt in indonesischen Rupiah; Zahlung mit Visa- und Mastercard möglich). Das Auswärtige Amt rät, den Betrag bei der Einreise passend in US-Dollar zur Verfügung zu haben.

Eine Verlängerung des Visums ist nicht möglich. Ist ein längerer Aufenthalt geplant, muss das Visum vor der Einreise beantragt werden (über die Diplomatischen Vertretungen). Dieses kostet US-$ 45, ist ebenfalls lediglich für einen Aufenthalt von bis zu 30 Tagen gültig, kann aber vor Ort in einem Büro der Einwanderungsbehörde *(immigrasi)* einmalig um weitere 30 Tage verlängert werden.

Bei der Einreise erhält man eine weiße **Einwanderungskarte**, die auszufüllen (Kugelschreiber nicht vergessen) und im Pass aufzubewahren ist, da sie bei der Ausreise wieder abgestempelt und einbehalten wird.

Pflichtimpfungen werden nicht verlangt, **Schutzimpfungen** gegen Cholera und Gelbfieber sind nur Reisenden aus Epidemie- oder Infektionsgebieten vorgeschrieben, sie müssen im internationalen Impfpass eingetragen sein.

Für die Ein- und Ausfuhr ausländischer **Zahlungsmittel** in jedweder Form bestehen keinerlei Beschränkungen, indonesische Rupiah sind auf 50 000 beschränkt.

Zollfrei eingeführt werden dürfen neben den persönlichen Gebrauchsgegenständen 2 l alkoholische Getränke, 200 Zigaretten oder 100 g Tabak, 1–2 Fotoapparate oder Filmkameras, eine angemessene Anzahl Filme sowie Geschenke im Wert von bis zu US-$ 100.

Nicht eingeführt werden dürfen Drogen jeglicher Art, pornografische Literatur und Waffen (auch Harpunen, größere Messer, Macheten etc.).

TV-Geräte, Radios und Rekorder sowie Ferngläser und Rechner (Laptops, Notebooks etc.) müssen bei der Einreise **deklariert** werden.

Ausreise:

Bei der Ausreise dürfen **zollfrei** mitgenommen werden: Gegenstände für den persönlichen Bedarf, bis zu 2 l alkoholische Getränke, 50 Zigarren, 200 Zigaretten oder 100 g Tabak, handwerkliche Erzeugnisse aller Art, Silber und Goldwaren.

Die **Ausreise-Steuer** *(Airport Tax)* am Flughafen Ngurah Rai beträgt zurzeit 150 000 Rupiah für internationale Flüge (ebenso in Jakarta; auf Lombok sowie in Süd-Sulawesi sind 75 000 Rupiah zu entrichten) und 50 000 Rupiah für Inlandflüge (Lombok/Süd-Sulawesi 30 000 Rupiah).

Auskunft

Das **Indonesische Fremdenverkehrsamt** in Frankfurt (auch für die Schweiz und Österreich zuständig) ist derzeit geschlossen. Für allgemeine Informationen sowie kostenlose Broschüren etc. sind die Tourismusabteilungen der Indonesischen Botschaften zuständig.

Im Internet:

Aktuelle und vor allem auch ganz und gar umfassende Informationen zu Bali bietet das Internet. Hunderte Websites beschäftigen sich mit der Insel, einige ausgesuchte Seiten sind:

– www.bali.com (Infos zu allen Fragen, die man nur haben kann, außerdem Tausende Links zu anderen Websites, Möglichkeit von Online-Buchungen für Unterkunft, Mietwagen und Aktivitäten jedweder Art)

– www.bali-paradise.com

– www.bali-thepages.com

– www.baliguide.com (top insbesondere für die Online-Buchung von Hotels)

– www.indonesia-forum.de (deutschsprachiges Forum mit Tausenden von Reiseberichten, Reiseerfahrungen etc. gerade auch zu Bali; wer Fragen zu Bali hat, kann sie hier eintragen und wird in Stundenschnelle eine Antwort erhalten)

– www.bali-travel-online.com (recht detailliert gerade auch zu Lombok, Komodo und Süd-Sulawesi)

– www.balidiscovery.com (die beste Seite für News aus Bali)

Balinesische Hochzeitszeremonie

Service von A–Z

Vor Ort:
In den einzelnen Ortschaften auf Bali erhält man Informationen bei den offiziellen Touristenbüros sowie – teils sogar besser – bei den privaten Travel Agencies (Reisebüros).

Das Haupttouristenbüro Balis in Denpasar hält Broschüren und Prospekte bereit; die größte Hilfe ist jedoch die Website:

Bali Tourism Board
Jl. Raya Puputan 41, Renon
80235 Denpasar
℡ (03 61) 23 56 00
Fax (03 61) 23 92 00
www. balitourismboard.org

Bettler

Betteln ist auf Bali traditionell verpönt, doch seitdem bekannt ist, dass kleine Kinder damit in einer Stunde mehr verdienen können als ein Reisbauer an einem mühsamen Tag, kommt es verstärkt vor, dass sich Balinesen über das Tabu hinwegsetzen. Auch wenn es mitunter schwerfallen mag: Man sollte »hart« bleiben, denn sonst leistet man genau der Entwicklung Vorschub, deren Anfänge man heute schon sieht und bedauert.

Diplomatische Vertretungen

In Deutschland:
Botschaft der Republik Indonesien
Lehrter Straße 16–17, D-10557 Berlin
℡ (030) 47 80 70
Fax (030) 44 73 71 42
Tourismusabteilung ℡ (030) 47 80 72 72
Visaabteilung ℡ (030) 47 80 72 71
www.botschaft-indonesien.de
Mo–Do 9–12.30 und 14.30–15.30, Fr 9–12 Uhr

In der Schweiz:
Botschaft der Republik Indonesien
Elfenauweg 51, CH-3006 Bern
℡ (031) 352 09 83, Fax (031) 351 67 65
www.indonesia-bern.org
Mo–Fr 9–12 und 13.30–17 Uhr

In Österreich:
Botschaft der Republik Indonesien
Gustav-Tschermak-Gasse 5–7
A-1180 Wien
℡ (01) 47 62 30, Fax (01) 479 05 57
www.kbriwina.at
Mo–Do 9–12.30 und 13.30–17, Fr 9–12 und 14.30–17.30 Uhr

Auf Bali:
Deutsches Honorarkonsulat
Herr Reinhold Jantzen
Jl. Dr. Pantai Karang 17, Batujimbar
80032 Sanur
℡ (03 61) 28 85 35, Fax (03 61) 28 88 26
germanconsul@bali-ntb.com

Schweizer Honorarkonsulat
Kuta Central Park
Jl. Patih Jelantik, Blok Valet 2 No. 12
80361 Kuta
℡ (03 61) 75 17 35, Fax (03 61) 75 44 57
bali@honorarvertretung.ch
Nimmt auch die konsularischen Interessen Österreichs wahr.

In Jakarta:
Deutsche Botschaft
Jl. Thamrin 1, 10310 Jakarta
℡ (021) 39 85 50 00, Fax (021) 390 17 57
www.jakarta.diplo.de
Mo 7.15–15.30, Di–Do 7.15–15.45, Fr 7.15–13 Uhr

Österreichische Botschaft
Jl. H. R. Rasuna Said, Blok X 3/1 Kuningan
12950 Jakarta-Selatan
℡ (021) 259 30 37, Fax (021) 52 92 06 51
www.austrian-embassy.or.id
Mo–Do 8–16, Fr 8–14 Uhr

Schweizer Botschaft
Jl. H. R. Rasuna Said, Blok X 3/2 Kuningan
12950 Jakarta-Selatan
℡ (021) 525 60 61, Fax (021) 520 22 89
www.eda.admin.ch/jakarta
Mo–Fr 9–12 Uhr

Drogen

Vieles wird angeboten, wieder einmal insbesondere in Kuta, doch so manch ein scheinbarer Händler entpuppt sich als Polizist. Die indonesischen Antidrogengesetze sind außerordentlich drastisch und so kann gar nicht genug davor gewarnt werden, die gesetzlichen Bestimmungen zu missachten. Auch der Verzehr der einst in zahlreichen Restaurants offen angebotenen und noch immer häufig wohlfeilen *Magic Mushrooms* (halluzinogene Pilze) ist streng verboten!

Einkaufen

Wie Bali in vielerlei Hinsicht ein Paradies ist, so auch in Sachen Shopping, denn das Angebot an Kunsthandwerk ist hier unvergleichlich größer als in den meisten anderen Ländern. Obendrein bekommt man auch all das günstig, was irgendwo sonst in Indonesien produziert wird. Auch Waren mit dem Markenzeichen *made in Thailand* (was insbesondere für Imitationen jeder Art steht) sind mehr und mehr im Angebot, ebenso Antiquitäten (für die aber eine Exportgenehmigung erforderlich ist) und Stücke, die man dafür halten soll. Einen kleinen Einführungskurs in die »hohe Kunst des Handelns« finden Sie auf S. 60.

Elektrizität

220 Volt sind üblich, aber auch 110 Volt Wechselstrom sind (auf dem Land) noch zu finden und außerhalb der internationalen Hotels benötigt man fast immer einen Adapter für indonesische Steckdosen, den man am besten schon von zu Hause mitbringt.

Essen und Trinken

Ob Sie nun auf dem Zabuton-Kissen in einem japanischen Teehaus sitzen wollen, wo die Hostess am niedrigen Tisch dünnscheibige Steakstreifen wie Sukiyaki bereitet, oder uralte Eier im Schlamm oder Schwalbennestsuppen unter den gewölbten Zinnen eines chinesischen Restaurants einnehmen möchten, ob es indische Currys oder bayerische Leberknödel sind: Kuta und Sanur machen's möglich. Dort, aber auch in allen anderen Touristenzentren der Insel gibt es unzählige Restaurants. Doch vor allem anderen interessiert uns die indonesische bzw. balinesische Küche, zumal der Weg zum Verstehen eines Landes ja auch durch den Magen gehen soll. Und in Indonesien kann man, nach der Aussage von Experten, allein über 1600 archipelspezifische Gerichte versuchen.

Nicht alle sind auch auf Bali erhältlich, aber für eine kulinarische Entdeckungsreise, auf der Sie jeden Tag neue Gaumenfreuden kennenlernen können, reicht es. Lassen Sie sich auf das »Wagnis« ein, den Konservativismus der meisten Inselbesucher zu überschreiten. Beginnen Sie also den Tag auch einmal mit *pisang goreng*, gebratenen Bananen, die nirgends köstlicher schmecken als an einem Essstand.

Tang-Bauer auf Lembongan

Kosten Sie alles, was mit *nasi*, also Reis, zu tun hat: etwa **nasi goreng** (gebratener Reis mit Fleischstückchen und etwas Gemüse, köstlich gewürzt), **nasi rames** und **nasi campur** (Miniatur-Reistafeln, auf einem Teller vereint), nicht zu vergessen **nasi padang**. Delikat sind auch **sate** (kleine Fleischspieße in Erdnusssauce), **gado gado** (gedünstete Bohnensprossen mit Gemüse unter sämiger Erdnusssauce), **martabak** (Pfannkuchen mit geschnetzeltem Allerlei), **cap cai** (Reis-Fleisch-Gemüse-Pfanne) und die dicke Hühner-Reis-Suppe **bubur ayam**.

Auch Nudelgerichte bieten sich an und haben als solche stets *mee* oder *bakmi* im Namen, während alles, was mit *bebek* beginnt, auf Ente hindeutet: z. B. **bebek betutu** (geröstete Ente) oder **bebek panggang** (im Bananenblatt gegarte Ente). *Babi* steht für Schweinefleisch-Gerichte und **babi guling**, das geröstete Spanferkel, wird als Balis Spezialität gerühmt.

Vegetarier bevorzugen sicher Speisen aus **tahu** (bei uns: Tofu), falls nicht **tempe** (Sojabohnenblock). Zu jedem Essen nascht man **krupuk** (federleichte Fladen mit Fischgeschmack), würzt nach mit **sambal** (scharf-pikante Gewürzpaste) und **kecap**. Das ist kein Ketchup, sondern Sojasauce; die süße Variante heißt **kecap manis**.

Dazu trinkt man traditionell ein Gläschen **teh panas** oder **teh es** (heißer/kalter Tee), einen bitteren und bodensatzreichen **kopi** (Kaffee), **es kelapa muda** (eiskalte Kokosmilch) oder – Weltmeister im Durstlöschen – **air jeruk** (Limonen-/Orangensaft).

»Babi guling«, geröstetes Spanferkel, wird als Balis Spezialität gerühmt

Auch **bir** (Bier) ist überall erhältlich; *Bir Bintang* und *Anker* sind die bekanntesten Marken. Eher etwas für abends scheint **brem**, der balinesische Reiswein – *muda*, wenn er süßlich und wenig stark ist, *tuah*, wenn er schnell berauschend wirkt. Auch den Palmwein **tuak** muss man einmal gekostet haben; **arak** hingegen nicht unbedingt, denn dieses Destillat kann vom Geschmack her an flüssiges Schuhputzmittel erinnern.

Die **Preise** in den *warungs* (Essstände), *restoran* oder *rumah makan* (Restaurants) sind allgemein sehr niedrig (kaum ein Gericht kostet mehr als € 1, vieles ist für Cents zu bekommen) und selbst in den Restaurants der Touristenorte relativ günstig (im Durchschnitt € 1–2). Aus dem Rahmen fallen nur die Restaurants in Kuta und Sanur, wo man für ein Essen unverhältnismäßig tief in die Tasche greifen muss: Unter € 5 ist in besseren Lokalen kaum etwas Gutes zu bekommen. In den internationalen Top-Hotels wird man auch schnell mal umgerechnet € 20 oder € 30 los.

Wer sich als Gourmet versteht und auf kulinarische Entdeckungsreise gehen möchte, findet eine Auswahl der besten Restaurants von Bali sowie zahlreiche Links unter folgender Website: **www.balieats.com**.

Feiertage und Feste

Die meisten balinesischen Feiertage sind veränderlich, da sie sich nach dem 210 Tage umfassenden Mondkalender richten. Landesweit begangene Feiertage sind der **1. Januar** (Neujahrstag), der **30. Januar** (Geburtstag des Propheten Mohammed), der **17. August** (Unabhängigkeitstag), der **19. Oktober** (Tag der Beendigung der Wallfahrt nach Mekka der islamischen Pilger), der **10. November** (Tag der Helden) sowie der **25. Dezember** (Weihnachten).

Auf Bali gibt es so viele religiöse **Feste**, dass deren Aufzählung einen mehrseitigen Prospekt (*Calendar of Events Bali)* füllt, den man über die indonesische Botschaft sowie das Internet (s. »Auskunft«) und vom Informationsbüro in Kuta (s. S. 26) kostenlos bekommt.

Fotografieren

Die Balinesen lassen sich in der Regel gern fotografieren und insbesondere Kinder drängen sich immer wieder vor die Linse. Dennoch sollte man grundsätzlich um Erlaubnis bitten, bevor man auf den

Auslöser drückt (insbesondere bei älteren Menschen sowie generell bei religiösen Festen), und niemals sollte man sich für ein gemachtes Foto mit Geld bedanken (das oft, gerade von Kindern, verlangt wird).

Bei touristischen Sehenswürdigkeiten und Museen wird zusätzlich zum Eintrittsgeld häufig eine **Fotogebühr** verlangt.

Entwicklungslabors für Papierabzüge gibt es in allen touristischen Zentren ebenso wie **Internetcafés**, in denen man sich die Fotos von der Digitalkamera herunterladen und direkt auf CD brennen kann.

Frauen unterwegs

Auch für solo reisende Frauen stellt sich Bali als ein Paradies dar, denn die lästige Anmache seitens einheimischer Männer, die die Urlaubsfreude in so manchem Reiseland schmälern kann, ist hier die absolute Ausnahme. Die Würde der Frau gilt wie die des Mannes als unantastbar. Schon ein Hinterherpfeifen käme dem Brechen eines Tabus gleich; und wem nicht jegliche Sensibilität für das Gastland abgeht (wer also nicht nackt badet, keine aufreizende Kleidung trägt), wird hier kaum einen Anlass zur Klage finden. Dennoch ist Vorsicht gerade auf und nach Partys (vor allem im Großraum von Kuta/Legian) geboten, da es hier in der Vergangenheit schon zu Vergewaltigungen gekommen ist.

Geld/Devisen/Kreditkarten

Die indonesische **Währung** ist die Rupiah, sie verliert zunehmend an Kaufkraft; drastische Abwertungen im 2- bis 3-Jahresturnus sind normal, aber derzeit hat sich die Inflationsrate bei etwa 6 % eingependelt. Die Kurse lagen Anfang 2011 bei ca. 12 300 Rupiah für € 1 und 9500 Rupiah für 1 sFr. Weil sich diese Relationen so schnell ändern, sind die Preise in diesem Buch größtenteils in Euro oder US-Dollar angegeben.

Es gibt **Münzen** zu 25, 50, 100, 200, 500 und 1000 Rupiah sowie **Geldnoten** zu 500, 1000, 5000, 10 000, 20 000, 50 000 und 100 000 Rupiah. Beim **Umtausch** in den lizenzierten Wechselstuben (meist tägl. 9–20 Uhr geöffnet) und Banken (Mo–Fr 8–12 oder 8–14/15, Sa 8–11 Uhr) sollte man sich einen Teil des Betrages stets in kleinen Notierungen auszahlen lassen, denn auf 5000er- oder gar 50 000er-Scheine kann außerhalb der Touristenzentren kaum jemand herausgeben.

Dem Wechselkurs entsprechend ist Bali als Reiseland günstig. Außerhalb der Touristenzentren, wo die **Preise** der Kaufkraft der Gäste angepasst sind, ist es kein Problem, für 20 c ein Mittagessen, für € 3 ein Quartier für die Nacht zu bekommen. So gibt es Bali-Reisende, die mit € 15 pro Tag auskommen und dabei gar nicht mal schlecht leben. Mit dem doppelten Tagessatz kann man fast schon aus dem Vollen schöpfen. Wer der Rundreise dieses Buches folgt und dabei in Unterkünften der Mittelklasse nächtigt, kann inklusive Leihwagen, Benzin und aller Nebenkosten mit etwa € 50–70 pro Tag seinen Aufenthalt komfortabel bestreiten.

Für die Reisekasse bietet sich die Mitnahme von **Travellerschecks** an, die – für einen reinen Bali-Aufenthalt – auf Euro oder Schweizer Franken ausgestellt sein können. Nur wenn ein Besuch der Außeninseln (etwa Lombok, Sulawesi etc.) eingeplant ist, sollte man US-$-Schecks bevorzugen. Für Notfälle bietet es sich an, einen Teil des Reisebudgets in **Bargeld** mitzuführen (möglichst US-$ in kleinen Scheinen).

Mit **Kreditkarten** ist das Bezahlen von Rechnungen in den Touristenorten völlig problemlos, auch Barauszahlungen sind an vielen Bankschaltern möglich und außerdem stehen auf Bali Hunderte Geldautomaten zur Verfügung (auch bereits am Flughafen), an denen man sich sowohl mit Kreditkarten als auch mit den meisten **EC-Karten** (wenn mit Aufschrift »Maestro« etc. versehen) mit Bargeld versorgen kann.

Internet

Bali ist indonesienweit am besten im Internet vertreten. Die Landeskennung ist »co.id« bzw. »id«, auch »com«-Adressen sind üblich, die größte thailändische Suchmaschine ist www.google.co.id.

Die meisten Unterkünfte von der Mittelklasse an aufwärts bieten gegen Gebühr Internetzugang, auch WLAN ist weit verbreitet; je nach Hotel bezahlt man dafür etwa € 1–5 pro Stunde, so der Zugang (für Gäste) nicht kostenlos ist. Weit günstiger sind die in allen Touristenorten ansässigen Internetcafés, die allerdings zum Teil arg langsame Verbindungen haben und in Sachen Sicherheit oft einiges zu wünschen übrig lassen (weshalb man dort u. a. kein Internetbanking machen sollte).

Hibiskus geschmückte Tempelwächter

Kinder

Zuerst sollten Sie die Vorurteile bezüglich eines »schmutzigen Asiens« über Bord werfen und den üblichen Antisepsis-Wahn auf ein normales Maß reduzieren. Gelingt das, steht einer Familienreise nach Bali nicht mehr viel im Weg.

Kinder bis zu 2 Jahren ohne eigenen Sitzplatz fliegen in der Regel zu 10 % des offiziellen Tarifs der IATA (International Air Transport Association), obwohl es auch Fluggesellschaften gibt, bei denen sich die 10 % auf den Billigpreis beziehen. Für ältere Kinder wird ein Discount von 33–50 % gewährt, teils auf den IATA-, teils auf den Billigtarif. Für die Kleinsten stehen in allen Großraumflugzeugen Babybetten zur Verfügung, zumindest eine Toilette ist stets mit Wickeltisch ausgestattet, auch Pampers und Babynahrung sind erhältlich.

Unter dem Klimawechsel nach Ankunft haben die »Oldies« meist mehr zu leiden als die »Youngsters«, für die aber die Zeitverschiebung ein Problem darstellt. Es folgen ein paar halb durchwachte Nächte, aber die gehen vorüber. Wesentlich ist es, bei der Routenplanung die Bedürfnisse der Kinder zu berücksichtigen! Lange Bewegungsunfreiheit vermeiden, Ruhe und Natur am Meer und in den Höhenorten bekommen am besten. Die Betten in den Unterkünften sind in der Regel breit genug, auch eine 3- bis 4-köpfige Familie aufzunehmen. Für Kinder geeignetes Essen bekommt man in den Restaurants problemlos.

Die medizinische Versorgung ist zwar mangelhaft, aber mit etwas Umsicht und einer entsprechend bestückten Reiseapotheke kann man das wettmachen, solange sich keine – doch eher seltenen – ernsthaften Probleme einstellen. In allen größeren Ortschaften auf Bali stehen auch die üblichen Babypflegeartikel zur Verfügung, natürlich auch Babynahrung (meist von Nestlé) sowie Pampers. Gegen das Problem starker UV-Strahlung helfen ein Sonnenhut, ein Baumwollhemdchen und natürlich Schatten und Sonnenschutzmittel mit hohem Schutzfaktor.

Kleidung/Ausrüstung

Je weniger Sie von zu Hause mitnehmen, desto mehr können Sie von Bali mitbringen. Dieser Hinweis ist ernst zu nehmen, denn die meisten Touristen stehen am Ende ihrer Reise am Flughafen und versuchen verzweifelt, unhandliches und überschweres Handgepäck durch die Kontrollen zu schleusen. Die Temperaturen sind hoch, dünne Kleidung aus möglichst reiner Baumwolle ist Trumpf und für schmutzige

Wäsche gibt es in den meisten Unterkünften einen Waschservice.

Da man die meisten Tempelanlagen nur mit *sarong* (einheimischer Wickelrock) betreten darf (manchmal ist noch eine zusätzliche Schärpe notwendig, s. S. 45), empfiehlt es sich am Anfang der Reise einen solchen zu kaufen. Leiht man sich vor Ort einen Sarong, verpflichtet das jedes Mal zu einer Spende. Die Anschaffung lohnt sich also, kann man ihn doch auch als Rock im Haus oder am Strand tragen, sich damit zudecken oder abtrocknen (Frotteehandtücher werden bei dem Klima schlecht trocken und schnell muffig). Denken Sie unbedingt daran, neben lockerer Freizeitkleidung auch einen warmen Pullover (für die Höhenorte) sowie Regenzeug und eine ausreichende Menge an Filmen (sofern kein digitaler Apparat) einzupacken. Vor Ort nämlich sind sie nur in den Touristenzentren erhältlich und entpuppen sich oft als überlagert und/oder falsch gelagert. Empfehlenswert ist es auch, von zu Hause ein Moskitonetz mitzubringen, da die in den Budget-Unterkünften vorhandenen meist beschädigt sind. Für diesen Fall sollte man Klebeband im Reisegepäck haben.

Klima/Reisezeit

Das Wettergeschehen auf Bali (und Lombok) kennt nur zwei Jahreszeiten, die sich weniger hinsichtlich der Temperatur (durchschnittlich 27 °C) als vielmehr in der Niederschlagsmenge unterscheiden. Zwischen Anfang Mai und September regnet es an weniger als 5 Tagen im Monat, weil dann ein trockener, von Australien herüberwehender Wind meist sonniges Wetter beschert – es herrscht **Trockenzeit**. Als trockenste und auch kühlste Monate gelten Juli und August (Durchschnittstemperatur um 26 °C).

Die **Regenzeit** beginnt etwa im Oktober, erreicht im Dezember und Januar ihren Kulminationspunkt und klingt gegen März/April langsam aus. Aber auch während dieser Zeit kann man durchaus mit Sonnentagen rechnen, die Niederschläge gehen in aller Regel erst nachmittags (ab 16 Uhr) nieder, und überhaupt finden wir, dass eine Reise nach Bali im Winterhalbjahr viele Vorteile mit sich bringen kann: Die Insel ist üppig grün, die Luft selten dunstig, nie sieht man farbenprächtigere Sonnenuntergänge und auch die Wolkenbilder sind unvergesslich. Die hohe Luftfeuchtigkeit von bis zu 95 % wird jedoch manchem schier unerträglich.

Im Sommer erreicht die Feuchte oft nur um 70%, aber dann präsentiert sich das Land mitunter ziemlich trocken. Während der **Hochsaison**, insbesondere Juni/August, herrscht in den Touristenzentren teils drangvolle Enge, in den Hotels wird mit Preisaufschlägen gearbeitet und so manche Sehenswürdigkeit ist nur in einer Urlauberkolonne zu besichtigen. Noch voller aber ist es vielleicht während der **Weihnachtszeit**, wenn »halb« Australien herüberkommt.

Nyepi – ein Tag der Stille

Fruchtige Opfer für Götter und Dämonen

Zur Zeit der Tagundnachtgleiche im Frühling feiert die Insel das *Nyepi*-Fest (Neujahr), während dem die Balinesen die Teufel aus der Gemeinde vertreiben, um das neue Jahr frisch und rein beginnen zu können. Den letzten Morgen des alten Jahres verbringen die Männer bei Balis Nationalsport, dem Hahnenkampf; am Nachmittag werden Opfergaben an den Dorfweg-Kreuzungen dargebracht und in der Nacht macht man so viel Lärm wie nur möglich, um auch die letzten Dämonen zu vertreiben.

Aber erst der kommende Tag ist der eigentliche Festtag, der *Nyepi:* ein Tag der Stille, an dem keine Arbeit erlaubt ist, kein Feuer oder Licht brennen darf und, ganz wichtig auch für Touristen, keinerlei Straßenverkehr geduldet wird! Es verkehren also keine öffentlichen Transportmittel, auch als Selbstfahrer muss man einen Pausentag einlegen, ja nicht einmal ein Spaziergang ist erlaubt – nur an den Stränden kann man sich dann als Tourist ergehen.

Ausnahmen von diesen strengen Regeln gibt es nur in den Touristenzentren Kuta, Sanur und Nusa Dua, doch selbst dort sind dann nahezu alle Restaurants, Geschäfte etc. geschlossen, und wer zu *Nyepi* auf Bali ankommt bzw. abreist (es verkehren nur internationale Flüge), wird seine liebe Last haben, erst einmal ein Taxi zu finden.

Berücksichtigt man all dies, erscheinen die Monate Februar bis Mai und September bis November als optimal für einen Bali-Besuch. Wer auch die Zusatzangebote wahrnehmen, also die Außeninseln besuchen will, sollte dem Frühjahr den Vorzug geben, denn im Herbst und Winter ist eine Reise nach **Komodo** z. B. immer auch eine Reise ins Ungewisse (weil gigantische Regenmassen niedergehen, Flüge gestrichen werden, Schiffe nicht auslaufen können), wohingegen dort im Sommer Temperaturen bis über 40 °C die Regel sind.

Sulawesi präsentiert sich zwischen November und März meist vollkommen verregnet, als beste Reisezeit gelten dort April und Mai sowie Oktober, obwohl auch der Sommer empfohlen werden kann.

Medizinische Vorsorge/Ärztliche Versorgung

Impfungen sind nicht zwingend vorgeschrieben und, sofern man nur Bali als Aufenthaltsort in Indonesien einplant, auch nicht unbedingt erforderlich. Für einen Besuch von Komodo, Lombok und Sulawesi hingegen (Zusatzangebote) empfehlen Tropeninstitute prophylaktische Maßnahmen gegen Tetanus, Polio, Diphtherie, Typhus, Hepatitis A und vor allem gegen Malaria. Ein Beratungsgespräch beim Arzt ist zu empfehlen.

Wer bestimmte **Medikamente** regelmäßig einnehmen muss, sollte sie in ausreichender Menge

Kontakte mit freilaufenden Katzen sind aus gesundheitlichen Gründen zu vermeiden

mitführen. Im Übrigen sind die *Apotik* in den Touristenzentren sowie in Denpasar gut sortiert, alle gängigen Pharmazeutika sind erhältlich, werden meist rezeptfrei und wesentlich billiger als bei uns abgegeben.

Das **medizinische Niveau** der Ärzte auf Bali ist minimal. Nur in Denpasar sowie den Touristenzentren findet man solche, denen man sich anvertrauen möchte. Bei der Suche nach einem Arzt, der in der Regel auch Englisch spricht, wende man sich an das Hotelpersonal oder an das Tourist Office in Denpasar bzw. Kuta (s. S. 21 und 26).

Die wichtigsten **Vorbeugemaßnahmen** gegen Krankheiten lauten hier wie überall in Asien: Finger weg von Salaten, Speiseeis, Leitungswasser, Getränken mit Eiswürfeln und insbesondere auch ungeschältem Obst. Wer diese Regeln nicht einhält, hat selber Schuld und wahrscheinlich sehr bald eine Magen-Darm-Infektion, die als »Bali Belly« bekannt ist und ärztlich behandelt werden muss.

Auch sollte der **Mückenschutz** wegen der Gefahr des Denguefiebers ernst genommen werden.

Ferner empfiehlt das Auswärtige Amt wegen der seit 2005 auch bei Menschen vereinzelt aufgetretenen **Vogelgrippe** »Kontakte mit lebendem oder rohem Geflügel bzw. Vögeln zu vermeiden«. Dasselbe gilt für den Umgang mit freilaufenden Katzen.

Außerdem ist **HIV/Aids** »im Lande ein großes Problem und eine große Gefahr für alle, die Infektionsrisiken eingehen: ungeschützte Sexualkontakte, unsaubere Spritzen oder Kanülen und Bluttransfusionen können ein erhebliches, lebensgefährliches Risiko bergen«.

Arzt- und Krankenhauskosten sind zwar spottbillig nach unseren Maßstäben, man sollte aber trotzdem eine **Reisekranken- und Reiserückholversicherung** abschließen.

Notfälle

Ambulanz: ☎ 118
Polizei: ☎ 110
Touristenpolizei: ☎ (03 61) 75 21 10
Vorwahl Indonesien: 00 62
Vorwahl Deutschland: 00 49
Vorwahl Schweiz: 00 41
Vorwahl Österreich: 00 43
Sperrnummern für Karten: ☎ 00 49-11 61 16 oder ☎ 00 49-30 40 54 05 09 (gilt nur, wenn das ausstellende Geldinstitut angeschlossen ist, Übersicht unter www.116116.eu)
MasterCard: ☎ 00 49-69-79 33 19 10
VISA: ☎ 00 49-69-79 33 19 10

American Express: ℂ 00 49-69-97 97 10 00
Diners Club: ℂ 00 49-69-66 16 61 23
Bitte halten Sie Ihre Kreditkartennummer, Konto-
nummer und Bankleitzahl bereit!

Öffnungszeiten

Büros: Mo–Fr 8–16 bzw. 9–17 Uhr
Regierungsstellen: Mo–Do 8–15, Fr 8–11.30, Sa
(nicht überall, nicht jedes Office) 8–14 Uhr, So
geschl.
Banken: Mo–Fr 8–12, Sa 8–11 Uhr; viele Banken,
insbesondere in den Touristenzentren, haben aber
auch nachmittags geöffnet
Post: Mo–Do 8.30–14, Fr 8.30–11, Sa 8.30–13 Uhr,
So geschl.
Geschäfte: auf dem Land meist tägl. und durchge-
hend 8–20/21 Uhr, in den Touristenzentren tägl. 10–
21/22 Uhr, in den Städten Mo–Sa 8/9–20 Uhr

Post

Jeder Ort hat ein **Postamt** *(Kantor Pos dan Giro)*,
geöffnet in der Regel Mo–Do 8.30–14, Fr bis 11, Sa
bis 13 Uhr. Von den Touristenzentren Balis nach
Europa und umgekehrt benötigen **Luftpost**-Briefe
etwa 5 Tage, teils auch länger.

Pakete werden nur bis zu einem Gewicht von
10 kg befördert, müssen mit Packpapier umhüllt und
fest verschnürt sein. Per Luftpost versendet, benötigen sie ca. 2–3 Wochen.

Airmail heißt *Udara,* ein Einschreibebrief *Kilat
Khusus,* Express ist durch *Ekspres* kenntlich zu
machen, Deutschland als Adressland durch *Jerman,
Swis* steht für die Schweiz, *Austria* für Österreich
und *Belanda* für Holland.

Presse, Radio und Fernsehen

Aktuelle deutsch- und englischsprachige **Zeitun-
gen** und **Magazine** (mitunter zensiert) werden in
den Touristenzentren Kuta/Legian, Sanur, Nusa Dua
und Ubud überall angeboten und dort sowie in Denpasar, Candi Dasa und am Lovina Beach ist die englischsprachige »Jakarta Post« erhältlich.

Nachrichten in deutscher Sprache sendet die
Deutsche Welle. Wer wissen will, wann auf welcher
(Kurzwellen-)Frequenz was ausgestrahlt wird, soll-
te die Sendeanstalt kontaktieren: Deutsche Welle,
Kurt-Schumacher-Str. 3, D-53113 Bonn, ℂ (02 28)
42 90, www.dw-world.de.

Die meisten Hotels verfügen über Satelliten-TV
und übertragen CNN, BBC, Deutsche Welle sowie
diverse Sport- und Musiksender.

Sicherheit

Im Vergleich mit anderen Urlaubsgebieten – seien
dies solche in Asien, Amerika oder Europa – steht
Bali in puncto Sicherheit sehr gut da, das heißt: Kri-
minelle Delikte kommen vor, aber alles in allem sind
an Touristen begangene Verbrechen (noch) kein
Thema. Die Ausnahme bildet Kuta, wo die sichtbare Kluft zwischen reichen, vergnügungswilligen
Ausländern und armen, arbeitenden Einheimischen
der Kriminalität extrem Vorschub leistet. Waren hier
noch vor wenigen Jahren Verbrechen völlig unbekannt, so ist heute Einbruch längst an der Tagesord-
nung, auch Gewaltverbrechen häufen sich in
beängstigendem Maße, und kaum eine Hotelanlage
kann es sich mittlerweile noch erlauben, auf bewaff-
netes Wachpersonal zu verzichten. Ein Restrisiko
bleibt, insbesondere bei nächtlichen Spaziergängen
und in öffentlichen Verkehrsmitteln (Taschendieb-
stahl). Die nachfolgenden Tipps sollen helfen, dem
Dieb so wenige Chancen wie möglich zu lassen:

Wenig Bargeld mit sich herumtragen und wenn,
dann auf verschiedene Taschen verteilt; Kameras,
Uhren und Schmuck nicht provokativ zur Schau
stellen; Wertgegenstände im Hotelsafe deponieren;
Fenster, Balkontüren schließen, wenn man die Unterkunft verlässt; Schultertaschen quer (Riemen
schräg über die Brust) und auf der straßenabge-
wandten Seite tragen (sie kommen oft per Motorrad).
Schließlich sollte man nächtliche Spaziergänge vermeiden. Wenn dennoch etwas passiert, raten Polizei
und Reisefachleute keinen Widerstand zu leisten,
besonders wenn die Gauner bewaffnet sind.

Sportliche Aktivitäten

Surfen:
Bali gilt als eine der besten Surfregionen der Welt.
Das »Mekka« der Brettpilger sind unbestritten Kuta
und Legian sowie Suluban Beach bei Ulu Watu und
Jimbaran Beach – beide auf der Halbinsel Bukit
Badung. Surfsaison ist das ganze Jahr über und in

Kuta und Legian vermieten zahlreiche Surfshops die erforderliche Ausrüstung. Am Strand kann man Brett etc. bei den Wachtürmen der Seerettung ausleihen. Pro Tag werden um € 8–10 pro Board verlangt, bei Wochenmiete ist es bis 50 % billiger. Auch organisierte Surftouren werden angeboten (Infos über Surfshops). Top-Infos zum Surfen bietet die Website www.bali.com.

Schnorcheln:
Die schönsten Schnorchelgründe finden sich bei Padang Bai, vor Lovina Beach sowie – aber nicht so spektakulär – vor Sanur und Nusa Dua; außerdem natürlich auch in den unter Tauchern beliebten Regionen. Equipment kann man vor Ort überall ausleihen.

Tauchen: Es gibt kaum einen Strand ohne Tauchschule. Die Reviere stehen in ihrer marinen Vielfalt den berühmten Tauchgründen z. B. von Malaysia und Thailand um nichts nach. Man kann Kurse belegen (Abschluss mit international anerkanntem Zertifikat) und jeden Tag werden Exkursionen zu den sehenswertesten Riffs unternommen. Ein Tauchkurs mit Zertifikat kostet rund € 300, die Tauchexkursionen (inkl. Anfahrt, Verpflegung, Boot, 2 Tauchgänge) ca. € 100, eine 7-tägige Tauchrundreise zu den schönsten Tauchgründen der Insel inkl. Transport und Unterkunft um € 650 (beispielsweise

Vor der Küste von Nord-Sulawesi: juveniler Gelber Kofferfisch

bei der deutschen Tauchbasis Paradise Diving, www. divingbali.de).

Nicht alle Tauchbasen können uneingeschränkt empfohlen werden. Oft entpuppt sich das Equipment als lebensgefährlich vernachlässigt und der *Dive Master* als Anfänger mit recht dubiosem Ausbildungszertifikat. Wer diese Risiken ausschalten will, sollte sich an die Tauchbasen der Top-Hotels oder das Tauchzentrum Alam Anda (s. S. 49) wenden – oder sich im Internet informieren: *Die* Website für Taucher ist www.starfish.ch/tauchen/info/Bali-info.html. Hier findet man alle Tauchreviere sowie ausgesuchte Tauchschulen. V. a. die PADI-Tauchzentren gelten als Spitzenreiter in Sachen Sicherheit.

Adventure Tours:
Organisierte Adventure Tours gibt es auch auf Bali, angeboten werden u. a. Jungle Mountain Trekking (US-$ 50), Mountain Cycling (mit MTB; US-$ 55) sowie insbesondere White Water Rubber-Rafting à la Colorado River (US-$ 60–115). Es gibt zahlreiche Anbieter, Broschüren liegen in allen besseren Herbergen aus, Infos erhält man auch über die Reisebüros. Größter Anbieter ist **Bali Adventure Tours** (Adventure House, Jl. By Pass Ngurah Rai, Pesanggaran, © 03 61-72 14 80, Fax 03 61-72 14 81, www.baliadventuretours.com).

Umfassende Informationen über entsprechende Angebote und Anbieter auf Bali bieten vor allem folgende Seiten: www.bali.com, www.bali-paradise.com, www.bali-thepages.com.

Sprachführer

»Bicara bahasa bali?« – Sprechen Sie/ sprichst Du Balinesisch? – diese Frage hört man nie auf Bali, denn das Balinesisch ist außerordentlich kompliziert, bedient sich nicht lateinischer Buchstaben und scheidet sich in mehrere, vollkommen unterschiedliche Sprachebenen. D. h., ein Bauer spricht anders zu einer Autorität als zu Seinesgleichen, ein Schüler anders mit dem Lehrer als mit seinen Eltern, ein Normalsterblicher kennt nicht einmal das Vokabular, das für eine Konversation mit einem Hochgeborenen (z. B. Brahmanen) erforderlich wäre.

So bleibt Englisch, und wer es beherrscht, wird auf Bali wohl kaum Schwierigkeiten mit der Verständigung haben: Jeder, der irgendwie mit Tourismus zu tun hat, spricht die *Lingua franca* Asiens, die ja auch in den Schulen unterrichtet wird.

Dennoch hört man – insbesondere auf dem Land – immer wieder »Bicara bahasa indonesia?« – Sprechen Sie Indonesisch – die Einheitssprache, ein modernisiertes Malaiisch, des über 400 Sprachen kennenden Staates. – »Tidak« (nein), wenn nicht »no«, lautet meist die Antwort. Was bleibt, ist ein freundliches Gegenüber, ein lächelndes Gesicht, das sich mangels Konversationsmöglichkeiten aber meist schnell abwenden wird. Ein »sedikit« (ein wenig) als Antwort ist schon eine echte Chance, Neues zu entdecken; mit einem schlichten »ya« (ja) öffnen sich Welten, die dem durchschnittlichen Reisenden stets verborgen bleiben.

Das »Nein« ist ein Negativum und eine Last, die auf Dauer wesentlich schwerer zu tragen ist als die »Bürde«, sich vor und während der Reise ein wenig mit dem Indonesischen zu beschäftigen. Denn ein bisschen reicht schon, um vor Ort täglich mehr zu lernen, um für den einfachen Mann auf der Straße, den nicht Englisch sprechenden Balinesen, als Mensch fassbar zu werden, mehr zu sein, als nur ein gesichtsloser Devisenbringer aus dem seligen Westen.

Noch einen anderen Grund gibt es, die Sprache zu erlernen: Sie gehört zu den am meisten verbreiteten Sprachen auf der Welt und gilt obendrein als eine ihrer leichtesten! Grammatische Regeln gibt's in der Umgangssprache nur wenige, und die sind obendrein simpel. Keine Deklinationen, keine Konjugationen, keine Tempora, keine Präpositionen, keine …! Lediglich die Vokabeln muss man lernen, und diese werden (von Ausnahmen abgesehen) wie im Hochdeutschen ausgesprochen. Die Schriftzeichen sind die lateinischen, auch Lesen ist also kein Problem.

Betonung und Aussprache

Bei der Betonung ist lediglich zu berücksichtigen, dass normalerweise die vorletzte Silbe betont wird. Ausnahme: Hat die letzte Silbe ein *e*, so wird diese auch betont. Die Aussprache der Vokale und Konsonanten entspricht dem Deutschen mit folgenden Besonderheiten:
– *c* wie »tsch« in »klatschen«
– *e* wie »e«, wird aber, zwischen 2 Konsonanten stehend, häufig verschluckt (so wird aus dem geschriebenen Wort *sekerang* das gesprochene »skarang«)
– *j* wie »dsch« in »Dschungel«
– *ngg* wie »ng«
– *ny* wie »nj«
– *p* häufig wie »f«
– *r* stets rollend
– *s* wie »ß«, immer scharf
– *y* wie »j«

Bali ist als Paradies der Wellen- und Windsurfer bekannt: Die besten Plätze sind Kuta und Ulu Watu

Begriffe und Wendungen

Zahlen

0	–	*kosong*
1	–	*satu*
2	–	*dua*
3	–	*tiga*
4	–	*empat*
5	–	*lima*
6	–	*enam*
7	–	*tujuh*
8	–	*delapan*
9	–	*sembilan*
10	–	*sepuluh*
11	–	*sebelas*
12	–	*duabelas*
13	–	*tigabelas*
14	–	*empatbelas*
15	–	*limabelas*
16	–	*enambelas*
17	–	*tujuhbelas*
18	–	*delapanbelas*
19	–	*sembilanbelas*
20	–	*dua puluh*
21	–	*dua puluh satu*
22	–	*dua puluh dua*
30	–	*tiga puluh*
31	–	*tiga puluh satu*
40	–	*empat puluh*
50	–	*lima puluh*
60	–	*enam puluh*
100	–	*seratus*
110	–	*seratus sepuluh*
124	–	*seratus dua puluh empat*
200	–	*dua ratus*
300	–	*tiga ratus*

Service von A–Z

1 000	–	*seribu*
1 457	–	*seribu empat ratus lima puluh tujuh*
2 000	–	*dua ribu*
10 000	–	*sepuluh ribu*
100 000	–	*seratus ribu*
1 Million	–	*sejuta*

Zeitbegriffe

Wochentage

Montag	–	*hari senen*
Dienstag	–	*hari selasa*
Mittwoch	–	*hari rabu*
Donnerstag	–	*hari kamis*
Freitag	–	*hari jumat*
Samstag	–	*hari sabtu*
Sonntag	–	*hari minggu*

Monate

Januar	–	*bulan januari*
Februar	–	*bulan pebruari*
März	–	*bulan maret*
April	–	*bulan april*
Mai	–	*bulan mei*
Juni	–	*bulan juni*
Juli	–	*bulan juli*
August	–	*bulan augustus*
September	–	*bulan september*
Oktober	–	*bulan oktober*
November	–	*bulan nopember*
Dezember	–	*bulan desember*

Allgemeine Angaben

heute	–	*hari ini*
morgen	–	*hari besok*
übermorgen	–	*hari lusa*
gestern	–	*kemarin*
jetzt	–	*sekerang*
gleich	–	*sebentar*
später	–	*nanti*
früher	–	*tadi*
Datum	–	*tanggal*
Minute	–	*menit*
Stunde	–	*jam*

Tag	–	*hari*
Woche	–	*minggu*
Monat	–	*bulan*
Jahr	–	*tahun*
Vormittag	–	*pagi*
Mittag	–	*siang*
Nachmittag	–	*sore*
Abend/Nacht	–	*malam*
Wie spät ist es?	–	*Jam berapa?*
Es ist 7 (19) Uhr.	–	*Jam tujuh pagi (malam).*

Pronomen

ich	–	*saya*
du	–	*anda* (bzw. höflich: *saudara*)
er, sie, es	–	*dia*
wir	–	*kita* (inkl. dem Angesprochenen), *kami* (ohne den Angesprochenen)
ihr	–	*anda* bzw. *saudara*
sie	–	*mereka*
mein	–	*saya* (etwa mein Reis: *saya nasi*)
dein	–	*anda* bzw. *saudara*
sein, ihr	–	*dia*
unser	–	*kami* bzw. *kita*
euer	–	*anda* bzw. *saudara*
ihr	–	*mereka*

Allgemeines

Guten Morgen	–	*selamat pagi*
Guten Mittag	–	*selamat siang*
Guten Nachmittag	–	*selamat sore*
Guten Abend	–	*selamat malam*
Gute Nacht	–	*selamat tidur* (schlaf gut)
Auf Wiedersehen	–	*selamat jalan* (gute Reise: sagt, wer bleibt) oder *selamat tinggal* (gutes Hier- bleiben: sagt, wer geht)
Willkommen	–	*selamat datang*
Wie geht's?	–	*Apa khabar?*
danke gut	–	*khabar baik*
Darf ich fotografieren?	–	*Apakah saya boleh memotret?*
bitte	–	*silakan*
danke	–	*terima kasih*
nichts zu danken	–	*sama sama*
Entschuldigung	–	*maaf*
macht nichts	–	*tidak apa apa*

ja/nein – ya/tidak
Sprechen Sie/ – Bicara bahasa ing-
Sprichst Du Eng- geris / indonesia?
lisch/Indonesisch?
Ich spreche kein – Saya tidak bicara bahasa
Englisch/Indonesisch inggeris/indonesia
Wie heißt Du/ – Siapa nama?
heißen Sie?
Ich heiße … – Nama saya ...
Woher kommst Du/ – Dari mana?
kommen Sie?
aus Deutschland – saya datang dari Jerman
Wohin willst Du? – Mau ke mana?
Ich will nach … – Saya mau ke ...
Bitte helfen Sie mir! – Harap tolong saya!

Bank/Post/Behörden/Polizei

Bank – bank
Geld – uang
wechseln – tukar
Kurs – harga
Postamt – pejabat pos oder kantor pos
Brief – surat
Postkarte – pos kad
Paket – paket
Briefmarke – stem
Telefon – telepon
Telegramm – tilgram
Express – ekspres
Name – nama
Adresse – alamat
Geburtsort – tempat lahir
Geburtsdatum – tanggal
Alter – umur
Nationalität – kebangsaan
Religion – agama
Ausweis – paspot oder paspor
verheiratet/ledig – kahwin/bujang
Polizei – polisi
Ich wurde bestohlen. – Saya kecurian.
Dieb – pencuri
Diebstahl – pencurian
einbrechen – ambruk
Versicherung – assuransi

Unterkunft

Hotel – hotel
Zimmer – bilek oder kamar
Haben Sie freie – Ada kamar kosong?
Zimmer?

Ich möchte das – Saya mau lihat kamar.
Zimmer sehen.
Was kostet das – Berapa harga untuk
Zimmer? kamar ini?
Ich nehme das – Saya mau kamar ini.
Zimmer.
Hier sind Mücken, – Disini nyamuk ada,
bitte sprühen Sie/ tolong menyempro kamar
Sie mein Zimmer. – saya.
Kann ich ein – Ada kelam bu?
Moskitonetz haben?
Bett – tempat tidur
Kissen – bantal
Decke – selimut
Laken – seperai
Ventilator – kipas angin
Air-conditioning – berhawa dingin
Badezimmer – kamar mandi
Wo ist die Toilette? – Dimana ada kamar
kecil?
sauber machen – bikin bersih
Schlüssel – kunci

Einkaufen

Markt – pasar
Geschäft – toko
Buchladen – toko buku
Drogerie – toko obat
kaufen – beli
verkaufen – jual
Ich möchte … – Saya mau ...
Wie teuer ist das? – Berapa harga ini?
Das ist zu teuer – Terlalu mahal
Der normale Preis – Harga biasa ...
ist …
billig – murah
Qualität – kwalitet
gut – baik
schlecht – kurank baik

Öffentliche Verkehrsmittel

Bus – bis
Nachtbus – bis malam
Busbahnhof – setasiun bis
Flugzeug – kapal terbang

Wo liegt/finde ich …? – *Dimana ada …?*
Ich will von hier – *Saya mau dari sini ke?*
nach …

Service von A–Z

Flughafen – *lapangan terbang*
Schiff – *kapal laut*
Taxi – *teksi*
Abfahrt – *keberangkatan*
Ankunft – *kedatangan*
Gepäck – *barang barang*
Gibt es einen
Bus nach …? – *Ada bis ke …?*
Ist das der
Bus nach …? – *Bis ini ke …?*
Wo finde ich den – *Dimana ada biske …?*
Bus nach …?
Ticket – *tiket*
Wo kann ich ein – *Dimana saya bisa beli*
Ticket kaufen? *tiket?*
Wie teuer ist das? – *Berapa harga ini?*

Unterwegs

Norden – *utara*
Süden – *selatan*
Osten – *timur*
Westen – *barat*
geradeaus – *langsung*
rechts – *kanan*
links – *kiri*
Dorf – *kampung*
Stadt – *kota, bandar* oder
pekan
Straße – *jalan*
Markt – *pasar*
Nachtmarkt – *pasar malam*
Brücke – *jambatan*
Tempel – *candi*
Meer – *laut*
See – *danau,*
balinesisch: *danu*
Strand – *pantai*
Insel – *pulau*
Berg – *gunung*
Hügel – *bukit*
Fluss – *sungai*
Wasserfall – *air terjun*
Wald – *hutan*
Höhle – *goa*
Wie weit ist es bis …? – *Berapa lama ke …?*
Ist dies der Weg – *Jalan ini ke …?*
nach …?

Kleines Küchenvokabular

Allgemeines

Restaurant – *rumah makan, restoran,*
warung (Essensstand)
Speisekarte – *daftar*
Essen – *makanan*
essen – *makan*
Trinken/Getränk – *minuman*
trinken – *minum*
Ich möchte essen/ – *Saya mau makan/minum*
trinken
Frühstück – *makan pagi*
Nachtmarkt – *pasar malam*
Essensstand – *warung*
Restaurant – *restoran*
Kellner – *pelayan*
Haben Sie …? – *Ada …?*
Ich möchte zahlen. – *Saya mau membayar.*
Rechnung – *bil*
Chilisauce – *sambal*
Salz – *garam*
Zucker – *gula*
Pfeffer – *lada hitam*
Teller – *piring*
Löffel – *sudu* oder *sendok*
Gabel – *garpu*
Messer – *pisau*
Tasse – *cawan*
Glas – *gelas*
heiß – *panas*
kalt – *dingin*
scharf – *pedas*
süß – *manis*
sauer – *asam*
salzig – *asin*
gebraten – *goreng*
gekocht – *rebus*

Speisen und die gängigsten Gerichte

Nudeln – *mee*
gekochte Nudeln – *mee rebus*
Nudelsuppe – *mee sop*
Reis – *nasi putih*
gebratener Reis – *nasi goreng*
Kartoffeln – *kentang*
Gemüse – *sayur*
Brot (Fladenbrot) – *roti*

192

Pfannekuchen	– murtabak	Mango	– mangga
Fleisch	– daging	Mangosteen	– manggis
Rindfleisch	– daging sapi	Papaya	– pepaya

Pfannekuchen	– murtabak
Fleisch	– daging
Rindfleisch	– daging sapi
Schweinefleisch	– daging babi
Hühnerfleisch	– daging ayam
Ziegenfleisch	– daging kambing
Entenfleisch	– daging bebek
Fisch	– ikan
Krabben	– udang
Hummer	– udang karang
Austern	– tiram
apitan	– Muscheln
ayam golek	– gegrilltes Hühnchen mit Kokosnusssauce
chap chai	– gebratenes Gemüse mit Fleischeinlage
fu yung hai	– Fleisch-/Gemüseomelett
gado gado	– mit kalter Erdnuss-sauce angemachter Salat
mee	– Nudeln
mee goreng	– gebratene Nudeln
mee sop	– Nudelsuppe
martabak	– Pfannekuchen mit Gemüse-, Ei-, Fleischfüllung
nasi	– Reis
nasi putih	– gekochter Reis
nasi goreng	– gebratener Reis
nasi campur	– kleine »Reistafel«
nasi sayur	– Reis mit Gemüse
nasi kerab	– Reis mit Gemüse und Gewürzmischung
roti	– Brot
sate	– marinierte und gegrillte Fleischstückchen am Spieß
soto ayam	– Hühnersuppe
telur rebus	– gekochtes Ei
telur goreng	– gebratenes Ei
telur mata sapi	– Spiegelei

Früchte (s. auch S. 72)

Frucht	– buah
Fruchtsalat	– buah buahan
Ananas	– nanas
Apfel	– apel
Apfelsine	– jeruk manis
Banane	– pisang
Durian	– durian
Erdbeere	– arbai
Jackfrucht	– nangka
Kokosnuss	– kelapa
Limone	– jeruk asam

Getränke

Wasser	– air
Trinkwasser	– air minum
Orangensaft	– air jeruk
Kokosnussmilch	– air kelapa
Kakao	– coklat
Kaffee	– kopi
Tee	– teh
mit/ohne Zucker	– manis/tanpa manis
mit/ohne Milch	– susu/tanpa susu
Zuckerrohrsaft	– tebu
Bier	– bir
Reisschnaps	– arak
Palmwein	– tuak
Reiswein	– brem

Telefonieren

Geduld und Rupiah-Münzen sind es, die man reichlich benötigt, versucht man **insulare und nationale** Gespräche von öffentlichen Telefonen *(Telepon Umum)* aus zu führen. Auch das Prozedere will gekonnt sein, denn man wählt mit abgenommenem Hörer die gewünschte Nummer, wirft aber erst, doch dann ganz schnell, das Geld ein, wenn sich der Teilnehmer meldet, und füllt bei jedem Signalton sofort weitere Münzen nach, weil sonst unterbrochen wird. Fazit: Möglichst nur vom Hotel aus telefonieren bzw. von den Kartentelefonen, die zusehends die Münzfernsprecher ersetzen, teils auch Auslandsgespräche ermöglichen und vereinzelt auch mit Kreditkarten funktionieren.

Und auch nicht verzweifeln, wenn sich die in diesem Buch angegebenen Nummern mal als falsch erweisen sollten: Sie ändern sich schnell auf Bali, ein Telefonbuch schafft manchmal Verwirrung, die Auskunft (✆ 108) hingegen weiß stets Rat.

Internationale Gespräche funktionieren im Gegensatz zu den nationalen außerordentlich gut. Von den Zimmertelefonen der meisten Hotels aus kann man direkt durchwählen (✆ 00 43 für Österreich, ✆ 00 41 für die Schweiz, ✆ 00 49 für Deutschland). In den Touristenzentren werden mehr und mehr ultramoderne Kartentelefone errichtet, wie auch in jeder größeren Ortschaft Telekommunikationszentren (*Kantor Telepon, PERUMTEL oder WARTEL*) zu finden sind, von wo aus auch gefaxt werden kann.

Mit Abstand am günstigsten (ab etwa 30 c) telefoniert man heute mit einer der zahlreich angebotenen **Prepaid Telephone Cards**, die man bereits vor Abflug zu Hause oder auf Bali in den Supermärkten, Shops und Kiosken der Touristenzentren erstehen kann.

Mobiltelefone sind in Indonesien weit verbreitet. Die Netzabdeckung ist in den meisten Regionen Balis ausgezeichnet, auf Lombok hingegen nur im Westen gut und in Süd-Sulawesi lediglich in den größeren Ortschaften. Man kann Telefone mit den Systemen GSM 900 sowie auch GSM 1800 verwenden.

Trinkgeld

Trinkgeld kann manchmal Unmögliches möglich machen. Doch nicht nur das sollte man bedenken, sondern auch: Für viele Erwerbstätige auf Bali sind Trinkgelder die eigentliche Verdienstquelle, denn der reguläre Lohn ist oft so niedrig, dass er einen nicht am Leben erhalten kann.

Unterkunft

Von der romantischen Palmwedelhütte mit Hängematte bis hin zum Traumhaus, gestaltet in klassisch balinesischer Holzarchitektur und ausgestattet mit allen Finessen einer Suite im Hilton: Der Bali-Reisende kann aus einem extrem breit gefächerten Angebot an Unterkünften wählen. Wie bei so vielen Dingen auf dieser Insel bietet auch das gewählte Quartier in aller Regel einen ausgezeichneten Gegenwert für den bezahlten Preis, der zwischen € 3 und weit über € 500 pro Nacht liegen kann.

Die günstigsten Unterkünfte tragen den Namen *Losmen* oder *Homestay,* vom Zimmer blickt man meist in einen Garten, unter der Decke kreist der Ventilator, ein Moskitonetz hält Plagegeister fern und auf der Terrasse wird morgens das Frühstück serviert – meist bestehend aus Fruchtsalat, Toast,

Tee oder Kaffee und normalerweise im Preis inbegriffen. Die Vermieter pflegen eine familiäre Atmosphäre, es kommt auch vor, dass der Gast zu Festen und Feierlichkeiten eingeladen wird. Ein solches »Pauschalangebot« kostet dann so ab € 3; im Durchschnitt für 2 Personen aber eher um € 5–15.

Doch es gibt auch Häuser dieser Kategorie, die den Komfort eines Mittelklassehotels bieten, auch Aircondition, und der Preis beträgt dennoch nicht mehr als € 20. – Diese liegen dann aber auf dem Land bzw. in den weniger mondänen Touristenzentren. In Kuta werden auch »Löcher« für viel Geld vermietet, das Preisniveau hat sich mehr oder weniger einem mitteleuropäischen Standard angepasst. In noch stärkerem Maße gilt dies für Sanur, das »St. Tropez Balis« (wo alle Häuser hohem/höchstem internationalen Standard/Preisniveau entsprechen), und wiederum gesteigert für Nusa Dua, wo sich der Jetset ein Stelldichein gibt.

Eines aber ist allen Unterkünften gemeinsam, den billigsten wie den teuersten: Kein Zimmerpreis ist fix, wer nicht handelt, verschenkt Geld. Insbesondere außerhalb der Hauptreisezeiten werden nicht selten 30% Rabatt und mehr gewährt. Da der Tourismus in Indonesien bereits seit mehreren Jahren stagniert und sogar auf Bali die Hotelkapazitäten in der Regel noch nicht einmal zu 75% ausgelastet sind, kann man selbst in den (eigentlich eher teuren) Touristenorten Rabatte auf Zimmerpreise herauszuhandeln, die bis unter 50% (!) der regulären Tarife liegen. Insbesondere die Spitzenhotels werden so teilweise konkurrenzlos billig. Auch wer vor Anreise online bucht, kann bis zu 60% Ermäßigung bekommen.

Neben der Buchung per E-Mail und den bereits unter »Auskunft« genannten Internetadressen bieten sich folgende Websites für **Hotel-Informationen** und **Online-Buchungen** an:

www.balihotels.com
www.bali-hotels-resorts.com
www.balivillas.com
www.hotels-bali.com
www.budgetbali.com (eher günstige Unterkünfte mit Preisen ab etwa US-$ 10).

Abschließend noch folgende Hinweise: In den preisgünstigen Quartieren gibt es oft anstelle einer Dusche ein Wasserbecken mit Schöpfkelle *(kamar mandi).* Damit das Wasser auch für den nächsten Gast frisch bleibt, sollte man weder Füße noch Wäsche im Becken waschen.

Generell können 10–25 % Aufschlag für Steuern und Service erhoben werden.

Während der Saison ist es stets sinnvoll, ein Zimmer zumindest ein bis zwei Tage im Voraus zu reservieren.

Öffentliche Verkehrsmittel:

Die Insel ist klein, *Bemos* (Minibusse) bringen einen von einem Ort zum anderen. Verkehrsknotenpunkt ist Denpasar mit seinen sechs zum Teil weit auseinanderliegenden Stationen, zwischen denen Bemos (für 5000 Rupiah) hin und her pendeln. Die **Batubulan-Station** ist für den Osten und Norden zuständig, also u. a. für Ubud, Klungkung, Bangli, Candi Dasa, Padang Bai, Amlapura, Kintamani/Penelokan und Singaraja. Von der **Ubung-Station** (Norden und Westen) geht es u. a. nach Gilimanuk, Tabanan, Mengwi, Bedugul sowie ebenfalls nach Singaraja. **Tegal** ist für den Süden (Kuta, Flughafen, Nusa Dua) zuständig; von der **Kereneng**-Station aus wird nur Sanur angefahren.

Fahrzeugmiete:

Für die Miete eines Autos oder Motorrads wird in Indonesien der Internationale Führerschein verlangt. Auf Bali – aber auch nur dort – kann man einen für Motorräder gültig geschriebenen (und nur auf Bali gültigen) Führerschein innerhalb weniger Stunden erwerben (der Vermieter bringt einen zur »Fahrschule«).

Leihwagen und Leihmotorräder werden in allen balinesischen Touristenzentren zuhauf angeboten, aber in Kuta/Legian ist das Angebot am größten und sind die Fahrzeuge – aufgrund der starken Konkurrenz – auch am günstigsten (die Preisersparnis beträgt bis zu 50 %).

Motorräder, des Touristen liebstes Vehikel auf Bali, gibt es sowohl in Enduro- als auch Straßenversion (meist 125er Honda, Yamaha etc.), und die Kosten belaufen sich auf maximal rund € 5/Tag, bei längerer Mietdauer bekommt man so ein Gefährt auch problemlos ab etwa € 3/Tag. Es besteht Helm- und auch Versicherungszwang, die Police kostet um € 12/Woche.

Auch **Leihwagen** sind spottbillig; Vollkasko-Versicherung *(All risks insurance)* ist obligatorisch und sollte im Preis enthalten sein (Police zeigen lassen, Versicherungsbedingungen genau durchlesen). Gewöhnlich legt der Vermieter zuerst einen Vertrag vor, der eine Selbstbeteiligung des Mieters im Falle von Unfall oder Diebstahl (US-$ 300 bis 500) vorsieht. Oft wird sogar eine Zusatzversicherung angeboten, die manchmal pro Tag mehr als die ganze Automiete betragen kann. Durch Verhandeln erreicht man aber häufig die ersatzlose Streichung der Selbstbeteiligungsklausel.

Beliebtestes (und für Bali optimales) Gefährt ist der Suzuki-Allradjeep (4 Sitzplätze), der in seiner Planendachversion ab € 20/Tag kostet, bei Wochenmiete oft ab ca. € 15/Tag zu bekommen ist. Das rundum geschlossene Modell, dann meist mit Aircondition ausgestattet, ist bei Tagesmiete ab etwa € 25 zu haben. – Dies die Preise in Kuta; in Sanur sind sie teils bis doppelt so hoch, am teuersten aber in Nusa Dua. Kaution kann verlangt werden, wird aber meist nicht.

Vor Hinterlegung eines Passes (was vereinzelt gefordert wird) ist dringend zu warnen. Zu berücksichtigen ist noch, dass die meisten Mietfahrzeuge nur für Bali zugelassen sind, nicht für Fahrten nach Lombok oder Java; solche Gefährte sind selten zu finden und stets teuer.

Dass man sich den Mietwagen vor Übernahme genau ansieht, sollte selbstverständlich sein. Bei einem Schaden ist der Vermieter zu verständigen, der dann kommt, um den Fehler zu beheben oder ein Ersatzfahrzeug zur Verfügung zu stellen. Es ist auch problemlos möglich und unvergleichlich billig, den Mietwagen z. B. nicht an der Verleihstation wieder zu übergeben, sondern abholen zu lassen – das kostet maximal um € 20.

Nachfolgend einige Adressen empfehlenswerter Verleihfirmen:

Bali Car Rentals
Jalan Tunjung Sari 69
80117 Denpasar
✆ (03 61) 41 14 99
www.balicarrentals.com
Niederlassungen in den Touristenzentren, auch am Flughafen.

Hire Bali Car
Jalan Raya Sayan
80571 Ubud
✆ (03 61) 780 09 23
Fax (03 61) 97 49 23
www.hirecarbali.com
Allerbeste Fahrzeuge, günstige Preise, vermietet auch Wagen mit Chauffeur.

Bima Sakti Car Rent
Poppies I
80361 Kuta
✆ (03 61) 313 14 11
www.balicarrent.com
Gepflegte Fahrzeuge, vermietet auch Wagen mit Chauffeur.

Kuta International
Jl. Legian 1, 80361 Kuta
© (03 61) 75 10 02, www.balibestrate.com
Vermietet auch Wagen mit Chauffeur.

Leihwagen mit Chauffeur:
Wer sich nicht zutraut, mit dem Linksverkehr klarzukommen, oder einfach nicht selber fahren möchte bzw. keinen Führerschein besitzt, darf sich auf Bali auch in dieser Hinsicht im Paradies wähnen, denn von der Frage »Do you want any transport?« wird man in allen Touristenzentren auf Schritt und Tritt verfolgt. Das Angebot umfasst einen Minibus-Charter inklusive eines Chauffeurs, der in aller Regel auch Englisch spricht und sehr hilfreich sein kann.

Das Gefährt bietet üblicherweise mindestens 6 Personen einen ausreichend dimensionierten Sitzplatz und kostet pro Tag alles (auch Benzin) inklusive – je nach Strecke und unbedingt nach Handeln – um € 30–50. Einigt man sich auf einen mehrtägigen Charter, sind € 30/Tag ein guter Preis, freilich ist auch Streckenmiete möglich; für die Distanz von Kuta nach Candi Dasa etwa muss man rund € 15–20 ansetzen. Lässt man sich vom Hotelpersonal einen Wagen mit Fahrer vermitteln, ist auf die genannten Preise eine Kommission aufzuschlagen (um 30%). Wendet man sich an die Rezeption, wird einem oft ein hoteleigenes Fahrzeug aufgeschwatzt, das dann 2- bis 3-mal so teuer kommt.

Fahrräder:
Wer eine sehr aktive Ader hat, kann auch ein Fahrrad mieten. Normale 3-Gang-»Drahtesel« kosten um € 2–3/Tag bei Wochenmiete, aber überall in den Touristenzentren (insbesondere in Kuta, Candi Dasa, Lovina und Ubud) bekommt man auch hochwertige und gepflegte japanische/australische Mountainbikes mit bis zu 29 Gängen und Shimano-Schaltung für etwa € 5–6/Tag bei Tagesmiete oder € 4/Tag bei Wochenmiete. Wer so auf Bali zu reisen gedenkt, braucht freilich gute, teils auch »bärige« Kondition (20% Steigung sind nichts Außergewöhnliches), Packtaschen (von zu Hause mitbringen) und natürlich wesentlich mehr Zeit.

Verkehrsregeln:
Mit Linksverkehr und rechts gelenktem Fahrzeug klarzukommen ist zwar etwas gewöhnungsbedürf-tig, aber wesentlich einfacher, als man im Allgemeinen annimmt. Schwerer fällt es schon, sich als Europäer damit zu arrangieren, dass die Verkehrsregeln, die in etwa den unseren entsprechen, von kaum einem Balinesen eingehalten werden. So kann es also durchaus passieren, dass man in einer Einbahnstraße auf Gegenverkehr trifft, dass Fahrer die rote Ampel missachten, dass nachts nicht jeder mit Licht, aber manch einer mit Fernlicht fährt, einem Blinken nach links durchaus auch das Abbiegen nach rechts folgen kann etc.

Tiere bilden einen weiteren Unsicherheitsfaktor, mit auf der Straße spielenden Kindern ist stets zu rechnen – und all diesen Risiken kann nur gerecht werden, wer sehr umsichtig und vorsichtig, insbesondere langsam fährt und sich außerdem die balinesische Gewohnheit zu eigen macht, beim Überholen von Fahrzeugen und auch Fußgängern stets und ohne Unterlass die Hupe zu betätigen bzw. – bei nächtlichen Fahrten – die Lichthupe zusätzlich zu aktivieren.

Die (theoretische) **Geschwindigkeitsbegrenzung** in Ortschaften liegt bei 40 km/h, außerhalb bei 80 km/h. Sieht man Schilder mit der Aufschrift *Awas* oder *Hati-Hati* (»Achtung!«), *Pelan-Pelan* (»langsam fahren«) oder *Bahaya* (»Gefahr«) – dann sofort runter vom Gaspedal, denn Gefahrenherde, vor denen gewarnt wird, haben es mitunter wirklich in sich.

Tankstellen *(setasiun bensin)*, die als solche auf den ersten Blick zu erkennen sind, kann man auf Bali an den Fingern abzählen. Nur dort sind die Preise fix: Benzin *(premium)* kostet um 6000, Diesel *(solar)* 5300 Rupiah. Ansonsten gibt es unzählige private Händler, die einem den Treibstoff aus an der Straße stehenden Fässern per Hand in den Tank pumpen und etwa 7000–8000 Rupiah je Liter verlangen.

Abschlepp- und Pannendienste gibt es nicht auf Bali. Bei einem technischen Problem mit dem Fahrzeug muss man den Vermieter anrufen. Dies gilt auch bei einem Unfall, zu dem unbedingt auch die Polizei (Notruf © 110) hinzuzuziehen ist.

Zeitzonen

Indonesien hat 3 Zeitzonen. Sumatra, Java, West- und Zentral-Kalimantan bilden die Zone mit der Western Standard Time (MEZ + 6 Std.), Ost-Kalimantan, Sulawesi, Nusa Tenggara sowie Bali haben Central Standard Time (MEZ + 7 Std.) und auf den Molukken sowie Irian Jaya schließlich gehen die Uhren nach der Eastern Standard Time (MEZ + 8 Std.). ☼

Die **fetten** Seitenzahlen verweisen auf ausführliche Erwähnungen, *kursiv* gesetzt sind die Namen von Gottheiten und Einträge, die sich auf den Serviceteil beziehen.

Orts-, Sach- und Namenregister

– Senaru 112 f., 171 ff.
– Senggigi 107, 111, **115**, 174
– Sukarara 115
– Tetebatu **115**, 175
– Weberdörfer 115
Lombok Strait 41, 106, 138, 140
Lotos 19, 29, 64, **66 f.**, 78, 93, 141
Lovina 26, 49, 86, 97, **98 f.**, 154, 165, *178, 187 f.*
Luwus 150

Mahabharata 82, 101
Mahadewa 149
Mas 57, 133
Medizinische Vorsorge/Ärztliche Versorgung 186
Meduwe Karang 95
Meier, Theo 71, 77
Mengwi **64 ff.**, 150
– Museum Manusia Yadnya 64, 66, 150
– Pura Taman Ayun 64, 66, 150 f.
Menjangan (Insel) 98
»Mond von Bali« 8, **67**, 146 f.
Motorräder 195
Munduk 152

Notfälle 186 f.
Nusa Dua 13, 15, 18, 26, **28**, 132, 160, 165 f., *178, 187 f.*
Nusa Lembongan (Insel) 29, **30**, *181*
Nusa Penida (Insel) 44
Nyuh Kuning 75

Öffnungszeiten 187
Om 92
Owens, Sir P. A. 116

Pacung 149 f.
Padang Bai 34, 37, 40, **41 ff.**, 104, 107, 136, 166, *178, 188*
– Blue Lagoon 41
Padang Padang 31
Padangtegal 79
Pancasari 93, 163
Pantai Balangan 31
Payangan 79
Pecatu 31
Pejeng **66 f.**, 147
– Pura Kebo Edan 67
– Pura Penataran Sasih 67, 147
– Pura Pusering Jagat 67
Peliatan 79
Penelokan 57, **99**, 143, 162
Penestanan 75, 147, 170
Pengosekan 79
Penida s. Nusa Penida
Penulisan **99 ff.**, 143
Petulu 79
Pita Maha, Malerkooperative 71
Post 187

Presse/Radio/Fernsehen 187
Puputan 10 f., 19, 21 f., 39
Pura (Panataran Agung) Besakih 4, 34, 41, **44 ff.**, 55, 130, 138 f.
Pura Beji 95
Pura Bukit Dharma s. Kutri
Pura Bukit Sari s. Sangeh
Pura Dalem 95
Pura Dalem Jagaraga 95
Pura Jati 88, 90 f., 143 ff.
Pura Kehen s. Bangli
Pura Luhur Batukau 149
Pura Luhur Ulu Watu s. Ulu Watu
Pura Meduwe Karang 95
Pura Taman Ayun s. Mengwi
Pura Tanah Lot s. Tanah Lot
Pura Tegeh Koripan 99, **101**
Pura Ulun Danu **91 f.**, 130, 151 ff.
Pura Ulun Danu Batur 94, **95**, 143
Puri Agung Gianyar s. Gianyar
Putung 47

Raja von Badung 10, 19
Raja von Klungkung 10
Raja von Mengwi 64, 92
Rajas von Karangasem 37, 51, 168
Ramayana 64, **82 f.**, 95, 101
Rangda 81
Rendang 139

Sakah 133
Sakti 79
Sambirenteng **49**, 142, 166
Sampalan s. Nusa Penida
Sangeh 68, 150
– Monkey Forest/Affenwald 68, 150
– Pura Bukit Sari 68, 150
Sangsit 95
Sanur 15, 18, 26, **28 ff.**, 31, 132, 133, 160, 166 ff., *178, 181, 187 f.*
– Museum Le Mayeur 29
Sarong 26, 33, 45, **61**, 115, 128, *185*
Sasak 92 f., 112, 115
Sawan 95
Sayan 79
Schattenspiel 21, 23, 54, 64, 68, 75, 79, **82 f.**, 131, 148
Schnitzarbeiten 54, 57, 62, 63, 68, 75, 128, 132
Sebali 79
Sebuluh s. Nusa Penida
Selendang 45, 62
Semarapura s. Klungkung
Seminyak 18, **25 ff.**, 164, *178*
Seribatu 147
Shiva 19, 44, 62, 67, 92, 101
Sicherheit 187
Siebert, Rüdiger 40
Singaraja 10 f., 51, 93, 95, 98, **101**, 139, 153 f., *195*
– Gedung Kirtya 101, 154
Smit, Arie 77
Snel, Han 75, 77, 79
Speisen 70
Spies, Walter 71, 75, 82
Sportliche Aktivitäten 187 f.
Sprachführer 188 ff.

Subagan 139
Suharto, ehem. Präsident 12, 157
Sukarno, ehem. Präsident 11 f., 69 f.
Sukawati 54, 57, **68 f.**, 132
– Pasar Seni 68 f.
Sulawesi 5, 13, 50, 100, 105, **120 ff.**, **175 f.**, *178 f., 183, 186, 194*
– Kete Kesu 124 f.
– Lemo 124 f.
– Londa 124 f.
– Makale 124
– Palawa 126 f.
– Pangli 126
– Parepare 123
– Pelabuhan Paotere 122 f.
– Rantepao 121, 124, 127, 176
– Sadan 127
– Tana Toraja 123 ff.
– Ujung Pandang/Makassar 120 f., **122 f.**, 175 f., *178*
Suluban 31, *187*
Sumbawa 105, 106, **117 ff.**
– Bima 117 ff.
– Sape 117 ff.

Tampaksiring 63, 147
Tanah Lot 16, **30**, 31, 33, 158 f.
Tanzdramen 27, 54, 58 f., **81 f.**, 130, 131
Tegalalang 79
Telefonieren 193 f.
Tenganan 34, **49**, 50, 138
Tianyar 142
Tirta Empul (Quellheiligtum) **69 f.**, 147
Tirtagangga 34, **51**, 137, 139, 141, 168 f.
Tista 34, **51**, 141
Toraja 5, 50, 100, 120 f., 123 ff., **128**
Toya Bungkah 91, 144 f.
Trinkgeld 194
Trunyan **91**, 144 f.
Tulamben 49, **51**, 141 f.

Ubud 26, 45, 54, 57, 60, 61, 68, **71 ff.**, 133, 147 f., 169 f., *178, 187, 195*
– Monkey Forest/Affenwald 75, 79
– Neka-Museum 74 f., 77 f.
– Puri Lukisan 75, 78
Udayana, König 63
Ulu Watu 7, 14, **31 f.**, 160, *187*
Unterkunft 194

Vegetation 100
Verkehr/Verkehrsmittel 195 f.
Vishnu 44, 53, 67, 87, 92, 153, 160

Wallace, Sir Alfred 106
Wallace-Linie 106
Wangayagede 149 f.
Waruna 160
Wayang-Malereien 9, 39 f.
Wetu Telu 112

Zecha, Adrian 165, 169
Zeitzonen 196
Zoll 179

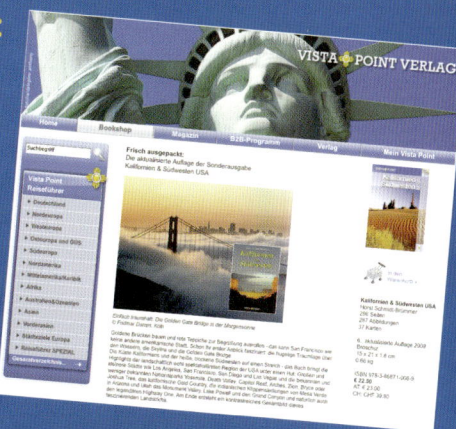
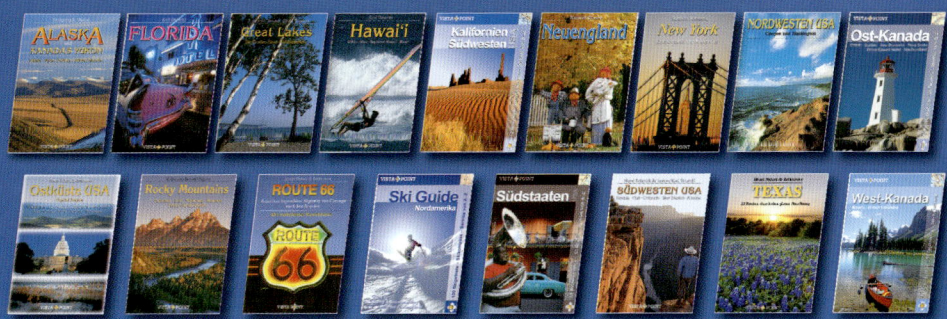

Bildnachweis

Bildnachweis
Impressum

Reinhard Eisele, Augsburg: S. 4 o., 37, 52, 63, 146, 154
Fridmar Damm, Köln: S. 9 o., 18 u., 38 u., 66, 79, 80, 121, 122, 124, 125, 126/127, 128, 139 o.
Emmler/laif, Köln: S. 6 u.
Fotolia/John Anderson: S. 168; Edouarrr: S. 38 o.; Erwinf: S. 175; M Fahrur: S. 134/135; Fel1ks: S. 120 u.; Friday: S. 164; Alexander Gordeev: S. 16/17; Erik de Graaf: S. 34 o.; IFA: S. 92 u.; JTP: S. 70; Kevin Lam: S. 48 o.; Pius Lee: S. 176; Luxora1: S. 129; Miroslav: S. 7 o.; Nasenbeer: S. 39 o.; T. Neeser: S. 14 o.; Photochris: S. 54 o., 102; Photosite: S. 58 o.; QArts: S. 34 u.; Redhorst: S. 73 u.; Rico: S. 104; Samey: S. 6 o.; Cyril Serpault: S. 27 u.; Valery Shanin: S. 160 u.; Spinskin: S. 60 u.; Swisshippo: S. 61 u.; Linus Theißen: S. 153 u.; Tom: S. 109; Andrey Ushakov: S. 136 u.; Hans-Peter Waack: S. 47; Winni: S. 94 o.
Wolfgang Hellige, Iserlohn: S. 15 o., 20 o., 20 u., 21, 26, 31, 33 o., 40 u., 53 o., 54 u., 55, 64 u., 65 o., 65 u., 76, 107, 133 o., 133 u., 185
Andrea Herfurth-Schindler, Köln: S. 73 o., 93 u., 106
iStockphoto/AdventureStock: S. 69 o.; Felix Alim: S. 131; Øystein Lund Andersen: S. 12/13, 157; John Anderson: S. 18 o., 49 o., 98 o., 105 u.; Andrey Artykov: S. 48 u., 108 o., 189; Ajay Bhaskar: S. 73 Mitte; BlueOrange Studio: S. 103, 163, 184; Pavel Bobrovskiy: S. 25; Marcel Boehmelt: S. 7 u.; Rob Broek: S. 113, 119 u.; Anthony Brown: S. 139 u.; Brytta: S. 130 u.; Katie Clarke: S. 8 o.; Bart Coenders: S. 5 u., 83 u., 88, 99 o., 155, 182; Dan Cooper: S. 99 u.; Anna Corti: S. 165; Chris Cottington: S. 14 u.; Jordi Casamajó Dalmau: S. 59; Markus Divis: S. 41 o., 62; Linda Edel: S. 117; Fototrav: S. 30, 114 u., 171; Keith Gentry: S. 71; Sasha Giacoppo: S. 172/173; Nicky Gordon: S. 29 u.; Erik de Graaf: S. 45 o., 84; Simon Gurney: S. 27 o.; Mark Higgins: S. 15 u., 61 o.; Klaus Hollitzer: S. 50, 105 o.; Ho Yeow Hui: S. 60 o.; Beng Jayanata: S. 167; Kjersti Joergensen: S. 58 u.; Lewis Meurig Jones: S. 100 u.; JurgaR: S. 4 u.; Kimeveruss: S. 24 o., 186; Lucyna Koch: S. 110/111, 115; Laughingmango: S. 42/43, 91 u., 92 u., 93 o.; Terry Lawrence: S. 145; Joakim Leroy: S. 90; Liveostockimages: S. 136 u.; LP7: S. 100 o.; Nabi Lukic: S. 23 o.; Lynnebeclu: S. 67; Piero Malaer: S. 44 o., 118, 119 o., 143; Anton Matyukhin: S. 160 u.; Tatiana Morozova: S. 68, 114 o., 177, 179; Luciano Mortula: S. 108/109, 158; Zeynep Mufti: S. 41 u.; David Palmer: S. 142/143; Elena Petrova: S. 96/97; Pius99: S. 116; Todd Pope: S. 22; James Rangihika: S. 45 u.; Frans Rombout: S. 72 o., 148 u.; Jan Roode: S. 137; Peter Short: S. 32; Sergey Skleznev: S. 36; Michael Stubblefield: S. 140, 188; Wei Suijie: S. 162; Istvan Szoke: S. 148 o.; Fredi Tansari: S. 168/169; Technotr: S. 24 u.; Ryan KC Wong: S. 161; Sze Fei Wong: S. 5 o.; Zxvisual: S. 170
Volkmar E. Janicke, München: S. 85, 151 o.
Karl-Heinz Möbius, Hagen: S. 72 u.
Pixelio/Dieter Schütz: S. 98 u.
Rijksmuseum voor Volkenkunde, Leiden: S. 39 u.
Arved van der Ropp, Vachendorf: S. 29 u., 46 u., 150
Dorothée Annas-Sieler, Köln: S. 49 u.
Annette Ster, Kabelvåg (Norwegen): S. 51, 56, 57, 77, 82, 87, 89, 91 o., 95, 123, 127, 151 u., 153 o., 174
Vista Point Verlag (Archiv), Köln: S. 10 o., 10 Mitte, 10 u., 11, 12, 40 o., 46 o., 64 o., 83 o., 101, 108 u., 130 o.
Wikipedia/Eric Bajart: S. 8 u., 33 u.; 86; Yoshi Canopus: S. 69 u.; Flying Pharmacist: S. 81 o., 81 u.; Papa Lima Whiskey: S. 181; Merbabu: S. 112; Colby Otero: S. 94 u.; Phgcom: S. 9 u., 23 u.; Yves Picq: S. 75, 120 o.; Sam: S. 78; Bart Speelman: S. 141; Shura: S. 53 u.; Tinofrey: S. 74

Umschlagvorderseite: Pura Ulun Danu, Heiligtum der Göttin des Meeres im Bratan-See. Foto: Reinhard Eisele, Augsburg
Vordere Umschlagklappe (innen): Übersichtskarte von Bali mit den eingezeichneten Reiseregionen
Schmutztitel (S. 1): Willkommen auf Bali – der Insel der Götter. Foto: iStockphoto/Tatiana Morozova
Innentitel (S. 2/3): Sanur an Balis Südküste – Palmen gesäumte weite weiße Sandstrände und azurfarbenes Meer Foto: Emmler/laif, Köln
Umschlagrückseite: Auf Bali ein beliebter Sport – Schnorcheln, Foto: iStockphoto/Andrey Artykov (oben); Bunte Auslegerboote in Sanur Beach, Foto: Fridmar Damm, Köln (unten)

© 2011 Vista Point Verlag, Köln
Alle Rechte vorbehalten
Reihenkonzeption: Horst Schmidt-Brümmer, Andreas Schulz
Verlegerische Leitung: Andreas Schulz
Bildredaktion: Andrea Herfurth-Schindler
Textredaktion: Franziska Zielke
Lektorat: JB Bild | Text | Satz, Köln
Layout und Herstellung: Sandra Penno-Vesper
Reproduktionen: Henning Rohm, Köln
Kartographie: Kartographie Huber, München

Gedruckt auf chlorfrei gebleichtem Papier

ISBN 978-3-86871-002-1